Le manuel des filles

Conception, création et réalisation : Sarbacane Création.
Direction de collection : Bernadette Costa-Prsdes.
Responsable d'édition : Delphine Godard.
Mise en page : Sarbacane Design, Pascaline Charrier.
Coordination Nathan : Céline Charvet.

Cet ouvrage reprend certaines activités présentées dans la collection « Mes Copines ».

Dépôt légal : septembre 2007.
Conforme à la loi du 49.956 du 16 juillet 1949 sur les publications destinées à la jeunesse.
ISBN : 978-2-09-211395-0

250 activités avec

Mes Copines

Le manuel des filles

Illustration : Colonel Moutarde

Nathan

Une chouette bande de

Juliette Cokette

Je suis **Juliette Cokette**,
j'aime les jolies barrettes, les tenues
trop chouettes, les serre-tête,
les chemisettes, et faire la fête...
bref, tout ce qui rime en "ette".

Lulu Latulu

Moi je suis plus esthète
que midinette,
je suis **Lulu Latulu.**
Tout m'intéresse, tout me
passionne : la déco, la cuisine,
les casse-tête. J'aime savoir
et faire savoir, et pour ça,
faut du savoir-faire !

filles d'aujourd'hui !

Zazie Dégourdie

C'est moi, **Zazie Dégourdie.**
Je suis casse-cou mais pas casse-pied.
Le sport, le bricolage, la récup',
c'est mon truc ! J'adore créer,
inventer, j'ai plein d'idées...

Cléo Lécolo

Moi, Je suis **Cléo Lécolo,**
une bonne nature.
Une balade en forêt, un pique-nique sur la plage, une heure
de jardinage et me voilà
en pleine forme.

Sommaire

Beauté et soins p. 11

Toutes en rythme
Passeport pour le sport
Douche ou bain ?
Quel pied !
Au parfum !
Attention Soleil !
Peau de pêche

Mode, look p. 49

Coiffures p. 27

Chouchoute ta crinière
Choisis ta coupe
Chouettes, les barrettes !
Bricolo-barrettes
Avec des perles
Choux, les chouchous !
Tresses en liesse
Coiffures du bout du monde
Pour les sportives
Ta boîte de coiffure

Victime de la mode ?
Quel look ?
La vie en bleu
Sympa, les jupes !
Oh, les belles chemises !
Pull, pile, poil
C'est dans la manche !
Hisse les couleurs !
Débardeurs fous, fous, fous
Transforme tes tee-shirts
Tip top, les tops
Préparez vos paréos

Accessoires p. 75

Fichus foulards
Folklos, les foulards !
Mon beau bonnet
Polaires pour plaire
Jamais sans mes gants !
Sac d'un jour
Récup' jeans
Pochettes de saison
Jusqu'au bout des pieds
Jour de pluie
Direction plage…
Au bord de la mer
Au retour de la plage

Bijoux p. 103

Ta petite fabrique de bijoux
Perles maison
Perles rares…
Grandeur nature
Boucles à gogo !
Doigts de fée
À chaque jour son bracelet
Les broches s'accrochent
Mille feux…
Ta boîte à bijoux

Cuisine p. 125

Bien manger pour bien vivre !
Pour bien commencer
Note salée…
Cap croissance
Poissons et merveilles
Le poisson, c'est bon…
Va, eh patate !
Pâtissière de choc !
Vitamines par a + b !
Pommes de reinette…
Vous avez dit rouge ?
Baies bleues
Camaïeu de jaunes
Choc'délices
Variations chocolatées
À l'heure du petit creux
Des formes à croquer
Panier pique-nique

Décoration p. 165

À tes ordres !
C'est… commode !
Peau de vache…
Cascade de cadres
Souvenirs suspendus
Tout en boîte
C'est la rentrée !
Déco-bureau…
De retour de balade…
Gentils coquelicots
Coussins tout doux
Hum, ça sent bon !
Des vases en forme !
En toute intimité…

Fêtes p. 195

Toutes en sorcières !
Nuit de l'épouvante
Mon beau sapin !
Une table en fête
Carnaval, faites des folies !
Soirée déguisée
Pâques en chocolat...
Fête de campagne
Soirée pyjama

Jardinage p. 215

Prends-en de la graine !
Du caviar pour tes plantes
Reines des saveurs
Patates et tomates-party
Crudités en carré
Un jardin qui ne manque pas de piquant !
Écoute le langage des fleurs...
Sa majesté la rose

Expériences, jeux p. 233

Autour de l'air
Autour de la lumière
Autour du son
Autour de l'eau
Autour de la glace
Autour de la mer
Marins en herbe
Plus légère que l'eau

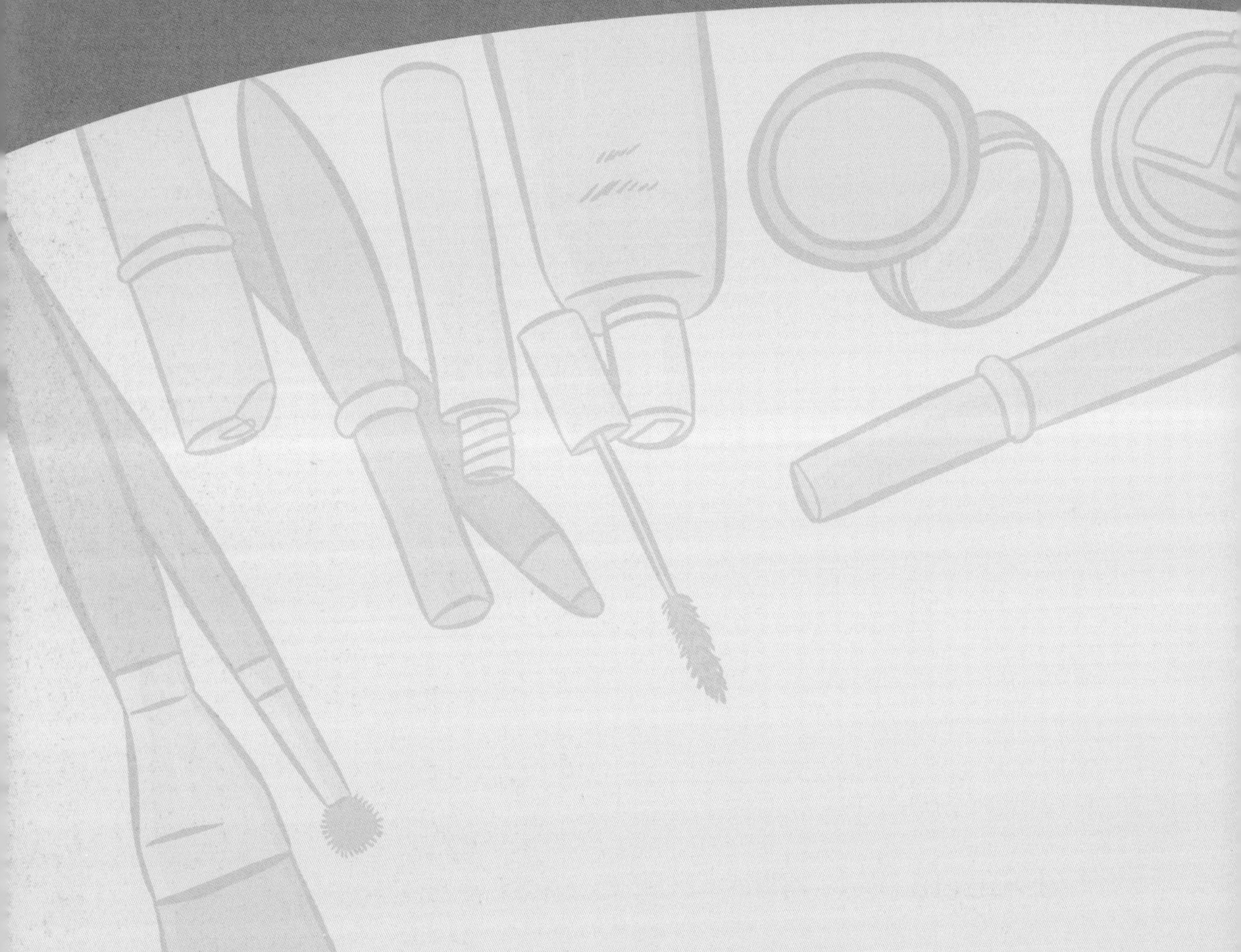

Beauté et soins

Sommaire

Toutes en rythme 12-13

Passeport pour le sport 14-15

Douche ou bain ? 16-17

Quel pied ! 18-19

Au parfum ! 20-21

Attention Soleil ! 22-23

Peau de pêche 24-25

Toutes en rythme

Tout le temps fatiguée ? Tu n'es pas la seule ! Les cadences scolaires sont souvent infernales… et pas forcément adaptées à la petite horloge que tu as à l'intérieur de toi.

Cellules au chaud

Eh non, ton organisme n'est pas un robot super-performant 24 heures sur 24 ! Au cours de la journée, il a des hauts et des bas. Par exemple, de 10 h à 11 h du matin et de 15 h à 16 h 30, c'est là que ton cerveau est le plus efficace. Pourquoi ? La température du corps et le taux de sucre dans le sang sont à leur maximum, et les cellules grises aiment bien ça !

No stress...

En tout début de matinée et juste après le repas de midi, il vaudrait mieux dormir que tenter de résoudre un problème de maths... Le matin, l'hormone du stress (celle qui te permet d'être vigilante) est à son niveau le plus bas. Et en début d'après-midi, la digestion t'endort.

Même pas en rêve !

Pour respecter ton horloge interne, l'idéal serait que tu arrives à l'école à 9 h 30. Au programme : travail jusqu'à midi. Repos de midi à 15 h. Re-boulot de 15 h à 17 h. Voilà des années que des spécialistes essaient de concilier les rythmes du corps et ceux de l'école. Pour l'instant, ils n'ont pas encore réussi…

EN DOUCEUR, LE RÉVEIL !

Ne pas se brusquer au lever, c'est ma devise… et la condition d'une journée réussie. Toi aussi, suis mon plan d'attaque.

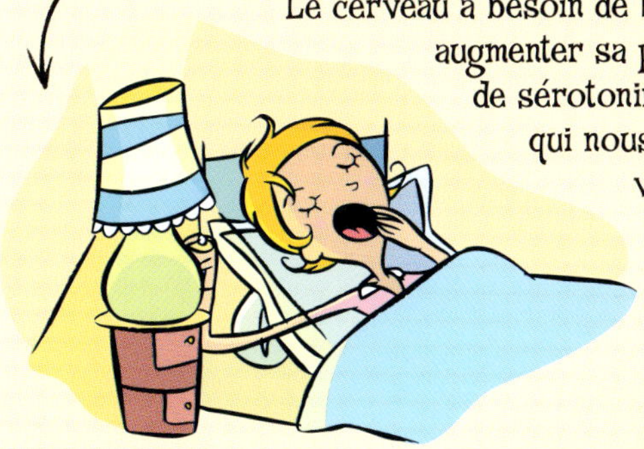

1. Quand le réveil sonne, j'allume ma lampe de chevet. Attention, pas un spot trop puissant ! Le cerveau a besoin de lumière pour augmenter sa production de sérotonine (l'hormone qui nous donne de la vitalité), mais il n'a aucune envie d'être agressé ni ébloui !

2. Ensuite, je fais le chat : je m'étire dans tous les sens pour réveiller mes muscles encore endormis.

3. J'inspire 3 ou 4 fois bien fort pour faire des provisions d'oxygène : c'est lui qui va se balader à l'intérieur de mon corps pour donner un coup de fouet à tous les organes.

4. Je bois un grand verre d'eau (posé la veille au soir sur ma table de chevet) pour éliminer les toxines de la nuit.

5. Et hop ! je saute sur mes pieds. Bonjour tout le monde !

POURQUOI TU BÂILLES ?

Parce que tu t'ennuies ou que tu es fatiguée. Bâiller, c'est un réflexe : un signal d'alarme que ton cerveau envoie quand il détecte que ta vigilance baisse un peu trop. En donnant l'ordre à ta bouche de s'ouvrir toute grande, il te permet de faire entrer un grand bol d'air frais dans tes poumons. Cela devrait te redonner un peu de tonus… au moins pour un petit moment.

PASSEPORT POUR LE SPORT

Moi l'exercice, c'est pas trop mon truc ! Chaque fois que j'essaie de sortir de mes bouquins pour me bouger, j'ai mal aux muscles pendant 2 jours !

Halte aux courbatures

Zazie m'a dit que si j'avais des courbatures, c'était de ma faute ! Je ne fais pas assez souvent de sport. Du coup, le jour où je me décide à courir un kilomètre, mes muscles sont pris par surprise et ils se laissent déborder par les événements. **Trop occupés à brûler le sucre que le sang leur envoie pendant l'effort, ils n'arrivent plus à éliminer au fur et à mesure les déchets qu'ils produisent.** C'est l'un de ces déchets, l'acide lactique, qui rend les muscles douloureux.

Et que ça chauffe !

Le plus important, c'est de prendre soin de tes muscles. Avant de faire du sport, tu dois toujours les préparer. Ça s'appelle **l'échauffement**. Tu es prête ? On y va !

Cours sur place en montant les genoux le plus haut possible. Compte dans ta tête jusqu'à 30.

Cours sur place en touchant tes fesses avec les talons. Compte dans ta tête jusqu'à 30.

Saute sur place 15 fois en tournant tes bras tendus de façon à faire de grands moulinets dans l'air.

Je me BALANCE...

Tu veux surveiller ton poids ? Pourquoi pas, à condition de ne pas en faire une obsession. À notre âge, se peser une fois par mois, ça suffit largement. Pour pouvoir comparer ton poids d'un mois sur l'autre, pèse-toi toujours dans les mêmes conditions. Par exemple, le matin avant le petit déjeuner et après avoir fait pipi. Mets-toi toute nue (un pyjama d'hiver peut peser jusqu'à 500 g !) Tiens tes pieds bien joints et ne te penche pas trop vers l'avant : tu pourrais fausser ton poids d'un kilo... en plus !

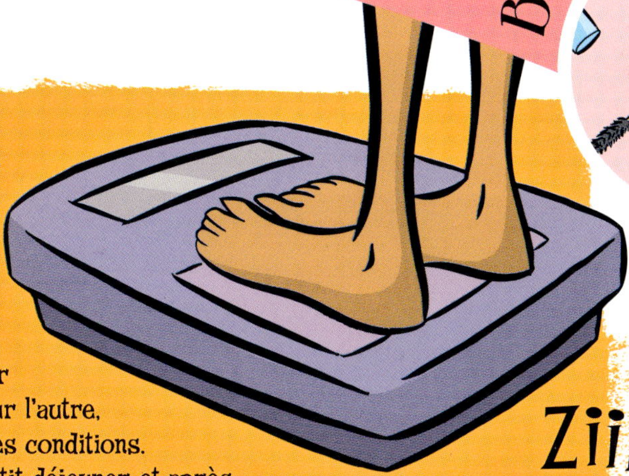

Dodue pour les bébés !

Pour une fois, la nature ne fait pas très bien les choses et elle a oublié d'être juste : chez nous, les filles, la graisse représente de 18 à 25 % de notre poids total. Les garçons, eux, n'ont que 15 % environ de « gras ».

Cette maudite graisse féminine apparaît dès l'âge de 5 ans. Et comme par hasard, elle se développe surtout au niveau du ventre, des fesses et des cuisses. Mais c'est pour la bonne cause ! Plus tard, elle nous servira de réserve quand nous attendrons un bébé.

Tiens-toi bien droite, les jambes légèrement écartées, tourne ton cou et ta tête comme pour dessiner un cercle le plus grand possible.

Hisse-toi sur la pointe des pieds et va chercher le plafond avec tes 2 bras dressés au-dessus de ta tête. Tu dois essayer de te faire la plus grande possible. Puis relâche-toi en soufflant. Renouvelle plusieurs fois ce mouvement.

Te voilà fin prête pour un footing ou un match de basket. Après ta séance de sport, n'oublie surtout pas les étirements !

Douche ou bain ?

Il y a les fanas du bain… et celles de la douche. Moi, le matin avant l'école, j'ai un petit faible pour la pluie d'eau tiède ! Mais l'hiver, un bon bain chaud en fin de journée, il faut dire que ça délasse bien…

L'art de la douche

JE RÈGLE L'EAU à la bonne température. Pas trop froide : pendant la nuit, mon corps s'est refroidi, il a bien besoin d'être réchauffé ! Pas trop chaude quand même, sinon mes vaisseaux sanguins seront tout dilatés et je me sentirai aussi molle qu'un chewing-gum.

JE ME SAVONNE avec les mains. Lulu m'a dit que les microbes aiment bien s'installer dans les gants de toilette humides, alors j'évite !

JE ME RINCE LONGUEMENT au cas où des dépôts de savon essaieraient de m'échapper ! Sinon, c'est un coup à se gratter toute la journée.

POUR ME SÉCHER, il n'y a pas plus maniaque que moi. Les creux, les plis, entre les orteils, derrière les genoux, sous les bras, tout y passe ! C'est dans ces endroits chauds et humides que les microbes (encore eux !) élisent domicile. Quand ils ont bien macéré, bonjour les mauvaises odeurs !

BAIN-RELAX

On dit que les gens dynamiques aiment la douche et que le bain est réservé aux paresseuses. Je ne suis pas du tout d'accord : un bon bain chaud, ce peut être un moment magique. Voici mes conseils pour le réussir.

LE SAIS-TU ?

En Suède, on se jette dans de l'eau brûlante avant de se rouler tout nu dans la neige ! Au Japon, on prend d'abord une douche avant de se mettre dans le bain…

Mets des huiles hydratantes dans la baignoire plutôt que des produits moussants qui décapent trop la peau.

Ne prends pas un bain trop chaud : 37 °C, c'est le maximum. Au-dessus, on a les veines qui gonflent et le cœur qui travaille inutilement. C'est d'ailleurs les bains trop chauds qui fatiguent.

Soigne l'ambiance : un peu de musique, pas d'éclairage trop vif, pas de téléphone…

20 minutes de trempette sont suffisantes : au-delà, tu en ressortiras comme une vieille pomme ridée !

Quel pied !

On dit « moche comme ses pieds ».
Quelle injustice ! Quand je pense à tous les services qu'ils nous rendent...
Soigne les tiens comme ils le méritent.

Pieds pomponnés

L'hiver, on les cache dans nos chaussettes, mais l'été on les exhibe dans nos tongs. Prends donc tes pieds en main !

➔ Les ongles courts, c'est mieux : ça évite les ongles incarnés si tu portes des chaussures fermées. Coupe-les bien droit avec un coupe-ongles et arrondis les coins avec une lime.

➔ N'arrache pas les petites peaux autour de l'ongle ! Trempe tes pieds dans l'eau tiède : ces « cuticules » ramolliront et seront plus faciles à repousser avec un Coton-Tige.

➔ Offre-leur un gommage 2 fois par mois pour enlever les vilaines peaux mortes qui se nichent sur tes pieds quand tu transpires. N'oublie pas de les nourrir avec une crème très hydratante : ce sont les champions du dessèchement.

➔ Plonge-les dans un bain écossais en disposant une bassine d'eau froide et une autre d'eau chaude. Laisse tremper une minute tes 2 pieds dans chaque bassine. Renouvelle plusieurs fois de suite.

Petits chefs-d'œuvre

Ce sont nos pieds qui portent tout le poids de notre corps. Pour nous permettre de faire un pas, puis un autre, ils sollicitent chacun 26 os, 21 muscles, plus de 100 ligaments, 31 articulations, une centaine de nerfs... Mais ils contiennent aussi plus de 40 000 glandes sudoripares. Ce sont elles qui transpirent et entraînent parfois de mauvaises odeurs. Étant donné les services qu'ils nous rendent, on peut bien leur pardonner ce vilain défaut, non ?

Relax, les orteils !

Un peu de gym pour les pieds, relaxation assurée ! Attention quand même aux chatouilles…

Mets une balle de tennis sur le sol. Fais-la rouler sous ta voûte plantaire, toujours d'avant en arrière, une minute sous chaque pied.

Avec ton pouce, masse ton talon en effectuant des mouvements circulaires.

Prends chacun de tes orteils à la base de l'articulation et fais-le rouler doucement entre tes doigts, comme si tu voulais l'étirer.

Attrape un crayon avec tes orteils : recommence 10 fois.

Ongles incassables

Pour avoir de jolis ongles solides, nettoie-les… avec du citron ! Trempe tes mains dans de l'eau tiède additionnée d'un jus de citron et d'un peu d'huile d'olive : ce mélange un brin piquant rend les ongles bien blancs et les mains douces. Si tu as les ongles ramollis et qui se cassent tout le temps, essaie le durcisseur d'ongles, une sorte de vernis. C'est moins naturel, mais très efficace aussi.

1,4 M DE LONG

Le record de longueur d'ongles est battu par un Indien qui se les laisse pousser depuis 1952 ! Les ongles des mains poussent d'environ 4 cm par an ; ceux des pieds de 2 cm. Il faut donc 1 an pour que l'ongle du pouce du pied se renouvelle entièrement.

AU PARFUM !

Quand mes copines me font la bise, elles me disent toujours que je sens bon. Normal : tous les matins, je me parfume avec mon eau de toilette.

L'art de se parfumer

Attention, je ne m'asperge pas des pieds à la tête ! Je vaporise quelques gouttes aux endroits où le sang afflue et où mon corps est le plus chaud. Du coup, le parfum s'évapore bien dans l'air. Malin, non ? Autre astuce : pour laisser une odeur inoubliable sur mon passage, j'envoie un petit jet d'eau de toilette sur mes cheveux.

Huile délicate

Pour avoir une peau toute douce qui sent bon, crée une huile corporelle dont tu t'enduiras en sortant du bain.

IL TE FAUT :
- 1 flacon en verre qui ferme bien
- 100 ml d'huile d'amande douce
- 15 ml d'huile essentielle (choisis un parfum qui te plaît, à acheter en pharmacie)
- Quelques brins de lavande
- Quelques brins de raphia

1. Verse l'huile d'amande douce dans le flacon. Ajoute l'huile essentielle. Ferme bien le flacon et agite fort.
2. Rouvre le flacon pour mettre les brins de lavande à l'intérieur. Puis rebouche-le.
3. Décore le goulot du flacon en nouant du raphia autour. Voilà, tu n'as plus qu'à l'offrir !

Pour sentir bon

Tu aimes le parfum ? Voici comment fabriquer des eaux de senteurs. C'est facile et ça sent drôlement bon !

IL TE FAUT :

- 50 cl d'eau distillée
- 5 cl d'alcool à 90°
- Des minipots de confiture bien lavés
- Des pétales de rose, des brins de lavande, des violettes
- Des huiles essentielles à la rose, à la lavande, à la violette
- 1 bouteille propre
- De la peinture acrylique
- Des petites étiquettes

1 Mélange l'eau distillée et l'alcool dans la bouteille. Verse ta préparation dans 3 petits pots en verre.

2 Fais tremper 5 pétales de rose dans l'un, 3 ou 4 brins de lavande dans l'autre, une dizaine de violettes dans le troisième. Mélange pour qu'ils s'imprègnent bien.

3 Ajoute quelques gouttes d'huile essentielle, puis ferme les pots et laisse reposer 8 jours.

4 Peins le couvercle de tes petits pots en rose, mauve et violet. Écris le nom de ton eau sur les étiquettes. Colle-les sur le verre.

VARIANTE : Tu peux aussi t'amuser à créer ton propre parfum en mélangeant les essences, comme par exemple de la bergamote avec de la lavande et un clou de girofle. C'est une belle idée de cadeau pour ta maman ou une copine...

Utilise :

- l'eau de rose comme soin du visage
- l'eau de lavande pour asperger ton oreiller ou parfumer ton bain
- l'eau de violette comme parfum.

Attention soleil !

Les Japonaises ne se promènent plus sans leur ombrelle anti-UV : en Asie, la mode est à la peau blanche. Pas comme chez nous où l'on court après le bronzage !

Une réaction chimique

Eh non ! ta peau ne bronze pas pour que tu sois la plus belle, mais seulement pour te protéger. Dès que les rayons du soleil viennent te titiller, les cellules qui habitent juste sous la surface de ta peau se mettent à fabriquer une substance foncée : la mélanine. C'est elle qui est chargée d'absorber les rayons du soleil et de les empêcher de pénétrer plus en profondeur. En même temps, elle te donne cette jolie couleur miel ou pain d'épice.

C'est quoi ton type ?

Si tu veux choisir la bonne crème solaire avec le bon indice de protection (IP), il faut connaître ton phototype ou, si tu préfères, ta carte d'identité solaire.

TU ES ROUSSE :

ta peau fabrique de la mélanine rouge pratiquement inefficace. Tu ne dores pas, tu brûles ! IP : pas moins de 60.

TU ES BLONDE OU BRUNE À LA PEAU CLAIRE :

ta peau produit assez peu de mélanine, mais tu peux réussir à bronzer légèrement à condition d'éviter les coups de soleil. IP : de 25 à 30.

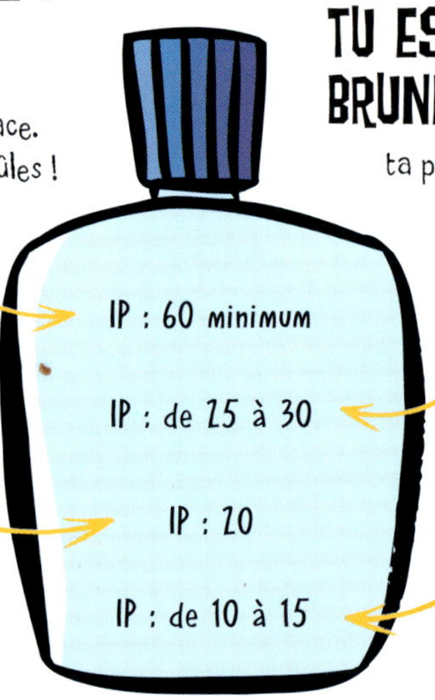

TU ES BLONDE OU BRUNE À LA PEAU MATE :

ta mélanine est bien foncée, tu noircis facilement. Ce n'est pas une raison pour oublier de te protéger. IP : 20.

TU AS LA PEAU NOIRE :

et tu produis en permanence une mélanine d'excellente qualité. IP : de 10 à 15.

Attention les yeux !

Les verres fumés, ça fait très star… Mais c'est surtout très utile ! **Le soleil est en effet un ennemi redoutable pour nos yeux :** ses rayons brûlent les paupières, détruisent les cellules de la cornée et accélèrent le vieillissement du cristallin. Quant au sable, il est très irritant les jours de grand vent. Si tes parents hésitent encore à t'acheter des lunettes de soleil, rappelle-leur que les enfants de moins de 12 ans sont plus fragiles que les adultes : leur cristallin, encore transparent, ne filtre pas les UV !

Conseil !

Évite les verres trop foncés : quand la lumière est moins forte, la pupille s'ouvre davantage et laisse donc passer plus de rayons invisibles, qui agressent la rétine. Choisis un indice de protection 3 ou 4 pour être bien protégée.

QUIZ

1 ***Tu peux attraper un coup de soleil en nageant :***

A - Vrai B - Faux

2 ***Avec un indice 60, te voilà tranquille pour la journée : une seule application de crème suffit.***

A - Vrai B - Faux

3 ***Faux amis : qui sont-ils ?***

A - Le parasol
B - L'écran total
C - Les nuages

4 ***À quelle heure dois-tu éviter de t'exposer?***

A - Avant midi
B - Entre 12 h et 16 h
C - Entre 16 h et 18 h

Réponses :

1A : Les rayons ultraviolets peuvent pénétrer jusqu'à 30 cm sous la mer ! Utilise donc une crème solaire qui résiste à l'eau.

2B : Quel que soit l'indice de protection, pense à remettre de la crème toutes les 2 heures.

3A et C : Le parasol te procure une ombre agréable, mais il ne te protège pas des coups de soleil : le sable réfléchit en effet les rayons. Les nuages sont également traîtres, puisqu'ils laissent passer 80 % des UV. Prudence !

4B : Ce sont les heures où les rayons du soleil sont les plus puissants.

PEAU DE PÊCHE

Génial : ta meilleure copine organise une boum ! Et si tu te maquillais pour l'occasion ? Je te donne mes petits trucs...

Un gommage à la semoule

Je connais un remède épatant contre la mauvaise mine ! Il te faut tout simplement **quelques branches de thym et de romarin, et une cuillère à soupe de semoule de blé**. Ajoute une cuillère à café d'eau tiède. Passe le tout au mixer. Pose ce mélange sur ton visage du bout des doigts en faisant des petits ronds. Insiste bien dans le creux du menton et sur les ailes du nez. Rince soigneusement à l'eau tiède.

Masque à la fraise

Pour préparer ta peau la veille au soir, rien ne vaut un masque hydratant sur le visage et le cou. Beaucoup de crèmes de beauté contiennent des légumes ou des fruits, dont la fraise. Pour te fabriquer un masque à la fraise, c'est très simple : **découpe des rondelles de fraises**, allonge-toi et applique-les sur la peau de ton visage. Écoute ton CD préféré, puis enlève le tout et rince ton visage. Rien de tel qu'un masque à la fraise pour avoir une peau de pêche !

Le manuel des filles

Pas question de jouer les vamps, mais avec un maquillage léger, on est encore plus jolie ! Après avoir bien nettoyé ta peau, suis le guide.

Ton visage

Pas de fond de teint trop épais pour ta peau lisse. Une crème teintée te donnera bonne mine. Ni trop pâle (tu aurais l'air malade !), ni trop foncée (ça ne fait pas naturel…), mais dorée ou couleur pêche.

Tes joues

Un petit coup de blush avec un gros pinceau pour avoir de jolies pommettes.

Tes lèvres

Rose nacré, framboise, beige, abricot ou pêche… choisis la couleur qui te plaît, mais toujours un brillant translucide. Poudre un peu tes lèvres avant de l'appliquer pour qu'il tienne mieux !

Astuce : Si ton maquillage déborde, rattrape les catastrophes avec un Coton-Tige.

Tes paupières

Choisis des fards aux teintes claires qui mettront ton regard en valeur. Dépose le fard sur le bord extérieur de la paupière. Attention, ne prends pas une teinte identique à tes yeux, car elle éteindrait ton regard. Privilégie les contrastes : beige, doré ou gris pour les yeux bleus et verts ; mauve, bleu ou vert pour les yeux noirs ou noisette.

Tes cils

Pose un peu de mascara pour les allonger. Si tu as peur de pleurer (de rire, bien sûr…), prends un produit Waterproof qui résiste à l'eau. Préfère le noir car ainsi le blanc de tes yeux paraîtra encore plus blanc…

Coiffures

Sommaire

Chouchoute ta crinière 28-29
Choisis ta coupe 30-31
Chouettes, les barrettes ! 32-33
Bricolo-barrettes 34-35
Avec des perles 36-37
Choux, les chouchous ! 38-39
Tresses en liesse 40-41
Coiffures du bout du monde 42-43
Pour les sportives 44-45
Ta boîte de coiffure 46-47

Chouchoute ta crinière

*Pour te faire de jolies coiffures,
c'est important de bien soigner tes cheveux.
Je te donne toutes mes astuces pour les bichonner.*

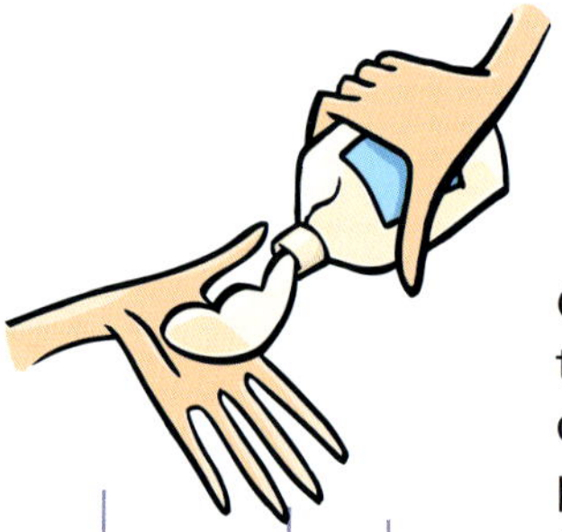

1 Je lave...

Commence par mouiller tes cheveux. Verse une petite quantité de shampooing dans ta main, puis étale-la sur ta tête. Fais mousser en ajoutant un peu d'eau. Et masse ton crâne.

Attention, évite de frotter trop fort : tu ferais sortir le sébum des pores de ton cuir chevelu. Or, c'est lui qui graisse les cheveux...

2 Je rince...

Rince abondamment tes cheveux, jusqu'à ce qu'ils crissent sous tes doigts. Si tu n'es pas trop frileuse, fais comme moi : termine par un jet d'eau froide pour les faire briller.

Tu as les cheveux gras ?

Ajoute le jus d'un citron dans ta dernière eau de rinçage.

Tu as les cheveux ternes ?

Quelques gouttes de vinaigre les rendront brillants.

Tes cheveux sont mous ?

Additionne à ton eau de rinçage un verre de bière et un peu de citron (pour masquer l'odeur).

3 Je sèche...

Essore bien tes cheveux avec une serviette. Quand tu le peux, laisse-les sécher à l'air libre. Sinon, utilise toujours un séchoir à température tiède et tiens-le à 20 cm de ta tête pour ne pas brûler tes cheveux.

4 Je brosse...

Fais le bon choix en fonction de la nature de tes cheveux :

Pour des cheveux lisses, opte pour une brosse plate et large.

Pour des cheveux électriques, préfère une brosse en bois avec des soies de sanglier.

Pour des cheveux frisés, choisis un peigne à larges dents, en commençant toujours par démêler les pointes.

Pour des cheveux trop plats, prends une brosse ronde à picots et sèche-les la tête en bas, pour décoller les racines !

SOS cheveux secs

Tes cheveux sont cassants et ressemblent à du foin ? Pour résister aux attaques du soleil, du vent et du sel, il faut leur offrir un soin nourrissant.

Avant ton shampooing, enduis tes cheveux d'huile d'olive. Puis couvre ta tête avec une vieille serviette-éponge. Laisse poser une demi-heure. Rince abondamment à l'eau chaude, puis fais ton shampooing. Effet soyeux garanti !

CHOISIS TA COUPE

« Une belle chevelure, c'est une belle allure », disent les stylistes... Oui, mais comment choisir la coiffure qui convient le mieux à ta silhouette et à la forme de ton visage ?

Coupe, coupe !

Cheveux au carré, cheveux courts, longues tresses : quelle coupe te va le mieux ? Tout dépend de la forme de ton visage. La coiffeuse te conseillera, mais je te donne déjà quelques pistes.

Visage triangulaire : mieux vaut une coupe qui donne du volume sur les côtés, un carré court par exemple.

Visage carré : un dégradé flou pour adoucir tes traits.

Visage rond : des cheveux longs pour donner l'impression de l'allonger. Avec une coupe courte, garde plutôt le volume sur le dessus du crâne.

Visage ovale : tu peux tout tenter, ce sont les types de visages les plus faciles à coiffer.

Raides ou frisés ?

Pourquoi a-t-on les cheveux frisés ou raides ? Nos cheveux sortent de petits sacs appelés follicules. Selon la forme de ces sacs, nous avons des cheveux différents : **les follicules ronds donnent des cheveux raides, les follicules ovales donnent des cheveux ondulés et les follicules plats, des cheveux frisés**. Quant aux différentes couleurs, elles viennent de la pigmentation, plus ou moins forte. Avec l'âge, les cheveux perdent progressivement leurs pigments et deviennent blancs.

Petite astuce
Tu as les cheveux raides ? Fais-toi des tresses sur tes cheveux mouillés, laisse sécher, puis défais tes tresses. Tes cheveux seront tout ondulés !

UNE PERRUQUE... EN BOLDUC

Pour une soirée, si tu te fabriquais une perruque toute frisée ?

1. Mesure la longueur de tes cheveux.
2. Coupe des dizaines de morceaux de bolduc de 3 fois la longueur de tes cheveux. Fais la même chose pour ta frange, si tu en as une.
3. Frise le bolduc avec les ciseaux, comme tu le ferais pour un paquet-cadeau.
4. Passe ton bolduc à cheval sur l'élastique et fais un nœud au milieu, de façon à avoir la même longueur de chaque côté.
5. Fixe un peu partout les bolducs sur ta tête avec les élastiques et termine par les petits bolducs pour la frange.

IL TE FAUT :
- Du bolduc
- Des petits élastiques
- Des ciseaux

ASTUCE

Pour Halloween, choisis du bolduc orange ou noir, pour carnaval ou le réveillon, du bolduc doré ou encore des bolducs de différentes couleurs pour une perruque Arlequin !

CHOUETTES, LES BARRETTES !

Pour retenir ses cheveux, on a le choix : élastiques, chouchous, bandeaux, barrettes. Ces dernières permettent une infinité de variations.

Barrette papillon

IL TE FAUT :

- 1 peau de chamois
- Du carton
- 1 baguette chinoise
- De la colle
- Des œillets (que tu trouveras chez le cordonnier)

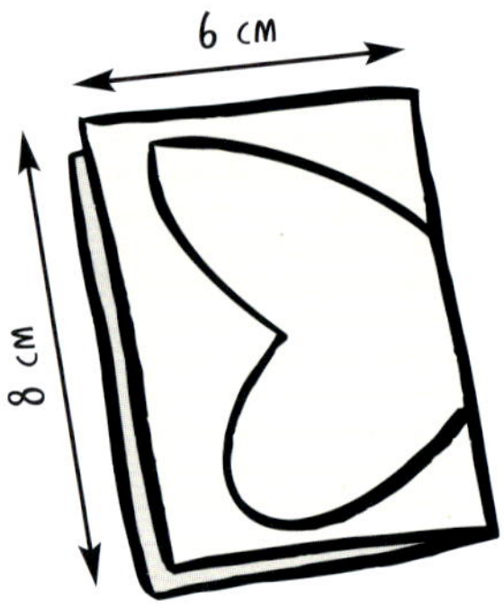

1 Plie une feuille en deux pour réaliser le patron. Dessine la moitié du papillon en suivant les dimensions indiquées. Découpe la forme et déplie la feuille.

2 Positionne le patron sur une double épaisseur de peau de chamois. Découpe autour du patron en laissant une marge de 5 mm tout autour.

3 Pose le patron sur le carton et découpe la forme en suivant les contours sans laisser de marge. Le carton doit être plus petit que la peau de chamois.

4 Encolle une face de la peau de chamois. Colle au centre la forme en carton. Recouvre de la deuxième forme en peau et colle les bords.

5 Dessine le corps du papillon et découpe cette forme dans la peau et le carton. Colle la peau sur le carton puis colle le tout au centre des ailes.

6 Fais placer par le cordonnier 2 œillets sur les ailes. Enroule la barrette sur un petit rouleau pour former un arrondi.

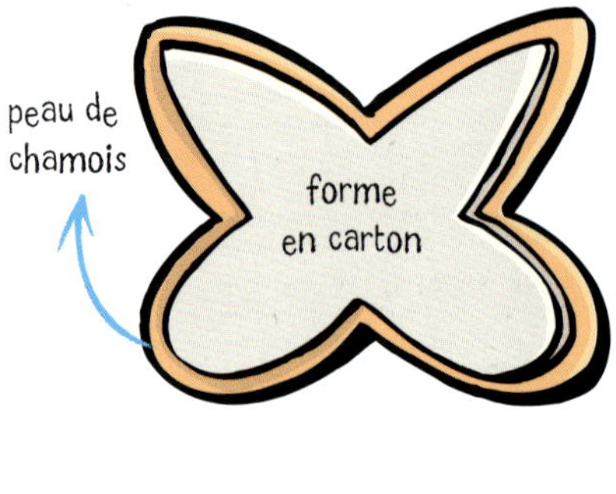

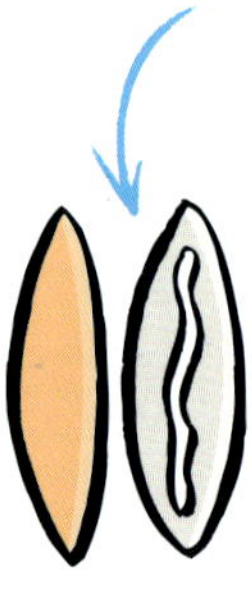

7 Découpe une longueur d'environ 16 cm dans la baguette chinoise. Glisse la baguette dans les œillets.

BARRETTE DAUPHIN

IL TE FAUT :
- 1 support de barrette 8 cm
- Du carton ondulé
- 2 morceaux de raphia (2 tons de bleu)
- Du fil métallique
- Des perles de rocaille
- De la colle

❶ Dessine sur le carton ondulé la forme du dauphin (le support barrette doit pouvoir être collé sur le corps).

❷ Prends 2 longueurs de raphia de couleurs différentes, et fais un nœud aux extrémités. Fixe le nœud par un point de colle au dos du carton et au bout de la tête. Recouvre le carton de raphia. Pour finir, fixe le raphia au dos avec un point de colle.

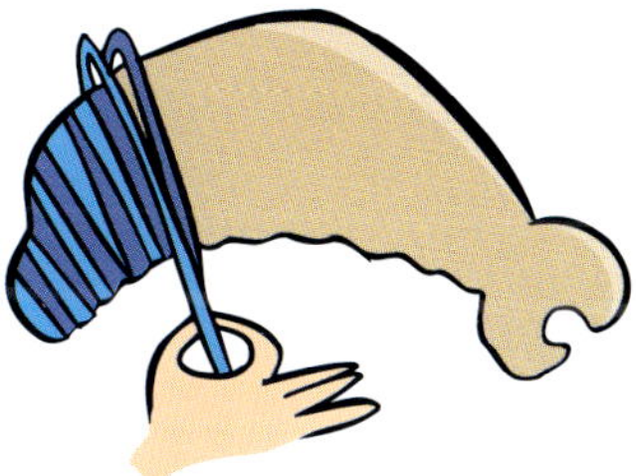

❸ Fixe le dauphin sur le support barrette avec le fil métallique. Passe le fil dans le trou du support, perce le carton puis repasse le fil. Fais de même à l'autre extrémité.

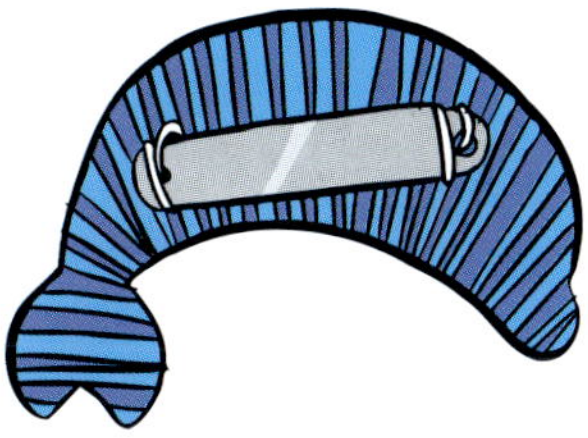

❹ Finis en entourant le dauphin et le support de fil métallique. Enfile des perles au fur et à mesure que tu fais tenir en entortillant le fil.

Queue-de-cheval arc-en-ciel !

IL TE FAUT :
- 1 grande barrette
- De la laine effilochée de couleur
- Des plumes multicolores
- Du fil de laiton doré
- De la colle

1 Fais-toi une queue-de-cheval et mesure sa longueur.

2 Découpe des bouts de laine 2 fois plus longs que la longueur de tes cheveux. Effiloche-les en les crêpant avec un peigne.

3 Plie en 2 un bout de laine. Fixe-le à la barrette avec un nœud coulant. Recouvre ainsi toute la barrette.

4 Coupe la tige des plumes : elles doivent mesurer 6 cm environ.

5 Décore ta barrette en encollant les plumes et en les faisant passer sous la laine autour de ta barrette.

6 Fixe une plume à chaque bout de laine, en entortillant le fil de laiton sur 1 cm.

BRICOLO-

Voici d'autres modèles de barrettes
que tu pourras décliner au gré de tes envies.

BARRETTE ÉTOILÉE

❶ Peins ton support de barrette avec la peinture argentée. Laisse sécher pendant une nuit.

❷ Colle tes perles en alternant une étoile, une lune…

IL TE FAUT :
- **1 support métallique de barrette**
- **De la peinture argentée**
- **Des perles argentées en forme d'étoiles et de lune**
- **De la colle forte pour métaux**

IL TE FAUT :
- **1 support de barrette**
- **3 capsules de cidre (ou de champagne)**
- **De la pâte à modeler durcissante**
- **De la colle liquide**
- **1 lime à ongles**
- **1 rectangle de carton de 3 mm d'épaisseur**
- **Des ciseaux**
- **De la peinture acrylique de 3 couleurs assorties : rose, mauve et violet par exemple**

BARRETTE-CAPSULES

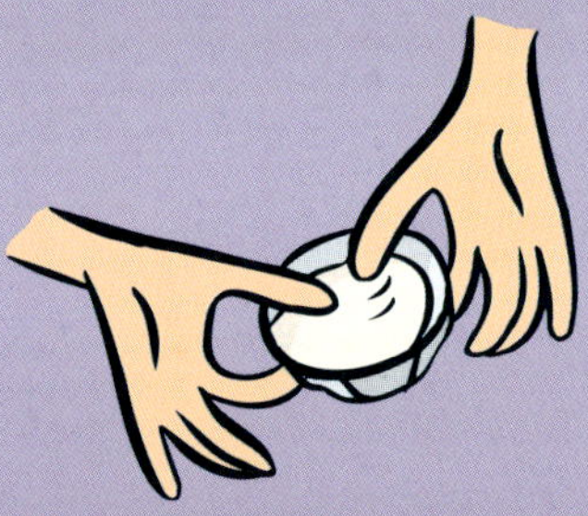

❶ Remplis tes 3 capsules avec de la pâte à modeler. Lisse avec la lime à ongles, laisse sécher.

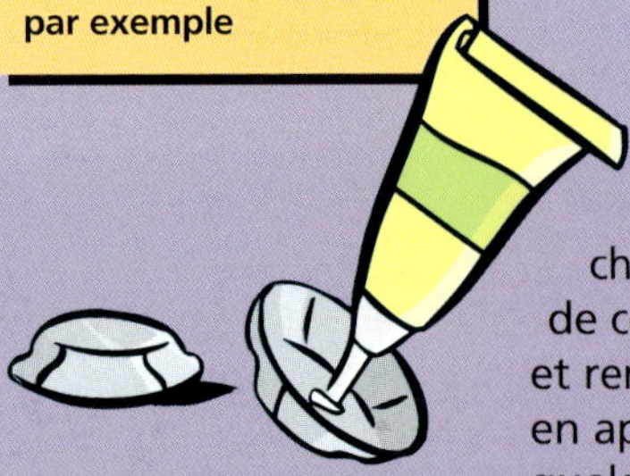

❷ Démoule doucement chaque capsule. Mets un point de colle au fond de la capsule et remets le moulage en place en appuyant bien fort quelques secondes.

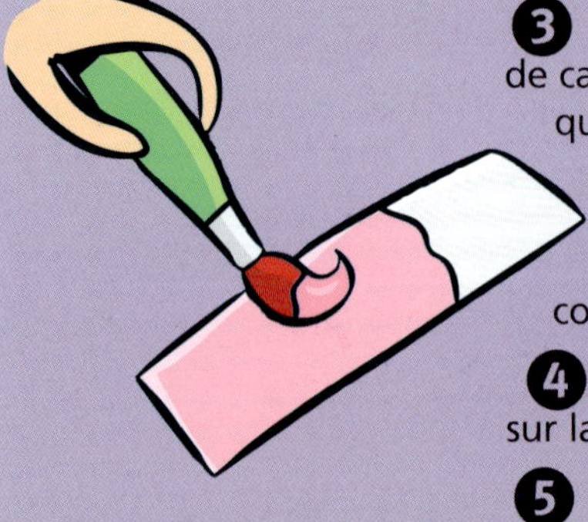

❸ Découpe un rectangle de carton de la même taille que le dessus de la barrette. Peins le carton avec ta nuance la plus claire, puis peins les capsules, une de chaque couleur.

❹ Colle ton rectangle de carton sur la barrette.

❺ Colle tes 3 capsules sur le carton.

BARRETTES

BARRETTE FLEURIE

IL TE FAUT :
- 1 catalogue de jardinerie
- Des ciseaux
- De la colle à papier peint
- Des paillettes
- Du vernis
- 1 grosse barrette
- 1 pinceau

1 Découpe des petites fleurs dans le catalogue.

2 Avec le doigt, enduis de colle à papier peint le dos de tes découpages et superpose les différentes fleurs sur la barrette jusqu'à ce que tu aies tout recouvert.

3 Replie les collages au dos de la barrette pour cacher les bords. Coupe le papier en trop. Laisse sécher.

4 Avec le pinceau, passe une couche de vernis sur les collages. Laisse sécher, puis repasse une autre couche.

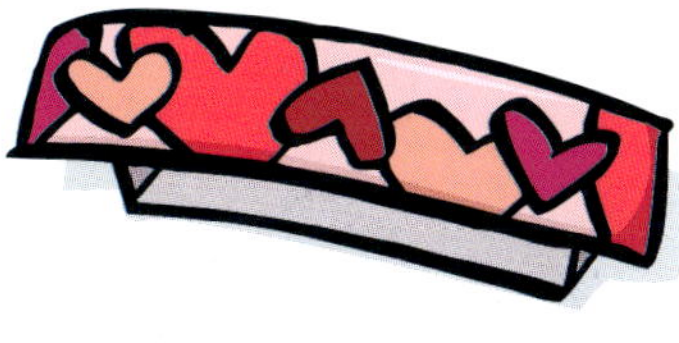

Astuce

Après avoir passé le vernis, jette une pluie de paillettes sur la barrette. En séchant, elles seront prises dans le vernis. Tu peux réaliser la même barrette avec d'autres collages (poissons, papillons...).

Avec des Perles

Perles de rocaille, perles en bois ou en métal... Tu peux les utiliser pour habiller des pinces ou des barrettes, et même des tresses.

BARRETTE PERLES DE ROCAILLE

IL TE FAUT :

- Du fil de fer fin
- De grosses perles rondes en métal
- Des perles de rocaille
- 1 support de barrette

1 Coupe une grande longueur de fil de fer et place une perle ronde au centre.

2 Rabats les 2 tiges le long de la perle et enfile 5 perles de rocaille de chaque côté.

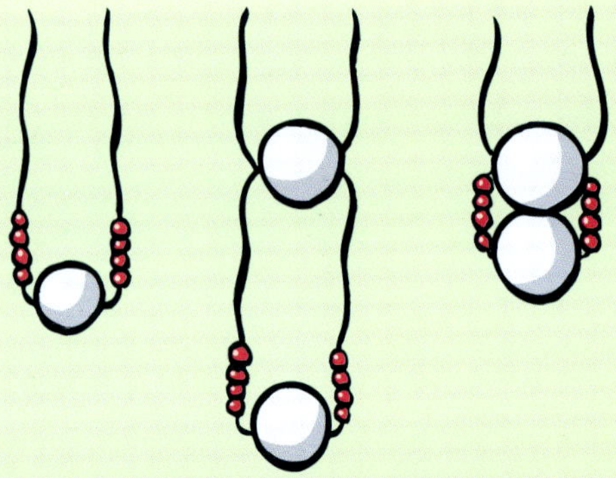

3 Prends une autre perle ronde et passe chaque fil de fer au centre.

4 Renouvelle l'opération de façon à pouvoir recouvrir toute la longueur de la barrette.

5 Torsade le fil de fer et coupe-le pour terminer.

6 Fixe les perles sur le support en utilisant une autre longueur de fil de fer que tu passeras de chaque côté de l'armature en croisant le fil sur toute la longueur du support.

Tu peux réaliser plusieurs petites barrettes ou une plus grosse sur ce principe.

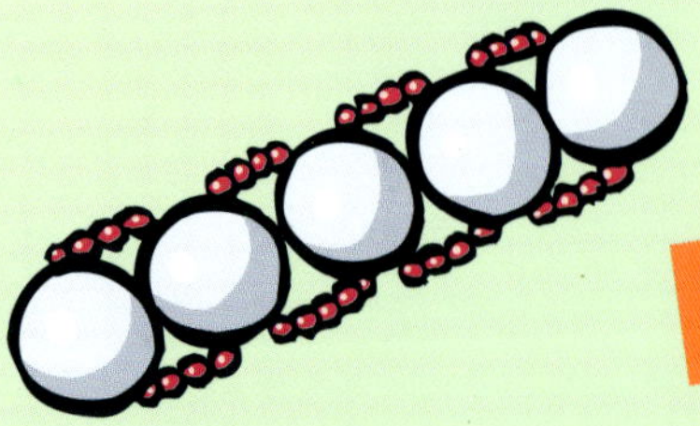

VARIANTE ASSORTIE

Tu peux également sur ce même principe créer une broche. Il te suffit pour cela de fixer ta réalisation sur un support de broche que tu trouveras au rayon mercerie. Mesure au préalable la longueur de ton support et calcule en conséquence le nombre de perles que tu devras utiliser.

Cheveux perlés

J'adore me faire des nattes perlées ! C'est facile à faire et très joli pour un soir de fête.

1 Fais plusieurs petites couettes avec les élastiques.

2 Mesure la longueur de tes cheveux en partant de l'élastique, prends le double de fil en longueur.

3 Enfile des perles en alternant les argentées et les dorées.

4 Fais un nœud à chaque bout, en laissant 3 cm de fil à une extrémité. Fais autant de fils de perles que tu as fait de couettes.

5 Sur chaque élastique, noue ton fil de perles.

6 Tresse ce fil avec tes mèches.

IL TE FAUT :
- Des perles argentées et dorées
- Du fil de pêche
- Des élastiques discrets

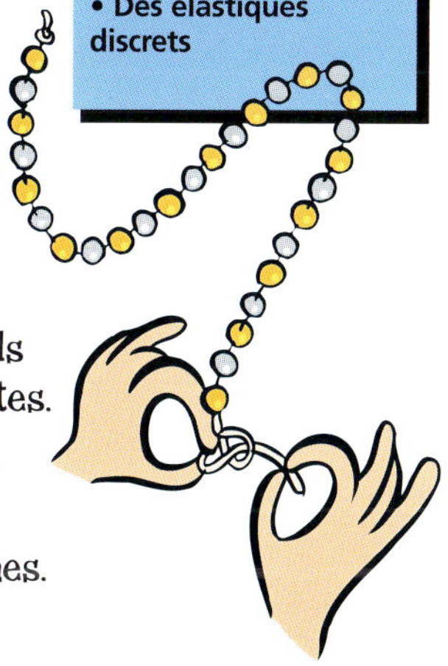

Serre-tête gai, gai...

IL TE FAUT :
- 1 bobine d'élastique rond
- Des perles de rocaille multicolores
- 1 ruban de satin
- 1 aiguille

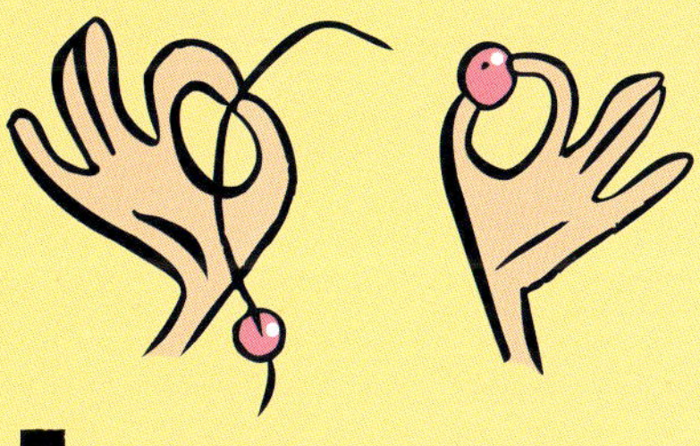

1 Mesure ton tour de tête avec le fil élastique. Enfile les perles d'une même couleur sur cette longueur. Termine par un nœud.

2 Réalise 15 à 20 tours de tête avec des couleurs différentes. Puis rassemble-les en les serrant avec le ruban.

3 Couds le ruban bord à bord.

Choux, les chouchous !

Pour donner du volume à ta coiffure, couettes ou queue-de-cheval, fabrique des chouchous de toutes les couleurs. Les chouchous ont l'avantage de moins abîmer les cheveux que les élastiques de caoutchouc.

CHOUCHOUS EN BANDANA

1. Découpe le bandana en 3 bandes de 5 cm de large.
2. Fais un ourlet le long des bords pour que le tissu ne s'effiloche pas.
3. Avec le fil élastique, fais une série de grands points de devant au centre de chaque bande de tissu, sur toute la longueur, tout en fronçant la bande.

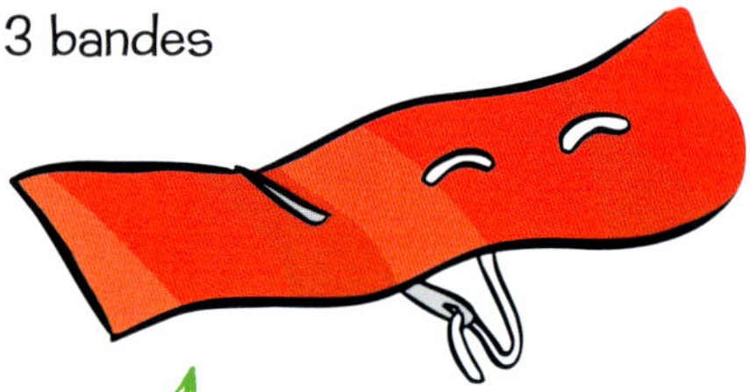

4. Noue les 2 élastiques ensemble pour fermer le chouchou.

5. Fais la même chose avec les 2 autres bandes.

IL TE FAUT :
- 1 bandana
- Du fil élastique à fronces
- 1 grosse aiguille

SAIS-TU D'OÙ VIENT LE MOT BANDANA ?

Le mot bandana vient de l'hindi bandnhu, que l'on peut traduire par « tissu teinté de manière irrégulière ». Cela désigne un petit carré de couleurs vives que l'on porte généralement en foulard ou en fichu.

COIFFURE TRÈS «CHOUCHOU»

Les chouchous

1 Découpe une bande de tissu de 5 x 20 cm.

2 Couds les sequins sur la ligne centrale de la bande.

IL TE FAUT :

- Du tissu de satin rose

- Des ciseaux

- Du fil à coudre

- Des sequins en forme d'étoiles

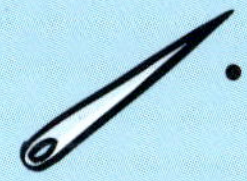

- 1 aiguille

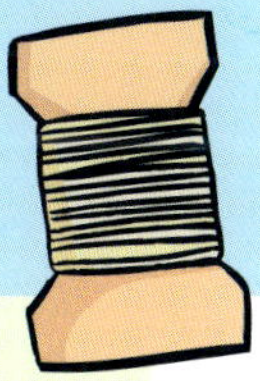

- De l'élastique de 5 mm de largeur

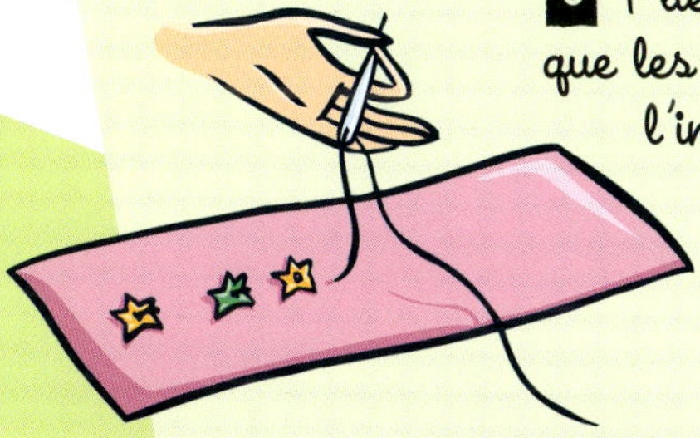

3 Plie le tissu en 2 de sorte que les sequins soient à l'intérieur, et fais une piqûre à 5 mm des bords.

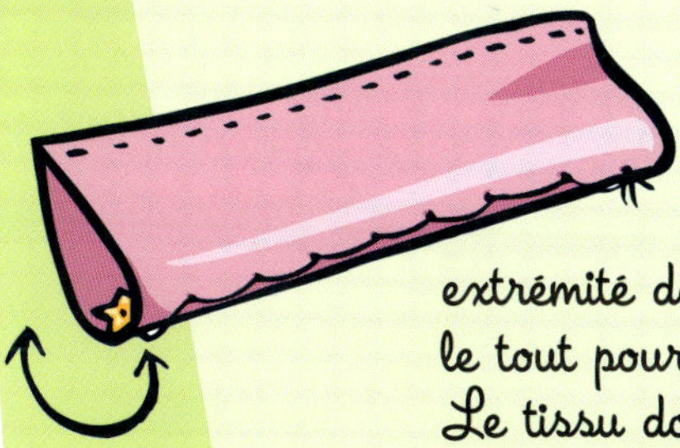

4 Retourne le tissu et glisse un morceau d'élastique de 8 cm de long.

5 Assemble en les cousant chaque extrémité de l'élastique. Puis ferme en cousant le tout pour former le chouchou. Le tissu doit froncer.

La coiffure

1 Fais des petits macarons avec tes cheveux en dégageant une mèche et en la tortillant jusqu'à ce qu'elle s'enroule sur elle-même.

2 Entoure les macarons avec des chouchous.

Tresses en liesse

Moi, j'aime bien me faire des tresses, comme les Indiennes. Mais j'y ajoute toujours une petite décoration personnelle.

Tresses perlées

IL TE FAUT :
- 2 gros élastiques et 2 petits
- 1 lacet de cuir de 3 m
- Des perles turquoise en bois (rondes et allongées)

Si tu n'as pas les cheveux très longs, cette coiffure te donnera l'impression d'avoir de grandes tresses… avec des queues-de-cheval !

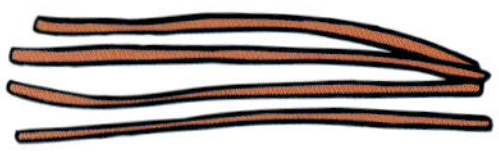

1 Découpe 10 longueurs de lacet de 30 cm chacune.

2 Plie chaque lien en deux et noue-le autour de l'élastique.

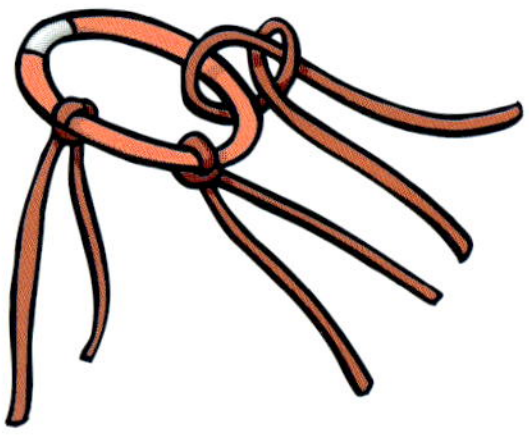

3 Noue ainsi 5 liens sur un élastique ; fais de même sur l'autre élastique.

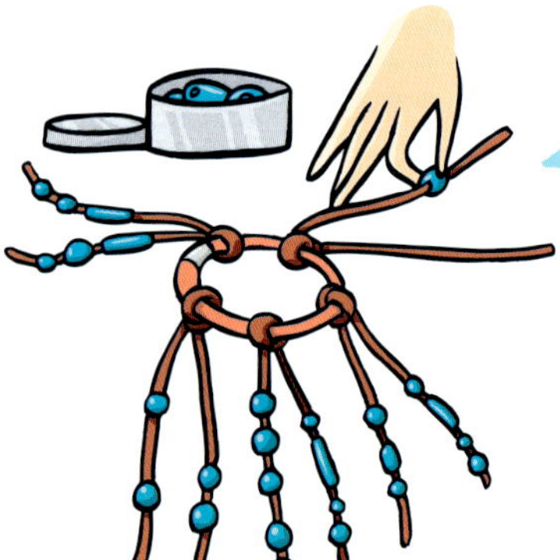

4 Enfile les perles sur les liens et fais un petit nœud sous chaque perle pour la retenir.

Fais-toi des couettes de chaque côté du visage à l'aide de deux petits élastiques.

Ajoute un élastique perlé sur chaque couette… et te voilà prête !

La tresse de l'amitié

Offre une tresse indienne à ta meilleure copine. Ces tresses ornaient autrefois les cheveux des Indiens d'Amérique.

IL TE FAUT :
- 3 fils Perlé DMC n° 3 de différentes couleurs, d'une longueur de 1,50 m
- 1 élastique

Info : avec 1,50 m de fil, ta tresse fera un peu moins de 75 cm.

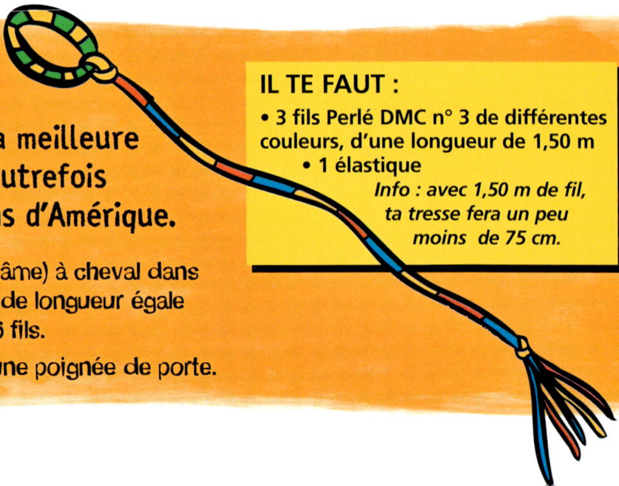

1 Passe 3 fils (les fils de l'âme) à cheval dans l'élastique, pour qu'ils soient de longueur égale de chaque côté. Tu obtiens 6 fils.

2 Accroche l'élastique à une poignée de porte.

TRESSES ÉTOILÉES

IL TE FAUT :
- De la pâte à modeler durcissant à l'air
- De la peinture acrylique brillante bleu turquoise
- 1 cordon de couleur de 20 cm
- 2 plumes orange
- 2 bagues de resserrage
- 1 cure-dent
- 2 petits élastiques

1 Roule et aplatis la pâte pour qu'elle fasse 5 cm d'épaisseur et découpe au couteau les 5 branches.

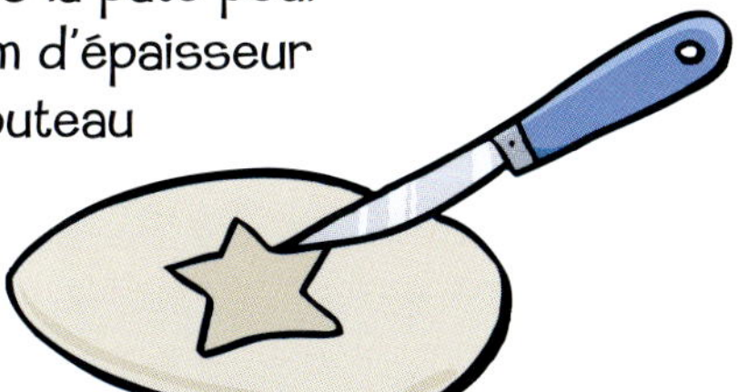

2 Enfonce le cure-dent dans l'épaisseur de l'étoile pour y insérer plus tard le cordon.

3 Laisse sécher, puis peins les 2 étoiles en bleu turquoise.

4 Coupe le cordon en 2, puis fixe une plume à chaque extrémité à l'aide d'une bague de resserrage.

Enfile le cordon dans l'étoile.

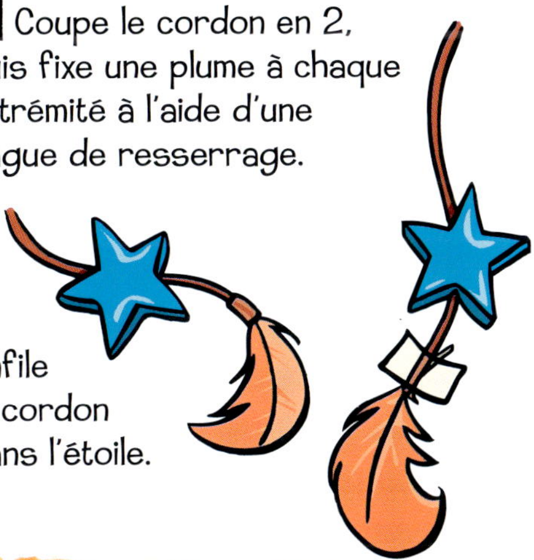

Fais-toi 2 tresses que tu attacheras à l'aide d'élastiques. Enroule le cordon en bas de la tresse et noue-le.

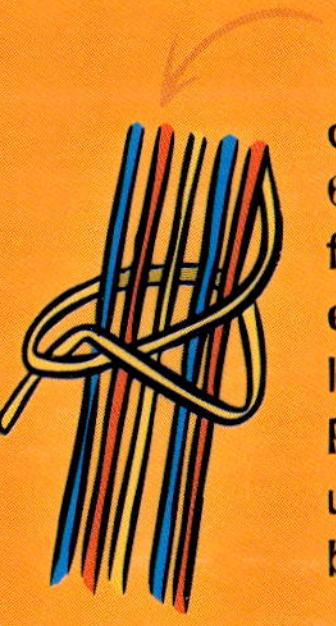

3 Pour démarrer, choisis un des 6 fils comme fil meneur et entoure les 5 autres. Puis fais un nœud bien serré.

4 Avec ce fil meneur, entoure les autres fils 6 fois. Puis prends un autre fil comme fil meneur en coinçant le premier fil meneur sous le nouveau. Fais 6 tours, change de fil meneur et recommence. Alterne les couleurs.

5 Arrivée au bout de ta tresse, fais 4 nœuds bien serrés autour des fils de l'âme avec ton dernier fil meneur. Coupe à 3 cm de la fin de ta tresse. La tresse se fixe dans les cheveux grâce à l'élastique.

COIFFURES DU BOUT DU

Mes copines de Jamaïque et du Japon m'ont envoyé des photos de leurs coiffures favorites. Je me suis amusée à les réaliser. Laquelle préfères-tu ?

LA COIFFURE « RASTA »

1 Trace une raie en zigzag.

2 Prélève de grosses mèches de chaque côté du visage et imprègne-les de gel.

3 Torsade chaque mèche entre tes doigts, en partant de la racine jusqu'aux pointes. Applique de nouveau du gel pour maintenir la torsade.

4 Prends des longueurs de laine et effiloche-les avec tes doigts en écartant les brins.

IL TE FAUT :
- Du gel fixation forte
- De la laine

5 Enroule les brins de laine autour de chaque mèche torsadée, en partant de la racine.

6 Fais un nœud à la pointe pour fixer chaque mèche.

Tu peux choisir de couvrir toutes tes mèches ou d'en laisser quelques-unes flotter librement. À toi de voir !

MONDE

LA COIFFURE « BAGUETTES »

IL TE FAUT :
- 2 manches de pinceau en bois
- De la pâte Fimo rouge
- Des perles de rocaille irisées
- De la peinture acrylique noire

Les baguettes

1 Demande à un adulte de scier le bas des pinceaux au-dessus de la partie métallique qui retient les poils.

2 Modèle 2 boudins d'environ 8 cm de long dans la pâte.

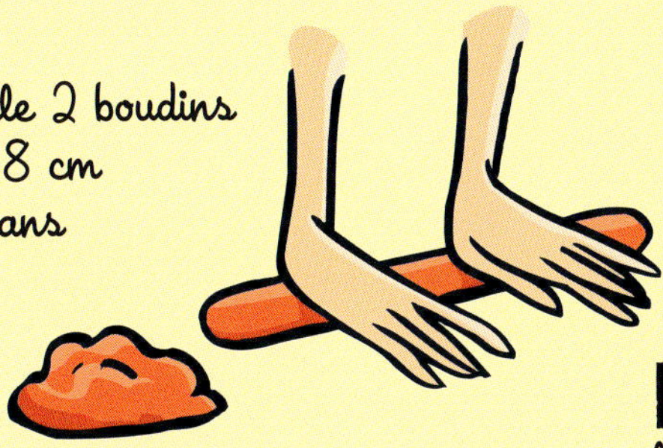

3 Enroule chaque boudin à une extrémité de pinceau en partant du bord coupé. Cache la partie coupée du pinceau avec la pâte.

4 Enfonce légèrement les perles dans la pâte.

5 Fais cuire les piques à cheveux au four, thermostat 2, pendant 15 min.

6 Peins les manches en noir.

La coiffure

Coiffe bien tes cheveux en les tirant vers l'arrière et fais-toi une queue-de-cheval haute. Enroule la queue pour former un chignon, et maintiens-le avec des épingles à cheveux.

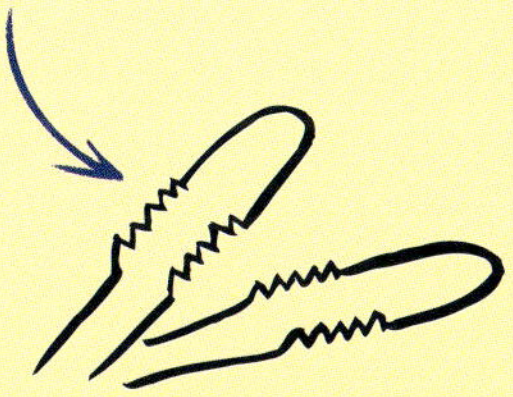

Pique les baguettes de chaque côté du chignon, en les croisant.

Pour les sportives

Tu aimes être belle quand tu fais du sport ? Fabrique tes accessoires pour rester élégante, même au pas de course.

Cheveux au chaud...

IL TE FAUT :
- 1 ou 2 chaussettes de couleur unie
- Des sequins
- Des perles en forme de tube
- Des petits élastiques

1 Coupe dans la chaussette une longueur de 15 cm, en partant du haut. Garde le bord resserré.

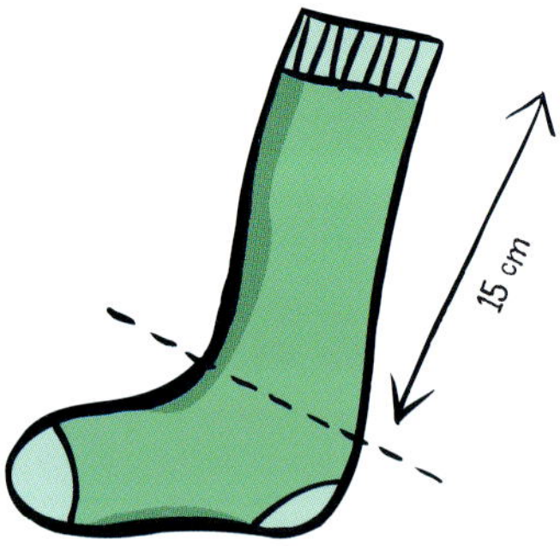

2 Glisse un bout de carton à l'intérieur de la chaussette pour t'aider à coudre les décorations.

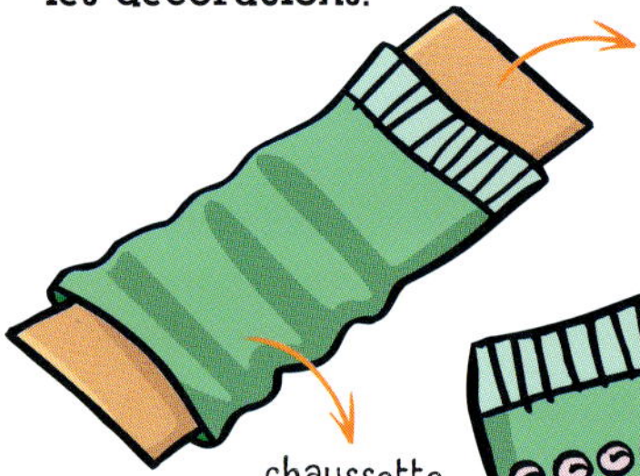

3 Couds les sequins tout autour de la chaussette en formant une ligne droite. Décore ainsi d'un ruban de sequins tous les 3 cm environ.

4 Entre les lignes de sequins, couds les perles tubes en zigzag.

5 Enfile la chaussette autour de ta queue-de-cheval, et maintiens-la par des petits élastiques.

VARIANTE : tu peux faire la même chose avec 2 chaussettes pour des couettes.

Ton bandeau de surf tressé

Récupère trois tee-shirts usés de couleurs différentes pour réaliser ton bandeau de glisse.

1 Découds l'ourlet du bas de chaque tee-shirt.

2 Taille en bas de chaque tee-shirt une bande de 6 cm de large, en prenant les 2 épaisseurs de tissu (devant et dos). Tu obtiens 3 bandes de tissu.

IL TE FAUT :
- 3 tee-shirts ou tissu en jersey de coton
- 2 élastiques
- Du fil à coudre

3 Mesure ton tour de tête.

4 Attache les 3 bandes entre elles à une extrémité avec un élastique.

5 Demande à une copine de tenir l'extrémité, et fais une tresse bien serrée. Quand tu as réalisé la longueur de tresse correspondant à ton tour de tête, attache les 3 bandes avec un autre élastique.

6 Découpe dans un des tee-shirts un carré de 5 x 5 cm.

7 Ferme la tresse en entourant les 2 extrémités avec le carré de tissu, de façon à cacher les élastiques. Serre fort. Couds bord à bord la pièce de tissu pour maintenir la tresse fermée.

VARIANTE

Pas de panique si tu n'as pas 3 vieux tee-shirts à découper sous la main. Cela ne t'empêche pas pour autant de te faire un bandeau. Tu peux aussi tresser 3 longueurs de feutrine épaisse, ou même, si tu es habile de tes doigts, tricoter 3 bandes au point de ton choix.

Ta boîte de coiffure

Fabrique cette jolie boîte, pratique pour ranger tes brosses, tes pinces et tes barrettes. Tu n'auras plus à les chercher partout au moment de te coiffer.

IL TE FAUT :

- 1 boîte à chaussures
- Des petites boîtes d'allumettes
- Du ruban adhésif papier
- 1 miroir (15 x 15 cm)
- De la fourrure synthétique rose
- 1 ruban de velours rose (largeur des bords du couvercle)
- Des strass
- 1 attache parisienne
- De la pâte à modeler durcissant à l'air
- De la peinture acrylique rose, orange et dorée
- De la colle

La boîte

1 À l'aide d'un cutter, coupe un bord sur la longueur du couvercle de la boîte à chaussures.

2 Fixe le couvercle bord à bord sur la boîte avec le ruban adhésif comme pour faire une charnière.

3 Colle 4 boîtes d'allumettes (ouverture vers l'avant et l'arrière) à chaque angle de la boîte pour faire les pieds.

La décoration

1 Peins les côtés intérieurs et le dessus du couvercle de la boîte à chaussures en rose, le fond de la boîte en orange et les 4 socles en rose.

2 Calcule le nombre de boîtes d'allumettes que tu peux faire entrer dans la longueur de ta boîte à chaussures. Peins-les sans leur couvercle en orange. Une fois sèches, colle-les entre elles puis colle-les dans le fond de la boîte.

3 Recouvre les 4 côtés extérieurs de la boîte en collant de la fausse fourrure.

4 Colle le ruban de velours sur les bords du couvercle.

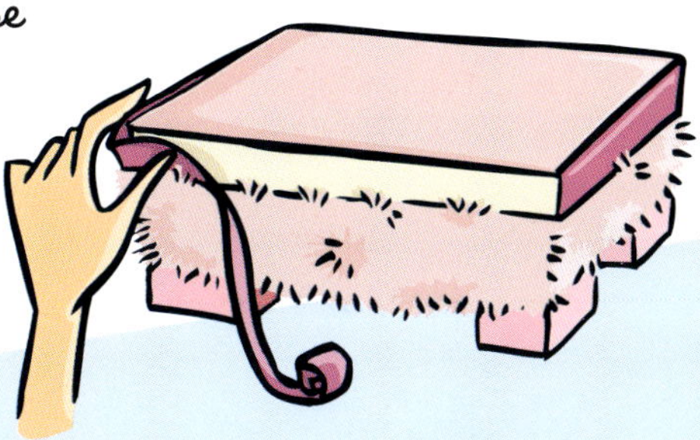

La poignée

1 Modèle une boule avec la pâte à modeler.

2 Enfonce le bout d'une attache parisienne dans la boule et laisse sécher. Peins en doré.

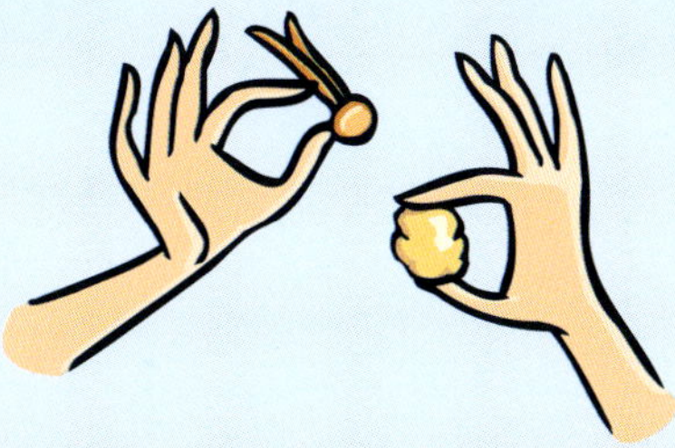

3 Fais une entaille au centre sur le dessus du couvercle et fixe la poignée en glissant l'attache parisienne.

4 Colle le miroir sous le couvercle et décore tout autour en collant les strass.

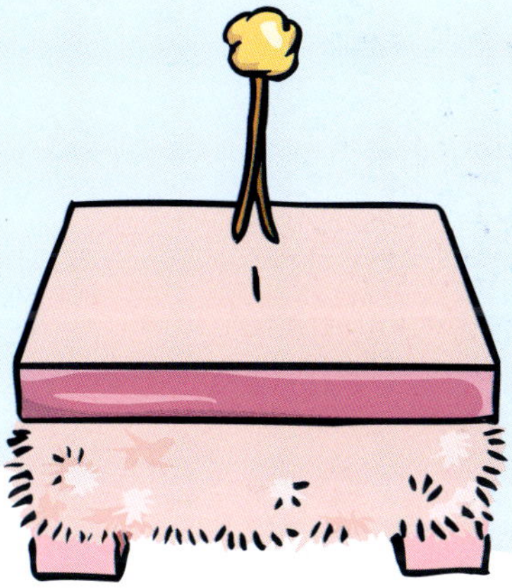

Tu n'as plus qu'à ranger tes accessoires de coiffure !

Mode, look

Sommaire

Victime de la mode ? 50-51
Quel look ? 52-53
La vie en bleu 54-55
Sympa, les jupes ! 56-57
Oh, les belles chemises ! 58-59
Pull, pile, poil 60-61
C'est dans la manche ! 62-63
Hisse les couleurs ! 64-65
Débardeurs fous, fous, fous 66-67
Transforme tes tee-shirts 68-69
Tip top, les tops 70-71
Préparez vos paréos 72-73

Victime de la mode ?

Excentrique, exubérante
et débordante d'énergie

LUMINEUSE, ARTISTE
ET PLEINE D'IMAGINATION

Calme, romantique
et un brin rêveuse

Équilibrée, généreuse
et un tantinet mystérieuse

Entre celles qui voudraient être top model et celles qui se moquent de ressembler à un épouvantail, où te places-tu ?

Les couleurs qui te vont

Les couleurs délivrent des messages. Découvre des traits de ta personnalité, à partir de tes couleurs préférées, et choisis celles qui te vont bien en fonction de tes cheveux et de ton teint.

POUR LES BRUNES

au teint mat :
- du vert émeraude
- du jaune vif
- du rouge carmin

au teint clair :
- du bleu glacier

POUR LES ROUSSES

au teint mat :
- du vert kaki
- du jaune safran

au teint clair :
- du jaune d'or

POUR LES BLONDES

au teint mat :
- du bleu lavande
- du rouge orangé

au teint clair :
- du vert pâle
- du bleu menthe

TEST

Es-tu une victime de la mode ?
Pour le savoir, fais ce test.

A *Cet été, la couleur rose est à l'honneur :*

◇ Tu détestes cette couleur, tes habits de l'an dernier feront bien l'affaire.

▷ Tu préfères le vert anis, mais pourquoi pas quelques galons roses au poignet ?

○ Tu renouvelles ta garde-robe pour être dans le ton.

B *Il te faut des nouvelles baskets :*

○ Une marque célèbre sinon rien !

◇ Les moins chères : de toute façon, elles seront vite usées.

▷ Avec des lacets que tu pourras changer à ta fantaisie.

C *Sous le sapin de Noël, il y avait :*

▷ Un pull tricoté par ta grand-mère.

○ Le même anorak que celui porté par ton top model préféré.

◇ Une machine à coudre.

Compte tes points :

◇ = 1 point ▷ = 2 points ○ = 3 points

Tu as 7 ou plus :
Ton look compte beaucoup pour toi. Attention, c'est chouette d'être bien habillée, mais ce n'est pas le plus important. La valeur de quelqu'un ne se juge quand même pas aux vêtements qu'il porte...

Tu as 5 ou 6 :
Tu aimes la mode quand elle te plaît, sinon tu la laisses. Tu suis d'abord tes goûts personnels et tu préfères inventer tes tenues plutôt que de ressembler à tout le monde. Bravo, tu fais preuve d'originalité.

Tu as 4 ou moins :
Le confort d'abord, la mode, quelle horreur ! Allez, un petit effort : être bien habillée, c'est aussi prendre soin de soi, de son image, et c'est la première chose que l'on voit de toi.

BELLE ICI, MOCHE AILLEURS

Tu crois que le modèle de beauté idéale, c'est d'être mince comme un haricot vert et blonde aux yeux azur ? Détrompe-toi. Selon les pays, on pense différemment. En Afrique du Nord, on adore les bourrelets, jugés plus appétissants pour la danse du ventre ! Au Japon, le top, c'est d'avoir des gros mollets et des tout petits seins ! Alors si tes taches de rousseur faisaient partie de ton charme, tout simplement ?

Quel look ?

Tu rêves d'avoir un style unique, rien qu'à toi ? Oui, mais lequel ? Voici quelques modèles qui pourront te donner des idées…

BRANCHÉE

Associe à un vieux jean à fleurs brodées, un tee-shirt à bretelles d'une couleur contrastée sur un haut à manches longues. Complète avec une ceinture à boutons dans les passants. **Suis l'évolution de la mode pour dénicher des accessoires très « in ».**

ARTISTE

Ose la superposition de couleurs qui flashent : collants bleu pétrole avec une jupe noire sur laquelle tu colles des pois rouges et un sweat-shirt à rayures. Pour faire tenir ton chignon savamment ébouriffé, plante un pinceau en bois sur ta tête d'oiseau des îles. **Pour trouver la tenue la plus délirante, fais des échanges avec tes copines.** Plus on mélange les garde-robes, plus on rit !

AUDACIEUSE

Marie un pantalon aux bas de jambes évasés avec un petit pull moulant sans manches sur un chemisier. **Joue l'harmonie des couleurs** en nouant un foulard autour de ta tête. Pour égayer le tout, ose un petit sac à main fait maison.

Mode, look

ROMANTIQUE

Pour faire chavirer les cœurs, rien de tel que la délicatesse des vieilles chemises de nuit à dentelles, des jupons et des chemisiers blancs. Aux pieds, de simples rythmiques blanches suffiront. Accentue la pâleur de ton teint en poudrant légèrement ton visage. Autour du cou, porte un collier de perles nacrées.

ORIENTALE

Joue la superposition et la combinaison de matières et de motifs. Plusieurs hauts sont empilés sur un pantalon large. Aux pieds, enfile les petites ballerines chinoises que tu auras brodées.

JUNGLE

Waouh, ça décoiffe ! Tresse tes cheveux avec des rubans verts et jaunes comme des lianes. Associe pantalon kaki et tee-shirt camouflage. Attache à ton poignet un bracelet en forme de serpent. N'oublie pas ton bob orange.

Maintenant, à toi de jouer…

La vie en bleu

Et si tu donnais des couleurs à tes vieux jeans ? Voici des idées pour remettre au goût du jour ton jean préféré !

VERSION FLEURIE

IL TE FAUT :
- 1 jean
- Des ciseaux
- Du ruban de sequins
- Du fil
- 1 aiguille

Le pantalon

1 Pose ton jean bien à plat et trace au crayon 2 pointes identiques dirigées vers le bas à mi-mollets.

2 Découpe sur ton tracé, puis effiloche les bords du tissu.

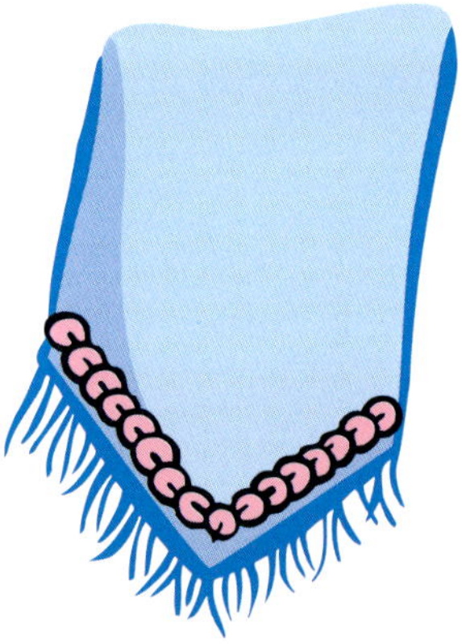

3 Couds un ruban de sequins à 1 cm du bord, tout autour.

4 Borde ensuite les poches de devant avec 2 autres longueurs de sequins.

Les fleurs

1 Glisse un carton dans une jambe pour séparer les 2 épaisseurs de tissu.

2 Réalise une première fleur. Pour cela, couds le sequin du centre puis les 6 autres autour pour former les pétales.

3 Fais plusieurs fleurs pas trop éloignées les unes des autres, puis relie-les en faisant de grosses surpiqûres avec le fil de coton.

IL TE FAUT :

POUR CHAQUE FLEUR
- Du carton
- 6 sequins d'une couleur
- 1 sequin d'une autre couleur
- Du fil de coton de couleur

UN BANDEAU TOUT EN JEAN !

IL TE FAUT :

- 1 vieux jean
- Des sequins
- Du ruban scratch
- Du fil à coudre jaune

1 Découpe dans le tissu en jean 2 bandes de 6 x 55 cm.

2 Pose les 2 bandes l'une sur l'autre, endroit sur endroit, et assemble-les en faisant une piqûre de chaque côté à 5 mm du bord.

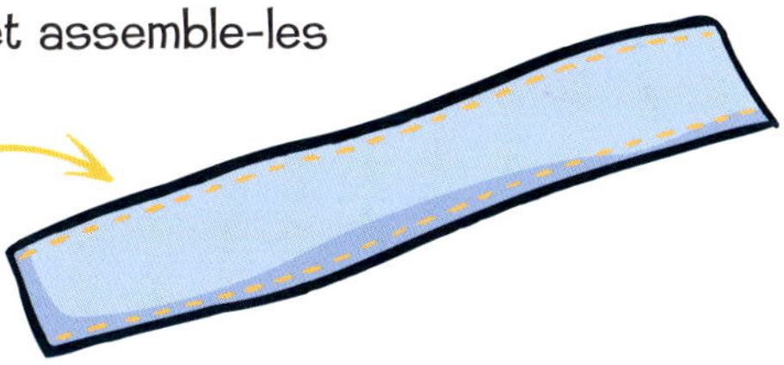

3 Retourne le tissu, repasse-le puis retourne les 2 bords aux extrémités et ferme avec un ourlet.

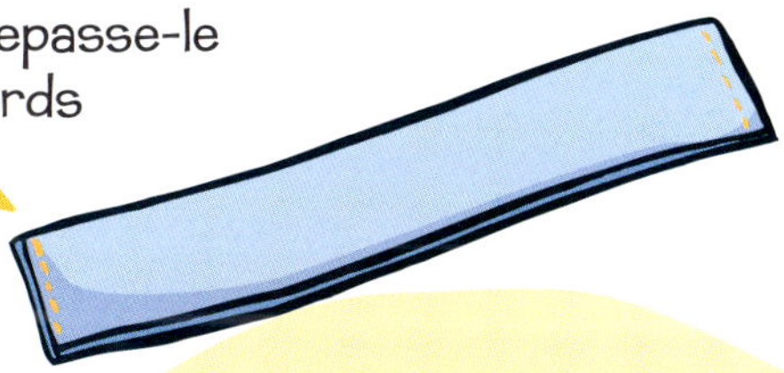

4 Fais une piqûre avec le fil jaune sur les bords du bandeau pour imiter les coutures de jean.

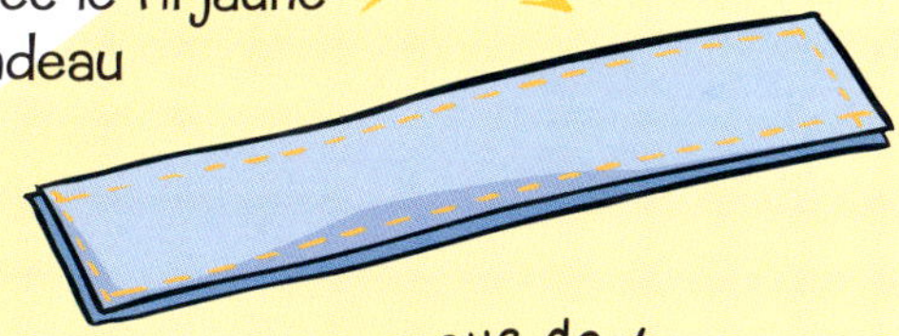

5 Coupe 5 cm de ruban scratch. Puis couds une partie à chaque extrémité du bandeau. Attention : un bout sur l'endroit du bandeau, un autre sur l'envers, sinon tu ne pourrais pas le fermer.

6 Sur le tissu restant, dessine et découpe 4 fleurs.

7 Couds au centre de chaque fleur un sequin, puis couds les fleurs sur le bandeau.

Pose le bandeau au-dessus de ton front et ajuste la taille grâce au scratch !

Sympa, les jupes !

Décore ta jupe en jean avec un motif de ton choix. Moi, j'aime bien les fleurs, les pommes, mais tu peux aussi faire des poires, des fraises...

Jupe fleurie

IL TE FAUT :
- 1 feuille cartonnée
- 3 pochettes en plastique transparent (3 couleurs)
- Des ciseaux
- Du Scotch
- Des boutons
- 1 aiguille
- Du fil

1. Dessine une fleur sur la feuille cartonnée.
2. Découpe la fleur et reproduis-la sur les 3 pochettes en plastique. Découpe les 3 fleurs ainsi obtenues.
3. Dispose puis scotche les 3 fleurs sur le devant de la jupe.
4. Couds au centre de chaque fleur un bouton en le fixant aussi sur la jupe. Enlève le Scotch.

Cachez ce genou...

En 1925, pour la première fois dans l'Histoire, des femmes osent porter une jupe au-dessus du genou... Cette mode déclenche un grand scandale ! Dans un État américain, toute femme qui sortait dans la rue avec une jupe à plus de 7,5 cm au-dessus de la cheville risquait une amende et même une peine de prison !

JUPE BRODÉE

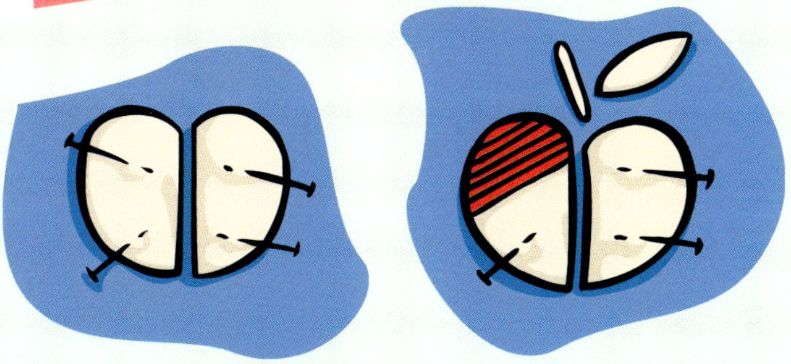

IL TE FAUT :

- 1 feuille cartonnée
- De la feutrine
- Des ciseaux
- Des épingles
- 1 jupe
- Du fil de coton à broder rouge, vert et marron
- 1 aiguille

1 Trace sur la feuille cartonnée la moitié d'une pomme et découpe-la.

2 À l'aide de ce patron, reproduis et découpe 2 fois cette forme dans la feutrine.

3 Épingle sur le devant de la jupe ces 2 moitiés face à face pour former une pomme. Laisse un espace de 5 mm entre les 2.

Broderie de points droits

4 Recouvre, en la brodant, chaque moitié de pomme avec le fil rouge. Arrête les fils sur l'envers et n'oublie pas d'enlever les épingles.

5 Sur la jupe, dessine la queue et la feuille de la pomme. Puis brode la feuille au fil vert et la queue en marron.

PLUS RAFFINÉ

Porte un tee-shirt ou un haut dont la couleur rappelle une de celles que tu as employées pour broder ton motif. Tu peux aussi t'amuser à le broder sur le haut que tu auras choisi.

Oh, les belles

Découds, découpe et transforme une chemise… pour en faire un kimono court, un cache-cœur ou une chemise multi-poches.

TUNIQUE UNIQUE

IL TE FAUT :
- 1 chemise blanche d'adulte
- Des ciseaux
- 1 aiguille
- Du fil

1 Fais 2 ouvertures de chaque côté de la chemise en décousant les coutures jusqu'aux manches. Fais des ourlets.

2 Découds le col et fais un ourlet à l'encolure.

3 Enfile la chemise et place une épingle sur la manche à mi-hauteur de ton avant-bras.

4 Coupe le bas des manches en biais et fais un ourlet.

5 Découds les boutons.

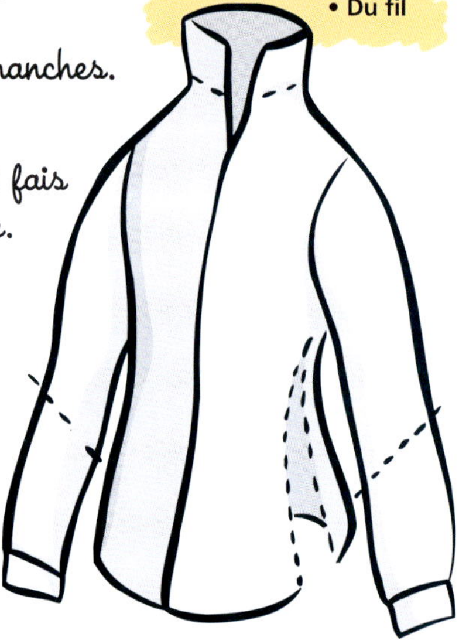

3 façons de porter ta chemise-tunique

En kimono
Attache une bande de tissu de 20 cm de large autour de ta taille avec une épingle.

Drapée
Noue les 2 pans sur le devant.

En cache-cœur
Croise les 2 pans sur le devant et noue-les dans le dos.

Chemises !

IL TE FAUT :
- 1 chemise en jean
- Des poches de jean que tu auras récupérées
- De la toile double face thermocollante
- Des tissus à motifs (fleurs, pois, rayures, etc.)

TA CHEMISE DE RANDO...

Relooke une chemise en jean en chemise multi-poches pour partir en rando... Tu pourras y glisser tes lunettes, une barre chocolatée et remplir tes poches de plumes d'oiseaux, de pommes de pin...

1. Demande à tes copines et à ta famille de vieux pantalons ou chemises en jean, et découds les poches.
2. Fais-toi aider par un adulte pour coudre les poches sur ta chemise en t'inspirant du dessin.

Les motifs

1. Découpe des carrés de 8 x 8 cm dans tes tissus à motifs. Place l'envers du tissu à motifs sur la toile thermocollante. Fixe-le à l'aide du fer à repasser.
2. Dessine des formes (papillon, poisson, fleur...) sur le papier de protection du thermocollant, puis découpe-les.
3. Enlève le papier de protection du motif. Positionne la partie adhésive sur l'endroit d'une poche. Colle ton motif au fer à repasser. Réalise ainsi un motif par poche en utilisant des imprimés différents.

RETOURNE TA VESTE !

Tu as une vieille veste que tu as assez vue ? Il suffit de pas grand-chose pour lui donner un air nouveau ! Change les anciens boutons pour des nouveaux (en forme de pinceau, de coccinelle, de papillon). Ta veste est de couleur sombre ? Égaie-la avec des boutons de toutes les couleurs.

Tu peux aussi coudre un galon aux manches, des perles autour de l'encolure, des plumes sur le revers...

Nouveaux boutons, nouvelle veste !

Pull, pile, poil

Ton pull a rétréci au lavage ?
Il est délavé ? Redonne-lui un petit coup de neuf !

AVEC DES FRANGES

IL TE FAUT :

- **1 pull**
- **3 échevettes de fil mouliné (3 tons de dégradé de couleur assortis à la couleur de ton pull)**
- **1 grosse aiguille**

1. Découpe des brins de fil d'environ 30 cm.
2. Enfile 3 brins de couleurs différentes dans l'aiguille.
3. Passe l'aiguille entre les mailles, juste au bord de la manche puis laisse les brins en retirant l'aiguille.
4. Attache les brins en faisant un nœud bien serré à mi-longueur.

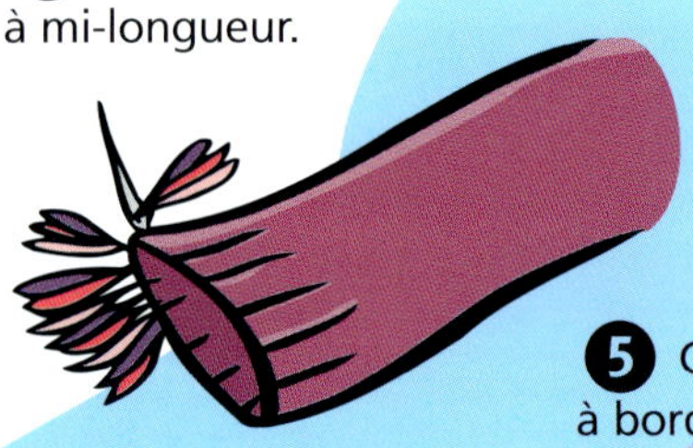

5. Continue ainsi à border le bas de chaque manche.
6. Recoupe tous les fils à 6 cm du nœud.
7. Sépare les fils en roulant les brins entre tes doigts pour donner un aspect fourrure.

Avec des pompons !

Transforme ton pull d'été en pull d'hiver avec des pompons.

IL TE FAUT :

- Du carton
- De la laine
- 1 compas

1. Trace 2 cercles de 6 cm de diamètre sur le carton. Découpe-les et demande à un adulte d'évider le centre au cutter pour obtenir 2 anneaux.

2. Superpose les 2 anneaux et enroule la laine autour du carton, en passant par le trou central. Fais plusieurs tours complets.

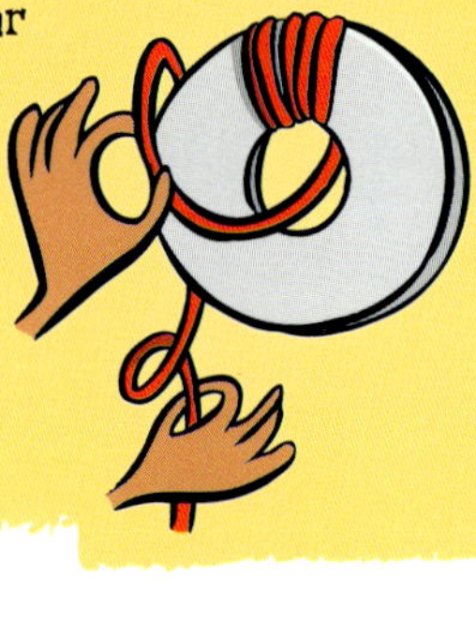

3. Glisse les ciseaux entre les anneaux et coupe la laine tout autour. Passe un brin de laine de 15 cm de long entre les cartons et fais un nœud.

IL TE FAUT :
- 1 pull
- Du tissu de satin pour rallonger tes manches
- 1 aiguille
- Du fil

AVEC DU SATIN

1 Mesure la largeur du bas de manches de ton pull.

2 Plie le tissu de satin en 2 et reporte la dimension obtenue en partant de la pliure, tu obtiens le point A.

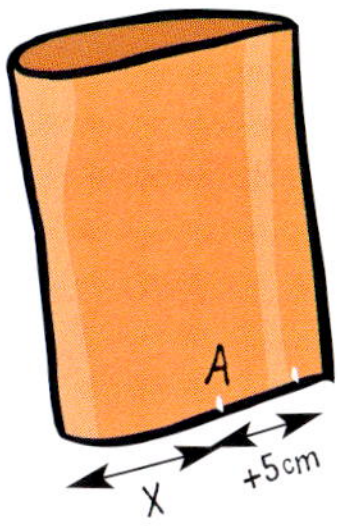

3 Ajoute 5 cm de plus en largeur et forme un carré d'après cette dimension.

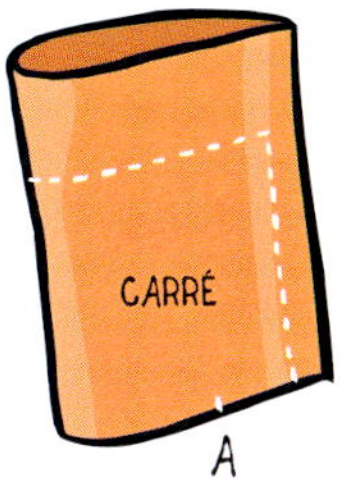

4 Trace un trait du point A à l'angle du carré comme sur le schéma et couds par-dessus le tissu en 2.

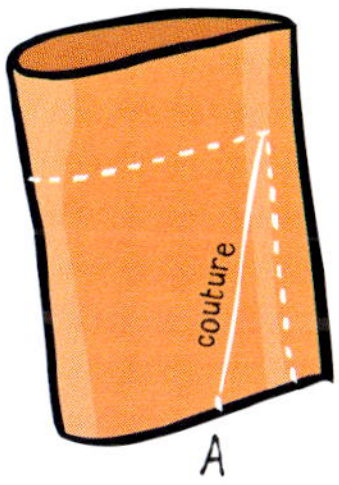

5 Découpe ton tissu comme sur le schéma puis fais un ourlet sur la partie la plus large.

6 Retourne le tissu et fixe la forme trapèze en bas de chaque manche.

❹ Ôte les anneaux et égalise les fils de laine du pompon avec les ciseaux. Ne coupe pas le brin de laine qui serre le pompon, conserve toute sa longueur.

❺ Accroche les pompons autour de l'encolure. Pour cela, passe le brin de laine entre les mailles du pull et fais un nœud sur l'envers. Place un pompon au bas de chaque manche. Tu peux réaliser des pompons de différentes couleurs pour mettre sur l'encolure.

Tu peux aussi faire des pompons multicolores en enroulant 2 ou 3 couleurs de laine différentes autour du carton.

C'est dans la manche !

Décore les manches de tes vieux tee-shirts unis. Une façon très efficace de les rajeunir et de les égayer !

BOUTONS AUX MANCHETTES

IL TE FAUT :
- **1 tee-shirt noir à manches longues**
- **Du ruban imprimé de 4 cm de large**
- **6 boutons assortis à la couleur du ruban**
- **Du fil**
- **1 aiguille**

1 Trace à la craie 2 lignes verticales sur le côté gauche du tee-shirt, espacées de 6 cm.

2 Découpe dans le ruban 2 longueurs de 3 fois la hauteur du tee-shirt.

3 Fais de grands points au centre du ruban sur toute la longueur.

4 Fronce le ruban en tirant sur le fil pour avoir la longueur désirée.

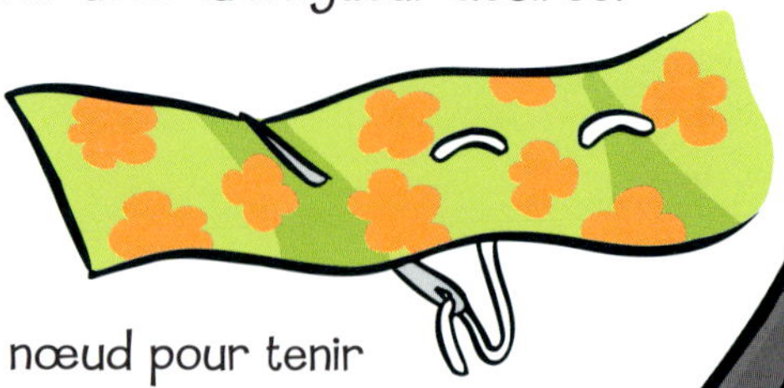

5 Fais un nœud pour tenir le ruban froncé.

6 Couds le ruban sur le tee-shirt le long des lignes.

7 Couds sur chaque bas de manches les 3 boutons.

Tu peux aussi réaliser ce modèle avec un pull ras du cou en maille fine.

Ou tu peux t'amuser à coudre des boutons sur toute la longueur des manches jusqu'à l'empiècement.

S'il te reste du ruban imprimé, réalise des chouchous assortis à ta tenue (voir pages 38-39).

MANCHES EN JEAN

IL TE FAUT :
- 1 tee-shirt noir à manches longues
- Du tissu jean
- Des épingles
- 10 boutons plats de couleur
- Du fil
- 1 aiguille
- 3 épingles à nourrice

1 Découpe dans un vieux jean 2 bandes de 4 cm de large, de la longueur des manches en partant des épaules.

2 Épingle les bandes de jean le long des manches puis couds-les en faisant des points tout le long sur la ligne centrale (les bords doivent se relever).

3 Couds 5 boutons, centrés le long de chaque bande de jean, à égale distance les uns des autres.

4 Dessine un cœur (ou un autre motif) sur le tissu jean et découpe-le.

5 Effiloche les bords de ton motif et fixe-le sur le devant du tee-shirt avec les épingles à nourrice.

Deux en un...

Avec 2 tee-shirts à manches longues de même taille, crée 2 hauts de créateur.

1 Découds avec des ciseaux de couturière la manche droite de chaque tee-shirt. Fais bien attention à ne pas déchirer le tissu.

2 Couds la manche A avec le tee-shirt B et la manche B avec le tee-shirt A.

Assure-toi au préalable que les couleurs de tes 2 tee-shirts se marient bien entre elles !

IL TE FAUT :
- 2 tee-shirts à manches longues
- Des ciseaux
- Du fil
- 1 aiguille

Hisse les couleurs !

Pour créer une petite robe originale, adopte la technique tie and dye, qui signifie en anglais « nouer et teindre ». C'est beau et c'est rigolo…

IL TE FAUT :

- 1 chemise de nuit blanche en coton
- De la ficelle
- Des gants en caoutchouc
- 1 tablier
- 1 bassine
- De la teinture à l'eau froide + fixatif (quincaillerie)
- Du gros sel de cuisine

ROBE TIE AND DYE

Avant de commencer l'activité teinture, n'oublie pas de mettre un tablier et d'enfiler des gants.

Préparation

1 Marque des points sur la chemise en les éloignant les uns des autres comme sur le modèle.

2 À chaque point, forme un cône de tissu avec ton pouce et noue une ficelle bien serrée tout autour à environ 4 cm puis une deuxième 2 cm au-dessus.

3 Continue sur toute la robe.

La teinture par nœuds…

La technique de teinture par nœuds consiste à nouer, plier, attacher ou tordre l'étoffe pour créer des motifs. Cette technique très ancienne est originaire de Chine. Elle était considérée comme une forme de décoration très raffinée. Au Moyen Âge, les seigneurs japonais s'habillaient de soieries teintes par nœuds. Aujourd'hui, en Afrique, elle est très employée et sert à fabriquer de magnifiques motifs très colorés, souvent à base de teinture d'indigo.

Teinture

1 Passe la chemise de nuit sous l'eau et essore-la.

2 Dans la bassine, dissous la teinture, le fixateur et 4 cuillères à soupe de gros sel dans de l'eau très chaude. Mélange bien.

3 Ajoute ta chemise de nuit encore humide et remue pendant 10 min.

4 Laisse tremper 50 min en remuant de temps en temps. La chemise doit toujours rester immergée.

5 Rince plusieurs fois à l'eau froide.

6 Retire les ficelles, rince une dernière fois et fais sécher la chemise à plat.

VARIANTE

Prends un tee-shirt de couleur et fais les nœuds. Puis trempe-le dans une bassine d'eau mélangée à un verre d'eau de Javel diluée. Laisse tremper une heure. Tu obtiens des cercles foncés sur un fond décoloré !

Porte cette chemise comme une tunique en la superposant sur un pantalon ou une jupe.

Débardeurs fous, fous, fous

Adapte tes débardeurs à ton style ou à ton humeur. Toutes les folies sont permises, alors à toi de jouer en laissant libre cours à ton imagination !

TATOO VACHE

IL TE FAUT :
- **1 débardeur blanc à bretelles**
- **Du carton**
- **1 pinceau**
- **De la peinture pour tissu marron**
- **Des perles en bois marron et turquoise**
- **Du fil**
- **1 aiguille**

1. Glisse un carton à l'intérieur du débardeur pour le protéger.
2. À l'aide de ton pinceau, peins différentes formes sur ton débardeur.
3. Fixe la couleur en repassant au fer chaud sur l'envers durant 3 à 5 min.
4. Découds les bretelles au dos du débardeur.
5. Sur une bretelle, enfile les perles en intercalant 3 marron, 1 turquoise, etc. Pour l'autre bretelle, fais l'inverse : 3 turquoise, 1 marron.
6. Quand la bretelle est recouverte de perles, recouds son extrémité au dos et sur l'envers du tissu.

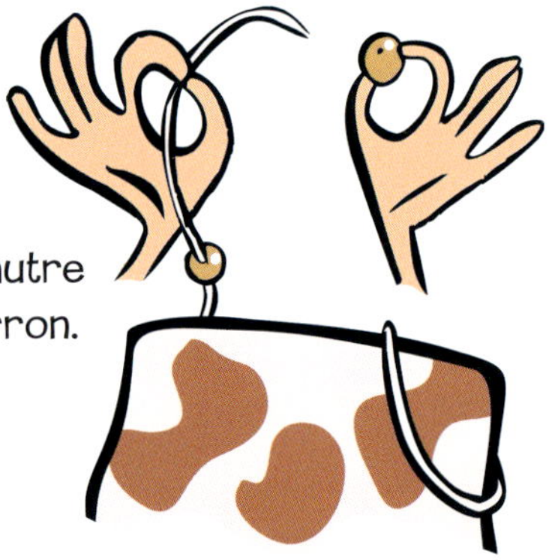

Transforme tes débardeurs

Donne une deuxième vie à tes débardeurs de l'an dernier...

Avec de la dentelle

Couds 2 bandes de dentelle sur les bretelles. Ajoute une bande plus large au bas de ton débardeur.

AVEC DES CISEAUX

Fais des franges dans le bas de ton débardeur.

AVEC DES RUBANS

Coupe les 2 bretelles et remplace-les par des rubans de couleur.

AVEC DES PAPILLONS

Demande à ta maman de coller au fer à repasser des motifs thermocollants (papillons, libellules, coccinelles...).

Tatoo cœur

IL TE FAUT :
- 1 débardeur de couleur à bretelles
- Du carton
- 1 cutter
- 1 pinceau à pochoir
- De la peinture rouge pour tissu
- Des perles tubes et de rocaille irisées
- Du fil
- 1 aiguille

Le pochoir

1 Dessine un cœur au centre du carton et demande à un adulte de l'évider avec un cutter.

2 Glisse un autre carton à l'intérieur du débardeur pour protéger le dos et scotche le pochoir devant en centrant le cœur.

3 Tamponne l'intérieur du cœur avec le pinceau à pochoir imprégné de peinture. Tiens bien le pinceau verticalement, surtout sur les bords du carton, pour avoir des contours nets.

4 Retourne ton débardeur quand il est sec et repasse-le pour fixer la couleur.

La décoration

1 Couds les perles de rocaille autour du cœur : fais un nœud au bout du fil, pique sur l'envers du tissu et enfile une perle.

2 Repique et ressors l'aiguille un peu plus loin pour enfiler une autre perle. Fais ainsi tout le tour.

3 Trace 6 lignes en pointillés au crayon autour du cœur comme tu le vois sur le dessin. Pique dessus les perles tubes.

Transforme tes tee

Les tee-shirts unis, c'est bien, mais un peu tristounet… En deux temps trois mouvements, personnalise-les avec plein de motifs !

Tee-shirt aquarium

Fabrique un tee-shirt qui te rappellera tes plus belles plongées…

IL TE FAUT :

- Du plastique transparent (protège-livres)
- De la mousse créative bleue
- 1 tee-shirt blanc

1 Découpe dans 2 épaisseurs de plastique la forme 1. Couds les 3 bords droits au point zigzag à la machine à coudre.

2 Découpe dans la mousse bleue des petits poissons de tailles différentes. Dépose-les dans la pochette.

3 Couds la pochette en haut au point zigzag en suivant la vague.

4 Couds le tout au point droit sur ton tee-shirt.

Variante : tu peux verser du sable au fond de la pochette.

IL TE FAUT :

- 1 tee-shirt blanc
- Du plastique transparent (protège-livres)
- 1 stylo-bille
- De la peinture pour tissu
- 1 pinceau
- 1 feuille de carton souple de la taille de ton tee-shirt
- 1 fer à repasser

TEE-SHIRT PEINT

1 Pose ton tee-shirt sur le plastique transparent et dessine le contour au stylo-bille.

2 Peins des motifs (des cœurs, des fleurs, des étoiles…) sur le plastique transparent, à l'intérieur du contour du tee-shirt. Mets beaucoup de peinture.

3 Glisse le carton souple à l'intérieur de ton tee-shirt.

4 Pose le tee-shirt sur le plastique avant que la peinture ne soit sèche (le devant du tee-shirt contre les motifs).

5 Enlève doucement le tee-shirt. Laisse-le sécher à plat. Quand il sera sec, repasse sur l'envers pour fixer les couleurs.

-Shirts

Tee-SHIRT De SAISON !

Décore et modifie ton tee-shirt au gré de tes envies et des saisons.

IL TE FAUT :

- **De la feutrine de différentes couleurs**
- **Du ruban scratch à coudre**
- **Des sequins ronds dorés**
- **Du fil de coton de couleur**
- **De la colle**

❶ Découpe 2 carrés de 7 cm de côté dans la feutrine. Couds ensemble les bords avec du fil de coton de couleurs différentes. Une fois sur deux, enfile un sequin avant de piquer. Fais la même chose avec les 2 autres carrés, dans d'autres couleurs.

❷ Découpe dans la feutrine la fleur et son cœur, la feuille et le sapin. Colle les motifs au centre de chaque carré. Brode les nervures de la feuille avec du fil de coton.

❸ Couds un morceau de scratch au dos de chacune de tes décorations. Puis couds le morceau de l'autre partie du scratch au centre de ton tee-shirt.

❹ Tu peux ainsi changer ton tee-shirt et fixer le motif que tu veux. Tu peux aussi mettre les trois motifs sur ton tee-shirt. Attention, n'oublie pas d'enlever les motifs avant de laver ton tee-shirt !

TIP TOP, LES TOPS

Illumine tes vêtements en relookant tes tee-shirts de l'été dernier en top asymétrique ou en dos-nu. Personne n'aura les mêmes que toi !

Un bijou pour tes vêtements

Tu n'as pas de collier de perles ? Dessines-en un sur un tee-shirt à bretelles !

IL TE FAUT :

- Des sequins argentés (ronds ou en forme d'étoile)
- Des perles de rocaille irisées (2 couleurs)
- Du fil
- 1 aiguille

1 Enfile 50 cm de fil sur une aiguille.

2 Couds un sequin au bord gauche de l'encolure : pique de l'envers du tissu vers l'endroit, enfile sur l'aiguille le sequin puis la perle et repasse le fil dans le trou du sequin.

3 Fixe par un petit point sur l'envers puis, sans couper le fil, couds un autre sequin à côté, de façon à ce qu'ils se touchent. Continue ainsi sur toute la longueur.

4 Sous les sequins, couds une rangée de perles : pique l'aiguille puis enfile 4 perles en alternant les 2 couleurs. Repique le tissu et ressors l'aiguille à côté de la dernière perle. Continue ainsi sur toute l'encolure.

RELOOKE TON TEE-SHIRT !

1ère ÉTAPE : LES DÉCOUPES

Découpe le tee-shirt en te reportant au modèle que tu auras choisi (voir page droite). Fais un ourlet au niveau des découpes.

IL TE FAUT :

- 1 tee-shirt trop petit (2 tailles en dessous de la tienne)
- Des ciseaux
- Du fil
- 1 aiguille

2è ÉTAPE : LES FINITIONS

Modèle 1

TOP RUBAN

IL TE FAUT :

- 1 ruban satiné rond de 70 cm

❶ Couds en haut de la pointe du tee-shirt 2 longueurs de ruban de 35 cm.

❷ Noue les rubans derrière le cou après avoir enfilé le tee-shirt.

Top perles

Modèle 2

IL TE FAUT :

- 1 lacet de couleur
- 2 perles en bois
- 1 grosse aiguille

❶ Enfile le lacet sur l'aiguille et couds en faisant de gros points le long de l'épaule.

❷ Tire sur le lacet pour froncer le tissu, puis fais un nœud.

❸ Accroche les 2 perles aux extrémités du lacet en les retenant par un nœud.

PRÉPAREZ VOS PARÉOS

Un paréo, c'est bien pratique ! On l'enroule autour de soi en sortant de la piscine ou de la mer. On l'étend sur le sable et voilà une serviette. Le soleil tape, on peut s'en faire un châle…

Paréo mode d'emploi

Voici toutes les façons de porter ton paréo… et de te faire des tenues différentes avec le même carré de tissu !

Glisse ton paréo sous les bras et noue les 2 pointes autour de ton cou après les avoir croisées sur le devant.

Plie ton paréo en 2 et noue-le sur le côté ou devant, pour te faire une minijupe express !

Noue ton paréo autour de la taille, en variant la place du nœud.

Place ton paréo sous tes bras et noue les pointes en mettant le nœud devant ou sur le côté.

LE SAIS-TU ?

Le mot paréo vient d'un mot tahitien. C'est en effet de Tahiti que sont originaires le paréo et ses différentes façons qu'ont les femmes de le nouer pour se couvrir.

Crée ton paréo perso...

Et personne n'aura le même que toi !

IL TE FAUT :

- **Du tissu toile à beurre (90 x 50 cm)**
- **De la peinture pour tissu**
- **Du cordon diamètre 5 mm**
- **1 morceau de carton épais**
- **De la colle**

Les tampons

1 Découpe dans le carton 2 carrés de 12 x 12 cm. Sur un carton, dessine au crayon la forme du poisson, sur l'autre la forme de l'étoile.

2 Dépose un filet de colle en repassant sur les traits au crayon. Colle le cordon sur le carton en suivant toujours le trait. Coupe le cordon à la fin de ton dessin. Presse fort sur le cordon avec un autre carton.

Impressions

1 Dépose le tissu bien à plat sur un plan de travail. Laisse les bords effilochés.

2 Applique de la peinture sur le cordon d'un des tampons. Tamponne le tissu en prenant soin de glisser dessous un carton pour protéger le plan de travail.

3 Imprime ainsi plusieurs motifs. Applique un peu de peinture avant chaque coup de tampon. Recommence avec l'autre tampon.

4 Fixe les couleurs en repassant au fer chaud l'envers du tissu durant 3 min.

Voici quelques modèles de motifs que tu pourras reproduire aisément !

Accessoires

Sommaire

Fichus foulards 76-77
Folklos, les foulards ! 78-79
Mon beau bonnet 80-81
Polaires pour plaire 82-83
Jamais sans mes gants ! 84-85
Sac d'un jour 86-87
Récup' jeans 88-89
Pochettes de saison 90-91
Jusqu'au bout des pieds 92-93
Jour de pluie 94-95
Direction plage... 96-97
Au bord de la mer 98-99
Au retour de la plage 100-101

Fichus foulards

Tes cheveux tombent dans tes yeux ? Ta tenue manque de gaieté ? Coiffe-toi avec un foulard ou un fichu de ta création.

FOULARD D'INDIENNE

Avec une peau de chamois, tu peux fabriquer un vrai foulard d'Indienne. À tes ciseaux !

IL TE FAUT :

- **1 peau de chamois 36 x 27 cm (vendue en grande surface)**
- **1 ruban avec broderie de 80 cm**
- **Des perles de rocaille**
- **1 grande feuille de papier**
- **Des épingles**
- **Du fil**
- **1 aiguille**

1. Sur le papier, reproduis le dessin du patron aux dimensions indiquées.
2. Plie la peau de chamois en 2.

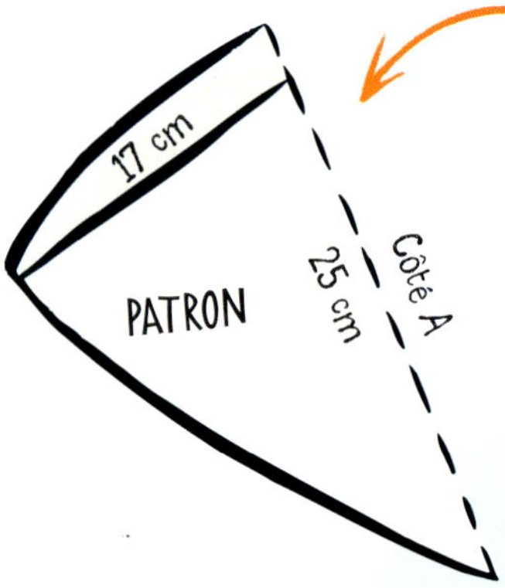

3. Fixe le patron avec des épingles au bord de la pliure (côté A sur le patron).
4. Découpe la peau de chamois en suivant le contour du patron, sur 2 côtés.

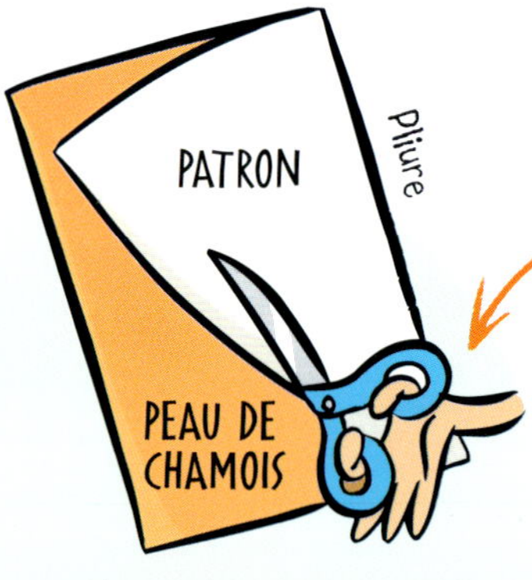

5. Place le ruban sur le bord du foulard, de façon à laisser la même longueur de ruban de chaque côté pour attacher le foulard avec un nœud.
6. Enfile 10 perles sur un fil, puis fais un nœud à une extrémité et couds l'autre au bord du foulard.
7. Couds plusieurs franges de perles tout autour du foulard.

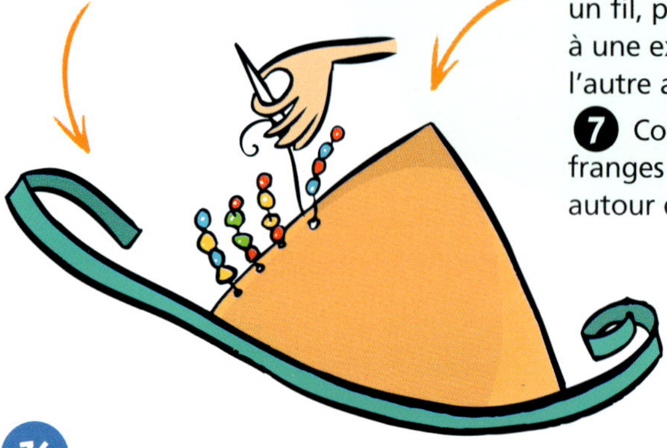

Attache le foulard avec les 2 bouts du ruban sous tes cheveux.

LE FICHU FLEURI

Facile à faire également, un fichu de coton pratique à porter en journée comme en soirée !

IL TE FAUT :

- 1 carré de coton noir ou de couleur foncée (50 x 50 cm)
- Des sequins de couleur
- Du fil de couleur
- Du fil à broder

1 Plie le carré en 2 pour faire un triangle.

2 Surfile les 2 côtés ouverts pour qu'ils ne s'effilochent pas.

3 Couds les sequins sur le bord du fichu, en formant des fleurs.

Il te faut : 7 sequins pour faire une fleur, 1 pour le cœur, 6 pour les pétales.

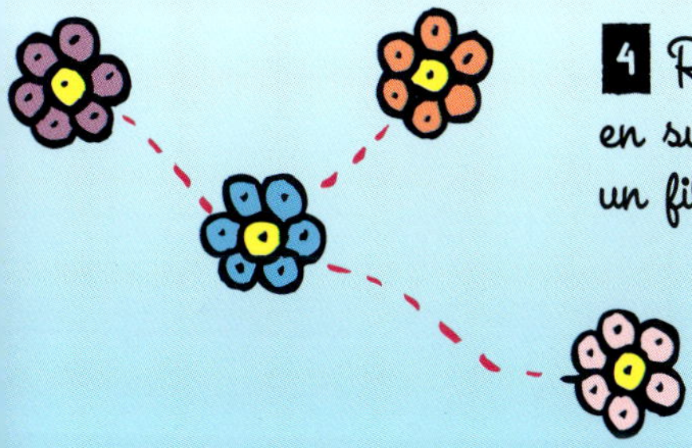

4 Relie les fleurs entre elles en surfilant à gros points avec un fil à broder de couleur.

FOLKLOS, LES FOULARDS !

Et si tu réalisais ton propre imprimé pour fabriquer un foulard unique ? Celui-là, personne ne le portera !

FOULARD GRAIN DE CAFÉ

IL TE FAUT :
- 1 carré de tissu blanc de 48 cm de côté
- Des sachets de thé
- De la mousse créative
- Du carton
- De la colle
- De la peinture pour tissu, marron (ou de la peinture acrylique)

Teindre

Laisse infuser dans un saladier d'eau très chaude 4 à 5 sachets de thé pendant 10 min, puis plonge le tissu dans le saladier. Laisse-le tremper 15 min, il va se teinter d'un ton beige. Laisse-le sécher et repasse-le.

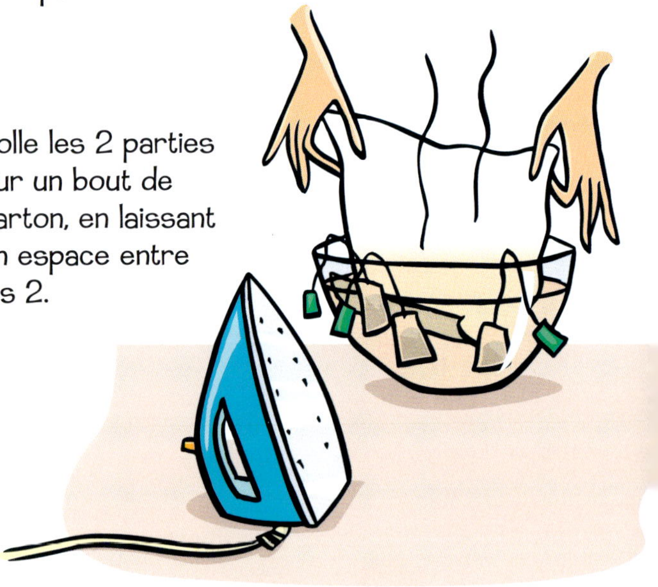

Fabriquer le tampon

Découpe un petit ovale dans la mousse et recoupe-le en 2.

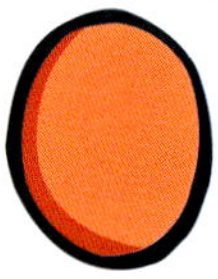

Colle les 2 parties sur un bout de carton, en laissant un espace entre les 2.

Imprimer le tissu

Passe au pinceau fin la peinture pour tissu sur la mousse, et tamponnes-en le tissu pour faire les motifs grain de café. Laisse sécher.

4 façons de nouer ton foulard

Plie-le en 2 pour former un triangle.

FOULARD TRESSÉ

IL TE FAUT :
- Des rubans de 1 cm de large (plusieurs couleurs)
- Du fil de coton de couleur
- 1 bandana uni

Les tresses

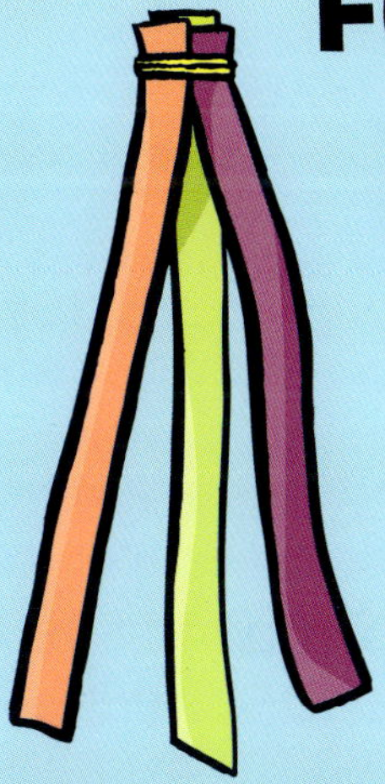

1. Coupe 3 rubans de couleurs différentes de 50 cm de long.

2. Attache-les ensemble à une extrémité avec du fil de coton et punaise-les au mur.
3. Réalise une tresse et ferme-la avec du fil.
4. Fais 3 ou 4 tresses en mélangeant les couleurs.

La coiffure

Plie le bandana en 2 et attache-le sur ta tête. Place les tresses sur le bandana, et enroule-les bien serrées autour de ta tête. Noue les tresses à l'arrière de ta nuque.

MON BEAU

Aglagla, il fait drôlement froid…
Cléo m'a dit qu'on perd 20 %
de sa chaleur corporelle par la tête…
C'est sans doute pour ça que les renards polaires ont de toutes petites oreilles : elles offrent moins de prise au vent glacé !
Fais comme moi, cache les tiennes sous un joli bonnet !

BONNET TOUT DOUX

IL TE FAUT :

- **Du papier**
- **Des épingles**
- **Des ciseaux**
- **1 m de laine polaire rouge**
- **60 cm de cordelette rouge**
- **Du fil**
- **1 aiguille**

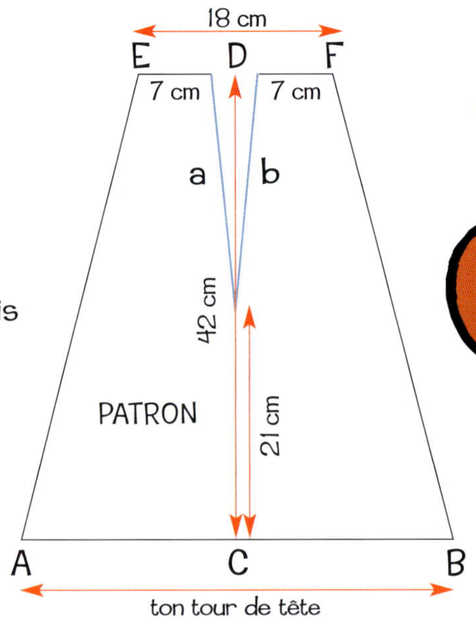

1 Réalise le patron du bonnet sur du papier : AB = tour de tête
CD = 42 cm
EF = 18 cm

2 Épingle le patron sur le tissu, puis découpe la forme à 1 cm des bords, sauf sur le bas AB à 3 cm du bord.

3 Retire le patron et plie le tissu en 2, l'envers à l'extérieur.

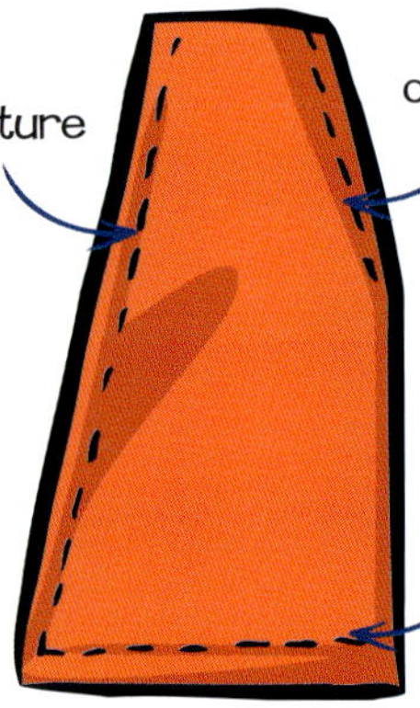

4 Assemble le bonnet. Couds les 2 bords a et b ensemble, puis couds les bords AE et BF ensemble.

5 Fais un ourlet de 3 cm sur le bas.

6 Retourne le bonnet sur l'endroit puis attache le haut : enroule et noue autour la cordelette.

7 Fais un nœud aux extrémités et laisse pendre la cordelette.

BONNET

Diamètre : 6 cm.

DÉCO NOUNOURS

1. Dessine d'abord la tête du nounours sur une feuille de papier. Reproduis la tête sur la feutrine bouclée et découpe.
2. Colle 2 bouts de feutrine jaune sur les oreilles et un ovale de feutrine noire pour le nez.
3. Fixe les yeux mobiles avec de la colle pour tissu.
4. Dessine un trait pour faire la bouche. Brode sur ce trait avec du fil à broder noir, en faisant quelques points de couture dessus-dessous.
5. Couds la tête finalisée sur le devant du bonnet, avec une aiguillée de fil marron.

IL TE FAUT :

- Du papier
- De la feutrine bouclée marron
- De la feutrine jaune et noire
- 2 yeux mobiles
- De la colle pour tissu
- Du fil à broder noir
- Du fil marron
- 1 aiguille

Polaires pour

Sais-tu que plus on s'habille serré, plus on a froid ? Alors, au lieu de superposer les petits pulls serrés, mets plutôt une grande écharpe et un bonnet.

UN BONNET À PERLES

IL TE FAUT :
- De la laine polaire noire (ou de la couleur de ton choix)
- Du ruban assorti à la couleur de ta polaire
- De grosses perles dorées

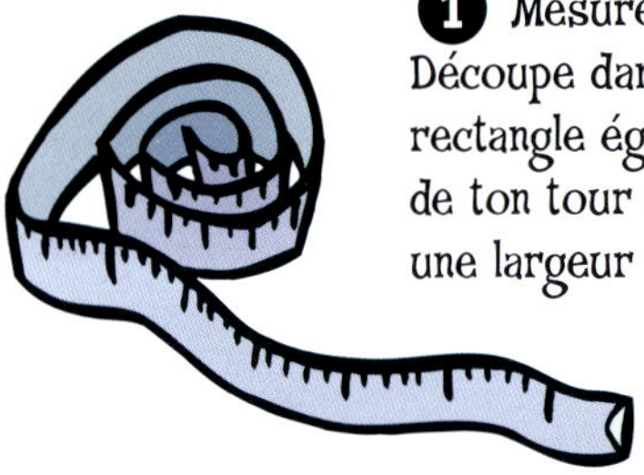

1 Mesure ton tour de tête. Découpe dans le tissu un rectangle égal à la longueur de ton tour de tête sur une largeur de 35 cm.

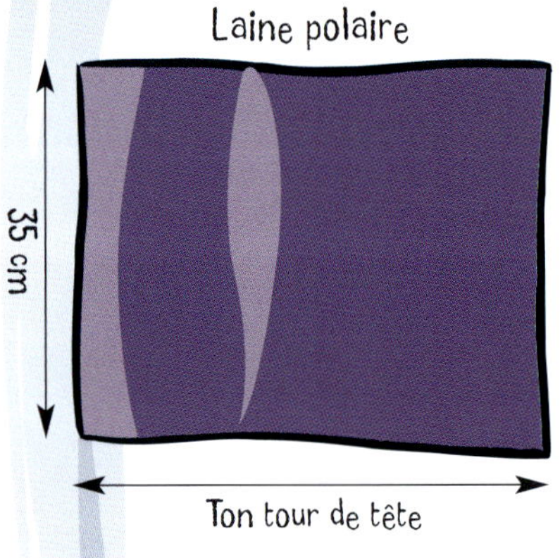

2 Plie en 2 et couds bord à bord les 2 largeurs en faisant une piqûre à 1 cm du bord. Retourne le tissu sur l'endroit.

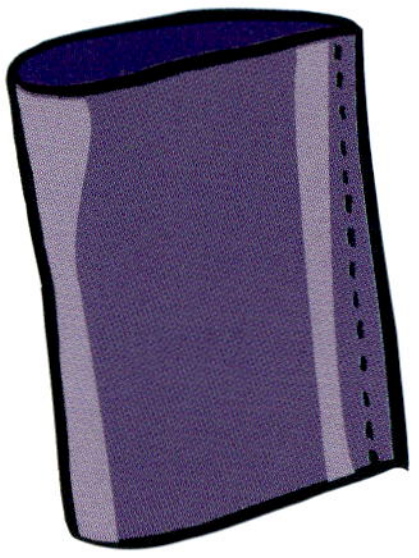

3 Découpe dans le ruban 2 longueurs de 30 cm.

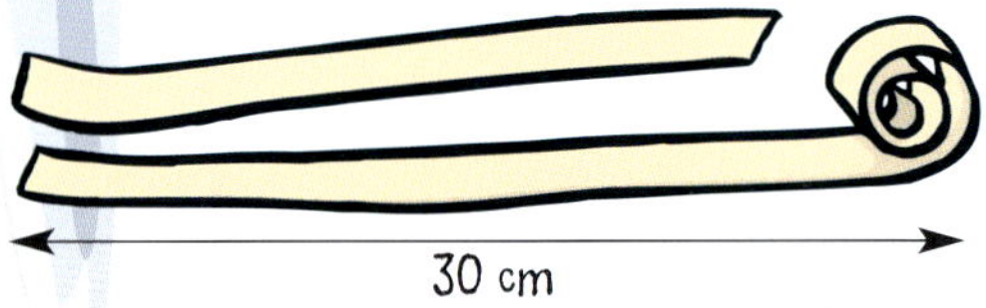

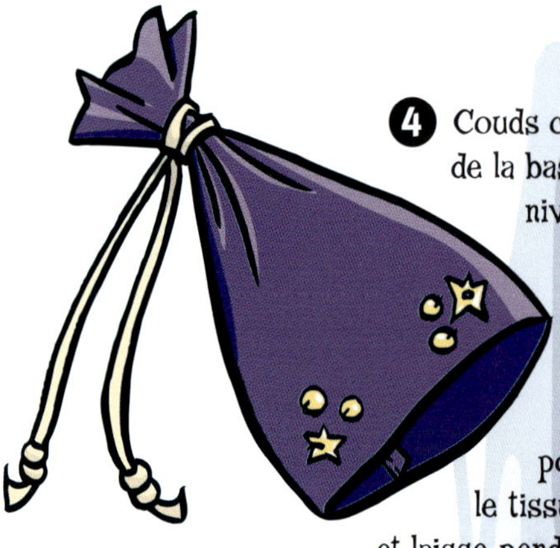

4 Couds chaque lien à 20 cm de la base du bonnet et au niveau de la couture.

5 Enroule plusieurs fois les 2 rubans autour du bonnet pour resserrer le tissu. Fais un nœud et laisse pendre un peu de ruban.

6 Enfile 2 perles à chaque extrémité des rubans et fais un nœud. Pour finir, couds des perles sur le bord du bonnet.

LE SAIS-TU ?

Ce qu'on appelle communément polaire désigne en fait la maille polaire. C'est une étoffe, tricotée avec un seul fil, à la différence du tissu qui est, comme son nom l'indique, tissé : en ce cas, les fils sont croisés. La maille polaire a été inventée à la fin des années 70 ; elle est essentiellement composée de Polyester. Sais-tu qu'on peut aussi fabriquer de la maille polaire à partir de plastiques récupérés ? 27 bouteilles en plastique permettent de faire un pull !

Écharpe à poches

Pour être au chaud pendant tes balades hivernales, transforme ton écharpe en y incorporant des gants.

Glisse tes mains dans les poches, bien au chaud, tout en portant l'écharpe.

IL TE FAUT :

- 1 longue écharpe (de préférence en polaire)
- De la fausse fourrure (35 x 35 cm)
- De la feutrine blanche, noire et rose
- Du fil à coudre
- De la colle

1 Pour les poches, découpe dans la fourrure 2 rectangles de 14 x 30 cm.

2 Pour les oreilles, dessine d'abord la forme d'une oreille sur une feuille de papier, puis découpe-la. À l'aide de ce patron, découpe 4 oreilles dans la fourrure.

3 Couds les oreilles sur l'envers des rectangles de fourrure, le long des bords, à 3 cm du haut.

4 Plie chaque pièce de tissu en 2, endroit sur endroit, de façon à voir l'envers du tissu, c'est-à-dire la fourrure. Couds les 2 bords opposés pour former les poches.

5 Découpe dans la feutrine les yeux blancs. Colle au centre de chaque œil un rond de feutrine noire. Découpe le museau. Colle les yeux et le museau sur une face de la poche.

6 Couds les poches aux 2 extrémités de l'écharpe. Pour cela, couds seulement une face de la poche à l'écharpe.

VARIANTE

Tu en as assez des nounours ? Tu peux, en procédant de la même façon, créer des écharpes avec les têtes d'autres animaux ! Pourquoi pas une vache ? Pour cela, utilise de la fausse fourrure blanche à taches noires pour la tête !

Jamais sans mes gants !

Au XIXe siècle, les princesses et les duchesses ne sortaient jamais dans la rue sans leurs gants. Fais comme elles…

LE GANT MUSICAL

IL TE FAUT :

- 1 paire de gants noirs
- Des ciseaux
- De la feutrine violette
- Des grelots
- Des perles de rocaille
- De la pâte à modeler durcissant à l'air
- De la peinture dorée
- 2 cure-dents
- Du fil
- 1 aiguille

1 Sur du papier, reproduis l'étoile du modèle.

2 Découpe l'étoile et sers-t'en de patron pour la découper 2 fois dans la feutrine.

3 Couds chaque étoile sur un gant. À chaque point de couture, enfile une perle sur le dessus avant de repiquer dans le tissu. Contourne ainsi la forme, en faisant attention de ne piquer que sur une épaisseur de tissu (pour t'aider, glisse du carton dans le gant).

4 Couds un grelot au bout de chaque branche.

5 Modèle la forme de 2 cœurs dans la pâte à modeler. Pique 2 cure-dents au centre de chacun pour faire 2 trous. Laisse sécher puis peins-les en doré. Couds tes boutons cœur au centre de chaque étoile.

AÏE, J'AI L'ONGLÉE !

Tu as le bout des doigts tout gelé et qui te fait très mal ? Tu as une onglée. Quand on reste trop longtemps au froid ou qu'on touche la neige, les vaisseaux sanguins se rétrécissent et le sang n'arrive plus jusqu'aux extrémités. On peut avoir l'onglée aux mains ou aux pieds.

GANTS PERSONNALISÉS

IL TE FAUT :
- Des gants de laine de couleur unie
- Des perles multicolores
- De la fausse fourrure
- Des boutons fantaisie

Transforme de simples gants de laine en gants fantaisie.

Avec des perles multicolores
Couds un peu partout sur le dessus de ton gant des perles de toutes les couleurs.

Avec des boutons
Place un bouton fantaisie (en forme de papillon, de cœur, de fleur) sur l'annulaire et couds-le. On dirait que tu as mis une bague !

Avec du galon
Choisis un galon fantaisie ou un bout de fausse fourrure. Coupe 2 morceaux à la dimension de ton poignet et couds chaque galon tout autour de ton gant, à la hauteur du poignet.

QUE FAIRE ?

Surtout, ne les pose pas sur le radiateur, tu aurais encore plus mal ! Masse énergiquement tes doigts pour faire circuler de nouveau le sang doucement. Et quand il fait vraiment froid, fais comme nous, mets des moufles : les doigts bougent mieux que dans les gants et se refroidissent moins vite !

SAC D'UN JOUR

Avec un sac en papier d'emballage, fabrique un sac à main rigolo… pour chaque jour !

Récupère des sacs de tailles différentes (sac à chaussures, etc.).
Garde les sacs en papier kraft tels quels et peins les autres avec de la peinture acrylique, blanche ou noire, avant de les décorer.

IL TE FAUT :

- De la colle à papier peint
- Du papier dentelle
- Du vernis
- 1 perforatrice
- 1 ruban blanc de 10 mm de large

SAC EN DENTELLES

1 Colle les papiers dentelles avec la colle à papier peint sur le sac en les superposant. Laisse sécher.

2 Passe une couche de vernis.

3 Sur le haut du sac, fais des trous tout autour avec la perforatrice.

4 Passe le ruban dans les trous puis noue les extrémités ensemble.

5 Encolle une anse et enroule du ruban blanc tout autour. Fais de même avec l'autre anse.

SAC CAMOUFLAGE

IL TE FAUT :

- Du papier de soie (vert, marron et orange)
- De la colle à papier peint
- Du vernis

1 Déchire des morceaux dans les papiers de soie.

2 Encolle le sac de colle à papier peint puis recouvre-le avec les papiers en les superposant pour imiter un motif camouflage. Laisse sécher.

3 Passe une couche de vernis.

SAC GOURMAND

1 Découpe, dans les catalogues, les logos de marques de confiserie, goûter...

2 Enduis de colle à papier peint les motifs découpés et applique-les sur le sac. Laisse sécher.

3 Passe une couche de vernis.

4 Encolle les anses et enroule le ruban velours tout autour.

VARIANTE :
Tu peux aussi faire un sac fleuri en prenant des catalogues de jardinerie.

IL TE FAUT :
- Des catalogues publicitaires de grandes surfaces
- De la colle à papier peint
- Du vernis
- Du ruban de velours noir

Ton petit porte-bonheur

Fabrique un porte-bonheur et accroche-le à ton sac à dos avant de partir en balade.

1 Découpe dans la feutrine rouge un rectangle de 4 x 8 cm. Plie-le en 2 et couds les bords sur 3 côtés. Attention de ne pas fermer le carré en entier.

2 Découpe dans la feutrine orange un rond de 3 cm de diamètre. Recoupe ce rond en 2 moitiés, en faisant une courbe au milieu. Couds un sequin sur chaque partie. Colle les motifs au centre du carré.

3 Remplis le pochon de cannelle en poudre et couds les bords pour fermer. Fais une boucle avec le fil de coton et couds-le sur un angle du carré.

4 Fabrique un pompon en enroulant le fil de coton violet sur un rectangle de carton. Coupe les fils sur le bas et entoure le haut du pompon avec un autre fil de coton.

5 Passe un fil dans le pompon et enfile des perles. Accroche le tout au carré.

Récup' jeans

Tu ne quittes pas ton jean ? Fabrique-toi une ceinture, un sac et une pochette assortis en utilisant un vieux jean usé.

UNE CEINTURE À PASTILLES

IL TE FAUT :
- 1 vieux jean
- Des pastilles de couleur thermocollantes (à fixer avec un fer à repasser)
- Du fil noir
- 1 aiguille

❶ Demande à ta mère de t'aider à découdre la ceinture d'un vieux jean. Enlève les passants, mais surtout pas le bouton.

❷ Referme la base de la ceinture en cousant tout le long avec des petits points de côté.

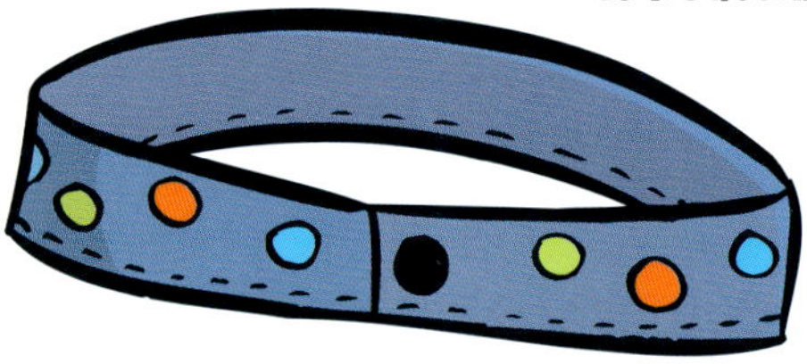

❸ Colle tes pastilles de couleur à l'aide du fer.

Porte ta ceinture sur un tee-shirt blanc, c'est très joli !

LE JEAN DES CHERCHEURS D'OR

En 1853, un Américain, Oscar Lévi-Strauss, eut l'idée de tailler un pantalon très résistant dans une toile achetée à un drapier français de Nîmes. C'est pour ça que l'on appelle aussi le jean le « denim ». Très vite, les cow-boys et les chercheurs d'or adoptent cette tenue confortable. Depuis, le jean est devenu le vêtement le plus porté dans le monde !

UN SAC DE VILLE

IL TE FAUT :
- 1 vieux jean usé
- Du gros fil à coudre
- 1 grosse aiguille
- Du Velcro

1 Superpose le devant et le dos du jean au niveau de la ceinture, et couds-les ensemble avec de larges points pour les maintenir au même niveau (tu enlèveras cette couture par la suite).

2 Quand cette partie est bien maintenue, coupe le jean au-dessus de l'entrejambe.

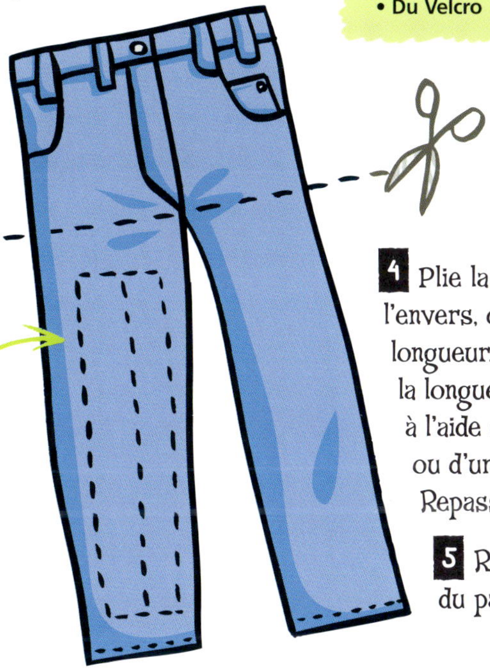

3 Dans la longueur des jambes, découpe 2 lanières de 50 x 10 cm. Couds-les bout à bout pour obtenir une lanière de 1 m de long.

4 Plie la lanière en 2 sur l'envers, dans le sens de la longueur. Couds-la sur toute la longueur et retourne-la à l'aide d'une baguette ou d'une règle. Repasse-la.

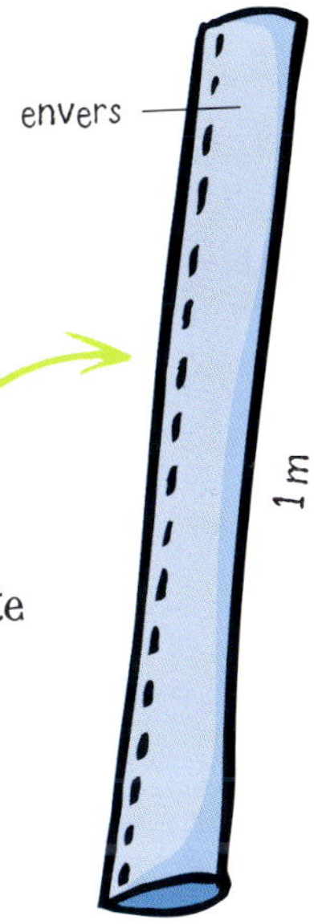

5 Retourne le haut du pantalon sur l'envers.

6 Couds la base des jambes avec du fil épais pour le fermer ou demande à un adulte de le piquer à la machine, ce sera plus solide !

7 Couds la lanière en jean de chaque côté pour faire la bandoulière.

8 Coupe les gros points qui servaient à maintenir le sac au niveau de la ceinture.

En guise de fermeture, couds à l'intérieur 3 morceaux de Velcro de 2 cm de long, en les espaçant de façon régulière.

POCHETTES DE SAISON

Voici deux idées de pochette pour mettre tes stylos, tes petits bijoux… Une pour l'hiver, une pour l'été !

POCHETTE D'ÉTÉ

IL TE FAUT :

- 1 morceau de toile cirée unie ou à motifs (fleurs, carreaux, rayures, etc.)
- 1 grosse aiguille
- Du fil à broder
- Du fil de scoubidou
- Du fil élastique
- 1 gros bouton de couleur ou 1 bouton récupéré sur un duffle-coat

1 Découpe dans la toile cirée un rectangle de 38 x 15 cm.

2 Plie le rectangle en 2, en laissant dépasser un rabat de 8 cm.

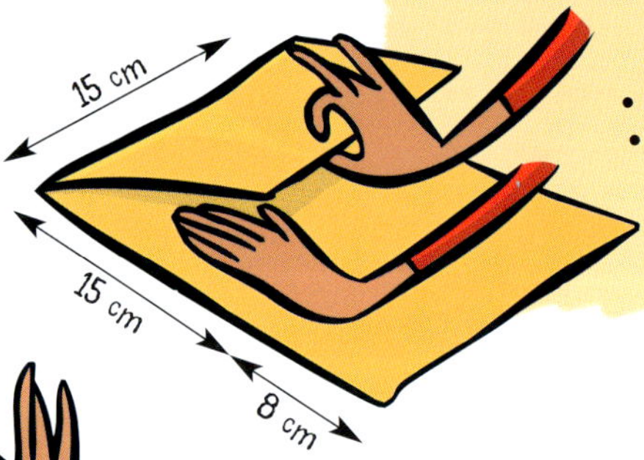

3 Avec la grosse aiguille, perce des trous tous les centimètres sur les 3 côtés ouverts et dans les 2 épaisseurs.

4 Couds les 2 épaisseurs ensemble de chaque côté avec ton fil à broder et termine par un nœud.

5 Passe le fil de scoubidou dans les trous sur les 3 côtés troués et ferme à l'extrémité par un nœud.

6 Pour la fermeture, forme une boucle en fil élastique et couds-la à 2 cm du bord du rabat, puis couds le bouton à 4 cm du bord supérieur de la pochette avec le fil élastique.

POUR REMPLIR TA POCHETTE D'ÉTÉ

N'hésite pas à y glisser tes petites affaires : ton carnet secret, des crayons, des élastiques, ta brosse à cheveux et quelques bijoux !

POCHETTE D'HIVER

IL TE FAUT :
- 1 vieux gros pull en laine
- De la fausse fourrure (bord de parka, par exemple)
- 1 grosse aiguille à laine
- 1 grosse perle en bois
- Du fil élastique

1 Dans le pull, découpe un rectangle de 50 x 22 cm.

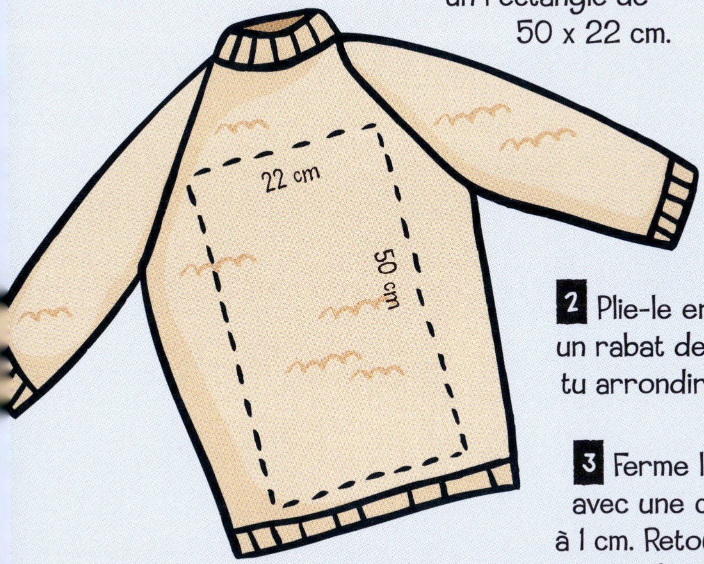

2 Plie-le en 2 en laissant un rabat de 10 cm, dont tu arrondiras les angles.

3 Ferme les côtés avec une couture à 1 cm. Retourne ensuite la pochette.

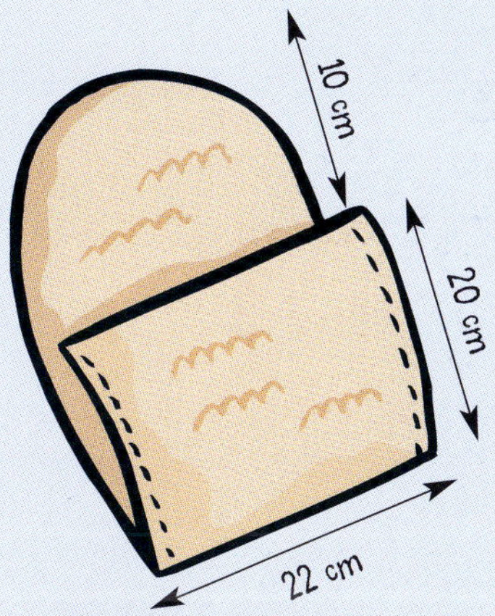

4 Brode les côtés, le rabat et le côté intérieur pour éviter qu'ils ne s'effilochent, avec le gros fil de laine (choisis une couleur différente du pull pour qu'elle ressorte) : fais de larges points à 1 cm du bord afin d'enfermer la première couture.

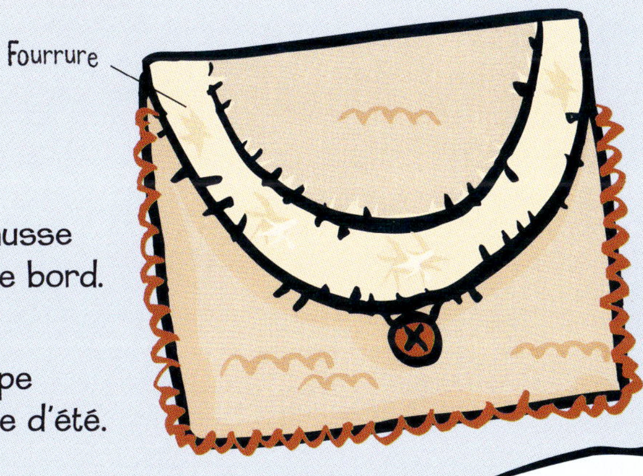

5 Couds la fausse fourrure sur le bord.

6 Ferme sur le même principe que la pochette d'été.

Jusqu'au bout des pieds

Sais-tu qu'on dit que l'allure dépend en grande partie des chaussures ? Soigne bien le look des tiennes…

BALLERINE BRODÉE

IL TE FAUT :
- 1 paire de chaussons chinois en velours noir
- Du fil de coton blanc
- 1 aiguille

Réalise les broderies avec le fil de coton blanc.

Point de croix

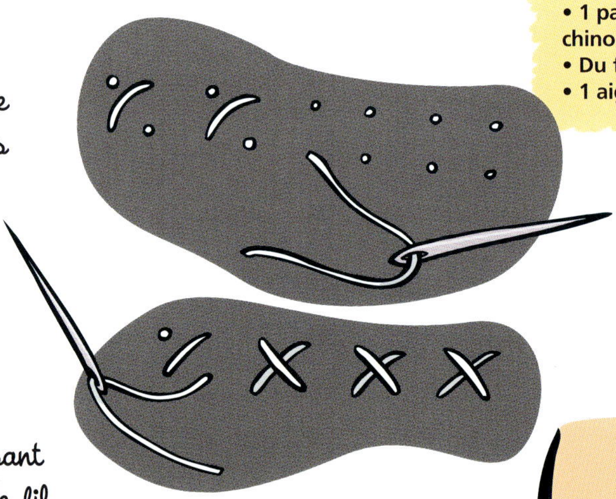

1 Pour broder les étoiles : pique sur l'envers de la ballerine et insère l'aiguille un espace plus haut et plus à droite.

2 Sors-la un espace plus bas et plus à droite comme sur le schéma.

3 Fais ainsi toute une rangée.

4 Complète les croix en repassant dans le sens contraire. Arrête le fil.

Point devant

Passe l'aiguille au-dessus et en dessous du tissu, en faisant des points d'égale longueur :
- Tout autour de l'ouverture, réalise ainsi des surpiqûres.
- Avec la même technique, mais en faisant des points côte à côte, brode la lanière d'attache.

TRANSFORME TES VIEILLES BASKETS EN CHAUSSONS RIGOLOS !

Prends de vieilles baskets en toile et donne-leur un air de fête !
Tu pourras t'en servir de chaussons dans la maison.

IL TE FAUT :

- De la peinture blanche
- De la peinture de couleur (bleue, rouge, verte, jaune, noire)
- Des rubans de couleur fluo
- Des lacets de différentes couleurs

Des baskets abeilles

Peins tes baskets en jaune vif et raye-les avec de la peinture noire. Dessine 2 yeux et des antennes sur le devant.

Des baskets fluo

Teins tes baskets de couleur vive. Remplace tes lacets par 2 rubans couleur fluo.

Des baskets de clown

Peins d'abord tes chaussures en blanc. Fais des petits et des gros points rouges, verts, bleus. Enfile 2 lacets de couleurs différentes !

Des baskets voitures

Peins tes chaussures en blanc. Transforme-les en voitures en dessinant les phares et le capot à l'avant.

Socquettes à boutons

IL TE FAUT :

- 1 paire de socquettes à revers
- 12 petits boutons de formes et de couleurs variées
- Du fil
- 1 aiguille

Cherche de jolis boutons pour décorer tes socquettes !

Couds 6 boutons sur le revers de chaque socquette. Fais bien attention de ne pas prendre les 2 épaisseurs en cousant, mais seulement le revers.

Tu peux aussi coudre des boutons rigolos sur un bonnet ou un béret.

Jour de pluie

Certes, il pleut, mais ce n'est pas une raison pour rester à la maison… Et même s'il tombe des cordes, tu peux soigner ton look !

BOTTES DE PLUIE FLEURIES

IL TE FAUT :

- **1 paire de bottes en caoutchouc**
- **De l'adhésif de couleur rose, rouge et vert**
- **1 feuille de calque format A4**
- **Des ciseaux**

❶ Sur la feuille de calque, dessine à l'aide du schéma le patron de la tulipe.

❷ Sur l'envers des adhésifs, décalque tous les éléments :

2 fois la tige
2 fois la feuille à l'endroit
2 fois la feuille à l'envers
) sur l'envers de l'adhésif vert

2 fois le cœur de la fleur) sur l'envers de l'adhésif rose

2 fois le pétale à l'endroit
2 fois le pétale à l'envers
) sur l'envers de l'adhésif rouge

❸ Découpe toutes les formes.

❹ Enlève la pellicule de protection et positionne les parties d'une fleur sur le côté extérieur de la botte pour former la tulipe.

❺ Fais de même sur l'autre botte.

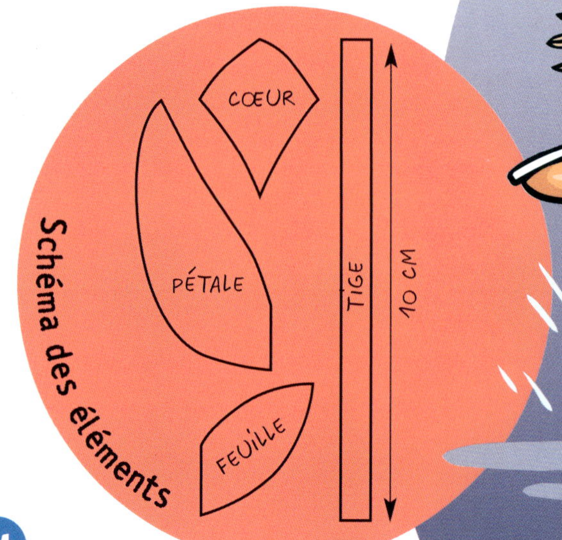

Schéma des éléments

Chapeau de pluie fleuri

Fabrique un chapeau en toile cirée pour t'abriter de la pluie !

IL TE FAUT :

- **De la toile cirée rouge**
- **Du ruban plastique adhésif**
- **Du fil de fer**
- **De l'adhésif de couleurs différentes (Vénilia)**

1 Réalise le patron du chapeau sur du papier. Prends la mesure de ton tour de tête = A.

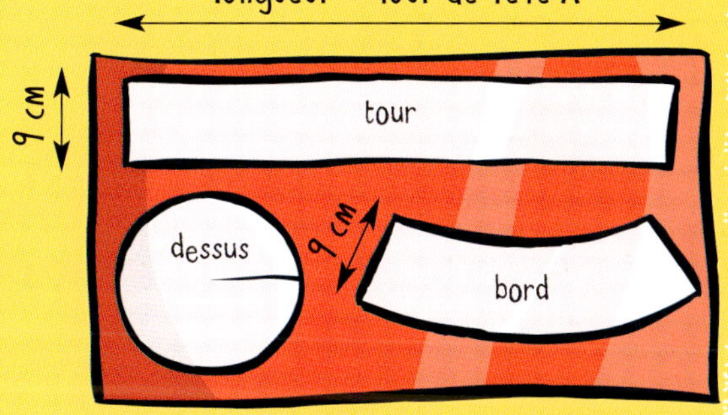

Tour = dessine un rectangle de la longueur A x 9 cm.
Dessus = trace un rond avec le compas (A = rayon x 2 x 3,14).
Bord = trace un arc de longueur équivalente à la moitié de A et de 9 cm de large en dessinant les extrémités inclinées.

2 Pose les différentes pièces du patron sur la toile cirée. Découpe le dessus, le tour et 2 fois le bord. Assemble les pièces bord à bord avec le ruban adhésif. Commence par former le tour, puis fixe-le sur le dessus. Assemble les 2 bords entre eux, puis fixe cette bande autour.

3 Fais un ourlet au bord, en retournant la toile cirée sur 1 cm, et fixe-le avec le ruban adhésif sur l'envers. Glisse un fil de fer dans l'ourlet sur toute la longueur, tu formeras ainsi des vagues.

4 Découpe des formes de fleurs dans l'adhésif de différentes couleurs, évide-les au centre. Colle-les sur ton chapeau.

Direction plage...

C'est fou le nombre d'affaires dont on a besoin pour passer un après-midi à la plage... Fabrique un grand sac dans lequel tu pourras mettre en vrac ta serviette et tous tes accessoires.

TON SAC MARIN

IL TE FAUT :

- 2 serviettes-éponges : 1 blanche et 1 rouge (50 x 100 cm)
- 1 épingle à nourrice
- 2 m de cordon
- Des bouts de toile jean
- Du fil à coudre

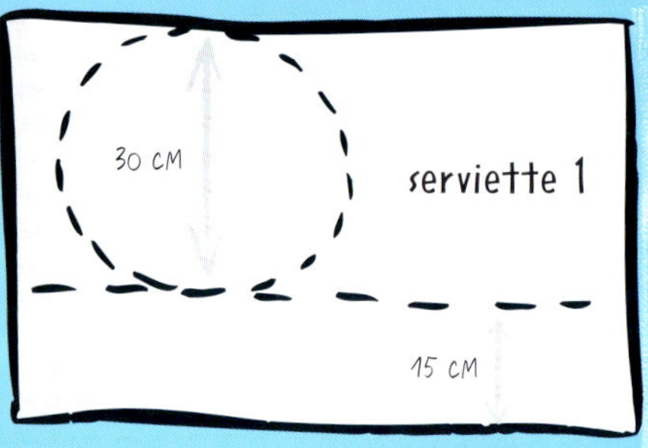

1 Découpe dans la serviette blanche un rond de 30 cm de diamètre et une bande de 15 cm de large.

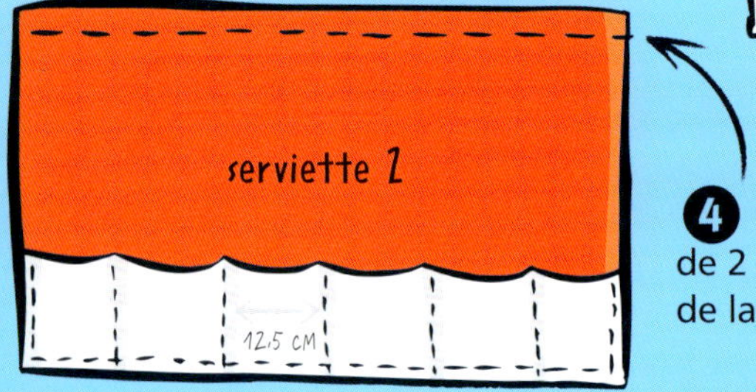

2 Couds la bande blanche en bas de la serviette rouge, sur 3 côtés.

3 Pour faire les poches, fais une couture verticale tous les 12,5 cm.

4 Fais un ourlet de 2 cm en haut de la serviette.

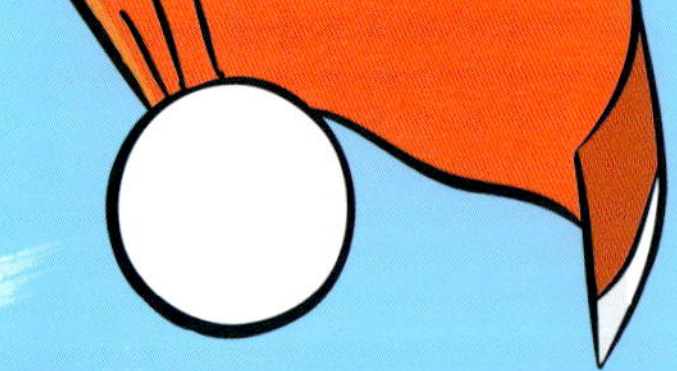

5 Assemble sur l'envers la serviette rouge avec le rond de serviette blanche (fond du sac). Commence à un bord puis épingle au fur et à mesure en faisant de petits plis. Couds le fond du sac.

6 Fais une couture pour fermer la serviette rouge. Ne couds pas sur l'ourlet.

7 Attache l'épingle au bout du cordon pour le faire passer dans l'ourlet puis retire-la. Entoure les 2 extrémités du cordon avec un bout de jean et couds pour les fixer. Couds ensuite cette pièce de jean sur le fond du sac.

Tu peux aussi créer un système de fermeture : couds un autre morceau de jean autour des 2 cordons. Fais une couture au milieu entre les 2 cordons de façon à ce qu'il coulisse sur les cordons pour fermer ou ouvrir ton sac !

IL TE FAUT :
- 1 drap de bain de couleur unie (70 x 140 cm)
- Du tissu en coton jaune (50 x 50 cm)
- Du molleton épais (30 x 30 cm)

TA SERVIETTE SOLEIL

1 À l'aide d'un compas, trace dans un coin du tissu jaune un cercle de 30 cm de diamètre. Découpe le rond avec des ciseaux cranteurs pour éviter de faire un ourlet. Dans le reste du tissu, découpe des bandes irrégulières d'environ 15 x 3 cm.

2 Trace un cercle de 26 cm de diamètre sur le molleton et découpe-le.

3 Pose le rond de molleton sur la serviette (en haut et au centre du drap de bain). Recouvre-le avec le rond de tissu jaune et épingle le bord sur le drap de bain en faisant de petits plis sur l'intérieur.

4 Couds en suivant le bord.

5 Épingle puis couds les bandes de tissu jaune autour du rond sur le drap de bain pour faire les rayons de soleil.

ATTENTION, NE LAVE PAS TA SERVIETTE À PLUS DE 30 °C, À CAUSE DU MOLLETON.

Tongs de plage

IL TE FAUT :
- 1 paire de tongs
- 2 bandes de rabane d'environ 10 x 20 cm
- Du ruban brodé
- 2 miroirs bordés de dentelle
- De la colle forte
- 12 punaises

1 Mesure la longueur et la largeur de la rabane nécessaire pour couvrir le dessus de ton pied. À la longueur ajoute 4 cm ; à la largeur ajoute 3 cm. Découpe ta rabane en faisant un léger arrondi sur une des longueurs.

2 Fais un rentré de 1 cm sur 3 côtés, suivant le schéma. Colle pour faire l'ourlet.

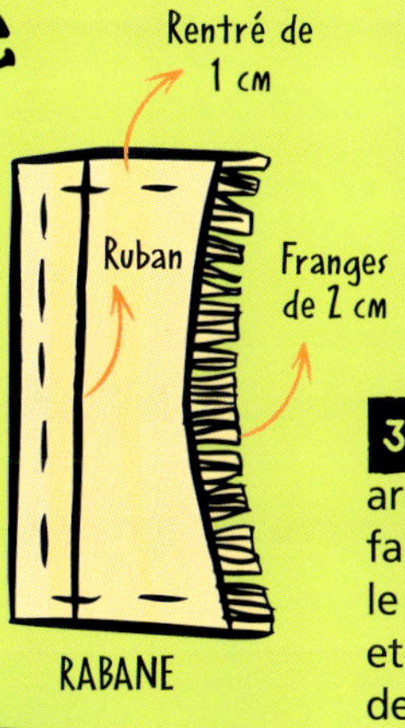

3 Effiloche le bord arrondi sur 2 cm pour faire les franges. Colle le ruban sur l'autre bord et les miroirs au centre de la rabane.

4 Colle la rabane décorée sur le dessus de la tong. Pour bien fixer la rabane sur la semelle, encolle, puis enfonce 3 punaises de chaque côté de la semelle.

Au bord de la mer

Sur la plage, pas question d'être sous-équipée ! Il faut pouvoir s'hydrater, protéger ses yeux du soleil et lutter contre les malicieux grains de sable qui se glissent entre les orteils…

UNE GOURDE RIGOLOTE

Tu trouves ta gourde un peu tristounette ? Transforme-la en la décorant…

IL TE FAUT :

- **1 gourde en aluminium ou en plastique**
- **Du ruban adhésif de différentes couleurs**
- **Des feuilles de papier adhésif de différentes couleurs**

Gourde multicolore

Découpe des bandes de ruban adhésif de la largeur de ta gourde et colle-les en alternant les couleurs.

Gourde porte-bonheur

Découpe dans ton papier adhésif vert des trèfles à quatre feuilles et colle-les tout autour de ta gourde.

Gourde à pois

Découpe des ronds de toutes les couleurs et de toutes les tailles dans les feuilles de papier adhésif. Colle-les sur ta gourde.

Fais attention de ne pas trop la mouiller en la remplissant. Sinon, à la longue, tu risques de décoller tes motifs.

UN ÉTUI POUR TES LUNETTES DE SOLEIL

IL TE FAUT :
- 2 plaques de mousse créative fine (2 mm d'épaisseur) : une bleu clair et une bleu foncé
- De la colle forte
- De la colle liquide
- Des paillettes argent
- 1 petit bouton blanc

1. Découpe, dans la mousse bleu foncé, 2 rectangles de 17 x 8 cm. Colle les bords des 2 rectangles sur 3 côtés comme sur le schéma.

2. Applique au pinceau la colle liquide sur toute la surface et saupoudre de paillettes argent. Laisse sécher.

3. Dessine un daupin sur la mousse bleu clair. Découpe-le puis colle-le sur une face de ton étui. Finis en collant le bouton pour faire l'œil.

Au retour de la Plage

Glisser son maillot mouillé dans un sac contenant ses habits secs, c'est pas terrible ! Pour éviter de tremper tes affaires, fabrique un petit sac spécial pour ton maillot et tes crèmes solaires.

UN PETIT SAC À PLUMES !

IL TE FAUT :

- 2 pochettes plastique de classeur
- Des plumes multicolores
- Du ruban adhésif de couleur plastifié
- 1 agrafeuse

1 Découpe la bande perforée de chaque pochette. Agrafe bord à bord, ensemble, les 2 pochettes le long des côtés que tu viens de découper.

2 Glisse tes plumes par les ouvertures de chacune des 2 pochettes. Agrafe-les ensemble pour les refermer.

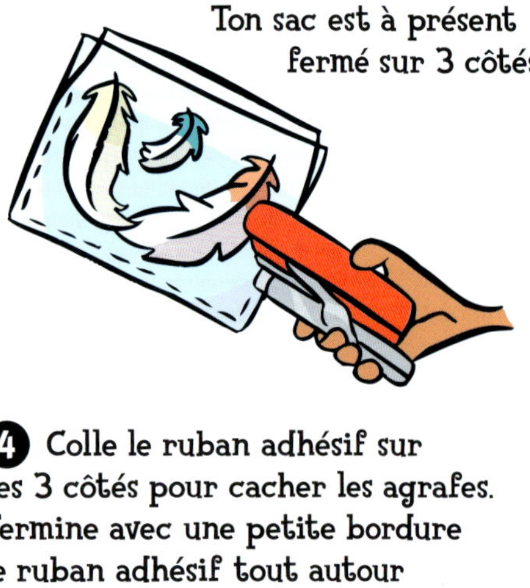

3 Agrafe ensemble les 2 autres petits côtés. Ton sac est à présent fermé sur 3 côtés.

4 Colle le ruban adhésif sur ces 3 côtés pour cacher les agrafes. Termine avec une petite bordure de ruban adhésif tout autour de l'ouverture du sac.

Un sac étoilé

IL TE FAUT :
- **2 sacs plastique (à congélation avec Zip) d'environ 22 x 30 cm**
- **De la peinture acrylique brillante**
- **Un film plastique**
- **De la ficelle**

Les étoiles de mer

1 Sur une feuille plastique, dépose une grosse goutte de peinture acrylique.

2 Avec le manche d'un pinceau, forme les 5 branches de l'étoile en étalant la peinture. Laisse une épaisseur de peinture d'environ 2 mm.

3 Réalise ainsi 12 étoiles de couleurs différentes. Laisse sécher une nuit puis décolle-les du film plastique.

Le sac

1 Coupe le haut d'un sac au-dessous du Zip. Glisse-le à l'intérieur de l'autre sac.

2 Couds à la main les 3 bords avec la ficelle en prenant bien les 2 sacs.

3 Pour réaliser les poches sur un côté du sac, il faut coudre ensemble une face de chaque sac seulement. Commence par faire 2 coutures verticales pour avoir 3 bandes de même largeur.

4 Glisse entre les 2 sacs, et dans chaque bande, 3 étoiles de couleurs différentes, côté bombé vers l'extérieur. Fais une couture à l'horizontale sur toute la largeur pour emprisonner les étoiles.

5 Continue sur le même principe en glissant 3 par 3 les étoiles.

6 Fais une couture en haut et de chaque côté du sac pour fermer le sac intérieur avec le sac extérieur.

Bijoux

Sommaire

Ta petite fabrique de bijoux 104-105
Perles maison 106-107
Perles rares... 108-109
Grandeur nature 110-111
Boucles à gogo ! 112-113
Doigts de fée 114-115
À chaque jour son bracelet 116-117
Les broches s'accrochent 118-119
Mille feux... 120-121
Ta boîte à bijoux 122-123

Ta petite fabrique

Tu vas créer tes propres modèles de bijoux à partir d'un matériel que tu peux acheter en boutique ou fabriquer toi-même. Suis le guide !

C'est une perle !

Tu peux acheter les perles de ton choix (perles de rocaille, perles à facettes, perles nacrées ou perles de terre cuite) ou utiliser des boutons, des coquillages, des bouchons…

Tu peux aussi fabriquer :

- des perles modelage avec de la pâte Fimo ou de l'argile
- des perles naturelles avec des coquillages, des cailloux, des morceaux de bois, du verre poli, des rondelles de bouchon de liège, des patates, des graines séchées de melon ou de cardamome, des plumes
- des perles souples avec du tissu, de la feutrine, de la Créamousse

Les boucles d'oreilles

Les différents supports de boucles :

- La boucle simple

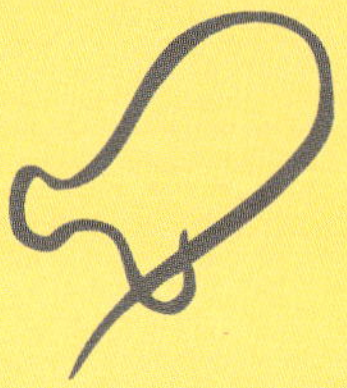

- Le crochet pour oreille

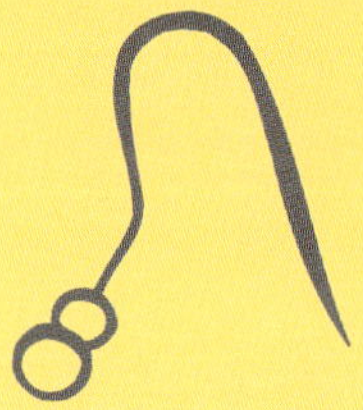

- Le clou pour oreille

de bijoux

Sur le fil

À utiliser avec fermoir :
- le fil de Nylon ou le fil de pêche

À utiliser sans fermoir :
- le fil élastique rond
- le fil de laiton

À lacer :
- Le lacet de cuir rond

Utilise-le pour accrocher un pendentif : enfile un pendentif et attache ton lacet par des nœuds coulants. Pour cela, noue chaque extrémité du lien autour du lien opposé. Serre bien les nœuds, puis coupe les fils très près de ceux-ci.

- Le ruban de satin
- Le raphia
- La ficelle de lin

Les fermoirs

Les différents types de fermoirs :
- Le fermoir à vis
- Le fermoir à ressort
- Le fermoir mousqueton

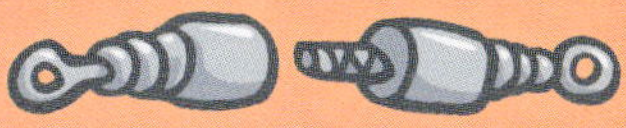

Poser un fermoir :
- Sur un câble

Enfile une perle à écraser, le fermoir, puis repasse le fil dans la perle. Écrase-la bien avec une pince plate.

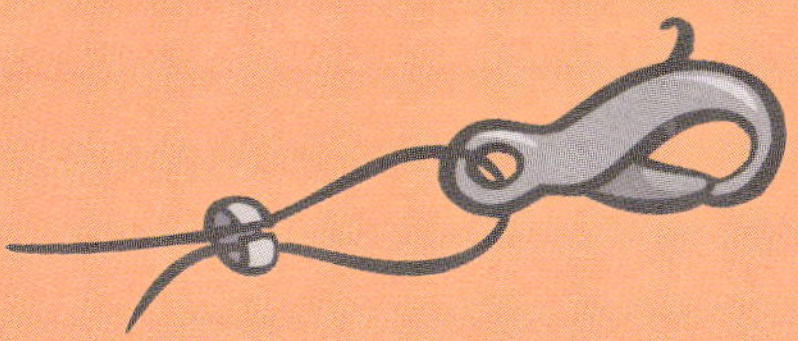

- Sur un lien

Place le lien dans l'embout métallique et écrase un côté de l'embout avec une pince plate, puis l'autre par-dessus, bien serré. Ouvre l'anneau du fermoir, accroche l'embout et referme l'anneau.

Perles maison

Tu n'as pas de perles sous la main ? Ce n'est pas grave. Fabrique-les toi-même, en « verre » ou en papier, ou même en paille. Tu pourras créer des bijoux uniques !

Des perles de « verre »

IL TE FAUT :
- De la pâte Fimo bleu marine, turquoise et blanche
- 1 pique à brochette
- 1 cure-dent
- 1 couteau
- Du vernis

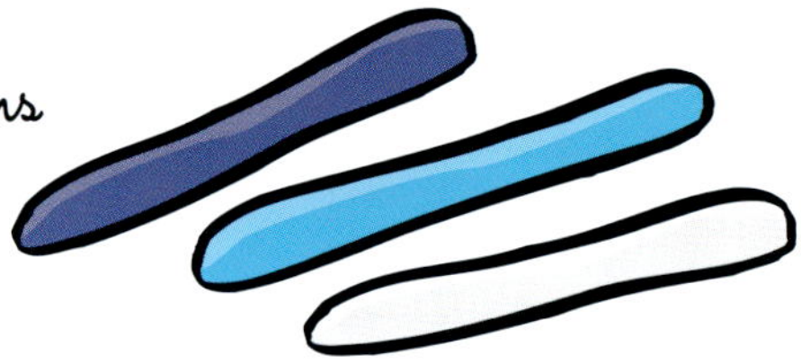

1 Réalise, avec la pâte Fimo, 3 boudins de couleurs différentes d'environ 20 cm de long et 0,5 cm de diamètre.

2 Torsade ensemble les 3 boudins et pétris-les.

3 Forme une grosse boule, puis étale-la et forme de nouveau un boudin.

4 Coupe le boudin en petits morceaux. Forme des petites boules et enfile-les sur une pique à brochette.

5 Fais cuire les perles pendant 30 min à four moyen (130° C), puis vernis-les.

Ces perles auront l'aspect du verre !

PERLES DE PAILLE

IL TE FAUT :
(Pour 3 bracelets)
- 4 pailles pour boire de toutes les couleurs
- 1 paire de ciseaux
- 1 aiguille
- Du fil élastique fin

1 Coupe les pailles avec les ciseaux en morceaux de 1 cm de long.

2 Mesure la taille de ton poignet avec le fil élastique, sans le tendre. Ajoute 2 cm. Coupe 3 morceaux d'élastique de la même taille.

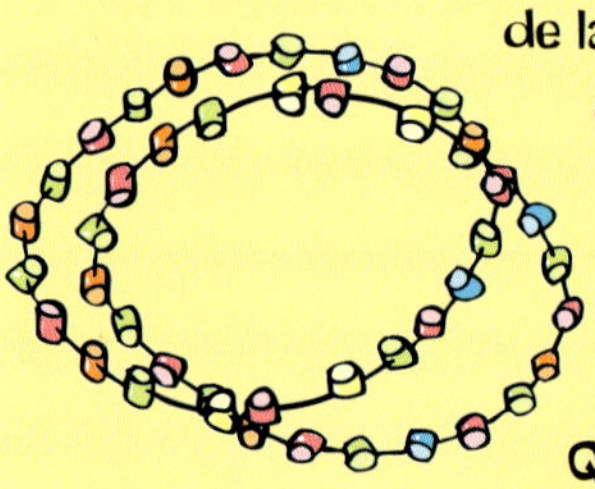

3 Enfile l'élastique sur l'aiguille et transperce les morceaux de paille perpendiculairement. Alterne les couleurs. Quand ton fil est plein, fais 2 nœuds serrés avec les extrémités. Coupe le fil qui dépasse à ras.

Fais la même chose avec les 2 autres morceaux d'élastique.

Des perles en papier

Très simples à réaliser, les perles en papier journal produisent toujours un bel effet.

IL TE FAUT :

- **Des pages de magazine**
- **De la colle à papier peint**
- **1 pique à brochette**
- **Du vernis**

1 Prépare la colle à papier peint dans un récipient.

Astuce

Pour faire sécher les perles (à l'air libre ou au four), place la pique à brochette sur le rebord d'un moule à gâteau de sorte que les perles ne touchent pas le fond.

2 Déchire de fines bandelettes de papier journal ou de pages de revue et trempe-les dans la colle.

3 Recouvre une pique à brochette en superposant des bandelettes de papier jusqu'à obtenir une perle du diamètre voulu. Pour lui donner la forme qui te convient, façonne avec tes doigts comme tu le ferais avec de la pâte à modeler.

4 Réalise ainsi plusieurs perles sur la même pique. Tâche d'assortir les couleurs.

5 Laisse sécher tes perles, puis vernis-les.

Perles rares...

Avec un peu de pâte à modeler et un brin de dextérité, tu peux créer des perles vraiment raffinées.

Des perles coccinelles

IL TE FAUT :
- De la pâte Fimo rouge
- 1 couteau
- 1 trombone déplié
- Du papier d'aluminium
- 1 pinceau fin
- De la peinture acrylique noire

❶ Malaxe des bouts de pâte Fimo pour la ramollir et obtenir un aspect lisse.

❷ Forme 9 boules d'environ 1 cm de diamètre en roulant la pâte sur une surface lisse avec la paume de la main.

❸ À l'aide d'un couteau, coupe chaque boule en 2 pour obtenir 18 corps de coccinelles. Glisse le trombone dans le corps des coccinelles pour les percer avant la cuisson.

❹ Dispose tes coccinelles sur une feuille d'aluminium et fais-les cuire au four 15 min, thermostat 2.

❺ Laisse refroidir, puis peins de petites taches noires sur les coccinelles.

Un bracelet coccinelle

IL TE FAUT :
- Du fil de laiton
- 1 perle dorée
- Tes perles coccinelles

❶ Coupe 3 longueurs de fil de laiton de 37 cm. Enfile une coccinelle à 6 cm sur un fil.

❷ Entortille le fil sur lui-même et sur 1 cm pour fixer la perle. Fais la même chose sur les 2 autres fils.

❸ Continue à enfiler les coccinelles tous les 4 cm selon le même principe.

❹ Entortille tes 3 fils ensemble.

❺ Passe la perle dorée à une extrémité des 3 fils et entortille.

❻ À l'autre extrémité, forme une boucle pour pouvoir fermer ton bracelet avec la perle.

TON BRACELET MARIN

Pour commencer, malaxe des morceaux de pâte Fimo pour la réchauffer et modeler tes perles.

IL TE FAUT :
- **De la pâte Fimo bleu marine et turquoise**
- **De la peinture argent**
- **Du fil élastique**
- **Des sequins argent**
- **Des perles bleues, rondes, de 5 mm de diamètre**
- **Des trombones**

Poissons

❶ Aplatis au rouleau la pâte bleu marine sur 3 mm d'épaisseur.

❷ À l'aide d'un couteau, découpe 6 fois la forme du poisson.

❸ Avec un cure-dent, sculpte les poissons pour donner du relief.

❹ Enfonce un bout de trombone dans chaque poisson pour faire un trou.

Spirales

❶ Roule avec la paume de ta main des petits morceaux de pâte turquoise pour faire des boudins fins.

❷ Enroule en escargot des boudins de 3 cm de long. Réalise environ 6 perles.

❸ Aplatis-les légèrement puis enfonce un bout de trombone au centre de chaque perle pour faire le trou.

Assemblage

❶ Dispose les perles et les poissons sur du papier aluminium et fais cuire au four thermostat 2 pendant 15 min. Puis laisse refroidir.

❷ Avec un pinceau sec, passe un peu de peinture argent sur les poissons pour imiter les reflets.

❸ Enfile sur le fil élastique les perles et sequins jusqu'à obtenir la longueur de bracelet désirée. Puis ferme le bracelet avec un nœud.

GRANDEUR NATURE

La nature et les bords de mer en particulier recèlent de véritables richesses pour les créatrices de bijoux en herbe. Récupère au cours de tes balades coquillages et morceaux de verre dépolis : ce sont de magnifiques perles potentielles.

Baroque

Enfile le plus grand nombre de coquillages sur le fil, des gros, des petits, de formes différentes. Choisis ceux qui ont des trous et superpose plusieurs rangs. Plus il y en a, mieux c'est !

Chic

Enfile un gros et beau coquillage (nacré, avec de belles cannelures bien dessinées), que tu encadreras avec deux petits. C'est tout, c'est sobre et chic !

Rigolo

Cherche des flotteurs en liège ou en polystyrène rouge ou bleu. Un seul suffit en général car ils sont souvent assez gros. Si tu veux un bijou vraiment rigolo, enfiles-en plusieurs sur ton fil.

Attention !
Pas question de se servir sur un filet de pêche, il s'agit de récupérer les vieux flotteurs abandonnés, on est bien d'accord...

SIMPLES

À partir d'un seul fil de pêche, tu peux créer différents styles de colliers, bracelets de poignet, de cheville, etc.

PLUS COMPLEXE

IL TE FAUT :

- **Des pépins de melon**
- **Des coquillages**
- **Des morceaux de verre dépoli**
- **Du fil de Nylon**
- **1 aiguille**
- **Du fil de laiton**
- **1 vrille**
- **1 fermoir**

1 Récupère les pépins de 2 ou 3 melons. Lave-les puis fais-les sécher sur du papier journal pendant 24 heures. Une fois secs, perce-les en leur centre.

2 Choisis un coquillage et demande à un adulte de le percer avec une vrille fine. Passe le fil de laiton dans le trou et forme une boucle.

3 Choisis 4 morceaux de verre dépoli et entortille chaque morceau avec le fil de laiton. Forme une boucle pour pouvoir les enfiler sur le fil.

4 Enfile le fil de Nylon sur une aiguille (prends une longueur suffisante pour faire un long collier) et fais un nœud.

5 Enfile des pépins sur 20 cm environ puis 1 morceau de verre, 3 pépins, 1 morceau de verre, 3 pépins puis accroche le coquillage.

6 Reproduis le même modèle de l'autre côté pour finir le collier.

7 Accroche le fermoir aux 2 extrémités du fil.

BOUCLES À GOGO !

Que tu aies ou non les oreilles percées, voici des idées de boucles d'oreilles fantaisie très faciles à réaliser !

Douce

Découpe dans de la feutrine 2 bandes de couleurs différentes de 5 mm de large. Colle-les l'une sur l'autre, puis enroule-les sur elles-mêmes. Maintiens par un point de colle. Colle le tout sur le support.

Pop'art

Découpe dans de la mousse créative 3 ronds de tailles et de couleurs différentes. Colle-les l'un sur l'autre en faisant coïncider leur centre puis colle le tout sur le support.

Fleurie

Découpe 2 fleurs en jean de tailles différentes. Superpose-les et couds-les ensemble en fixant un sequin au centre. Colle sur le support.

Écolière

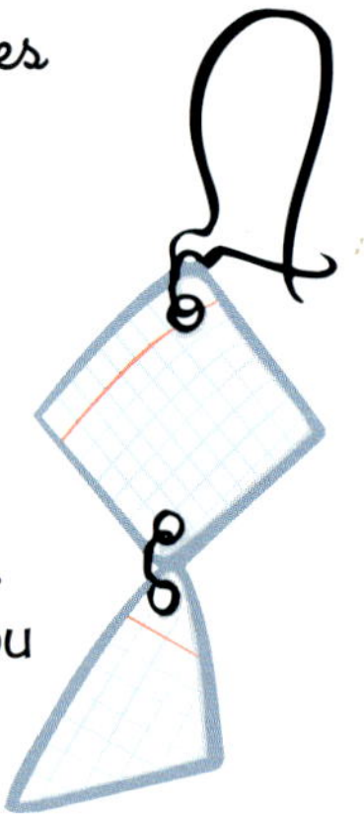

Découpe, dans du carton rigide, un carré et un triangle. Encolle sur les 2 faces du papier cahier quadrillé. Passe une couche de vernis. Fais un trou à la base du carré et en haut du triangle. Joins les 2 parties avec un anneau de jonction. Fais un autre trou en haut du carré pour y passer l'attache.

Graphique

Enfile des perles sur un grand trombone en les fixant par un point de colle. Resserre avec une pince l'anneau de la boucle d'oreille autour du fil de fer pour centrer le trombone.

Méli-mélo

Accroche des élastiques de différentes tailles et de différentes couleurs sur le support.

Indienne

Fais une boucle avec un morceau de fil de laiton. Glisse l'extrémité de 2 plumes ainsi que la boucle en laiton dans une bague de resserrage. Serre la bague avec une pince. Enfile la boucle sur le support.

Chic

Écrase une capsule de bouteille. Peins-la en doré et colle un strass au centre. Colle sur le support.

Artiste

Découpe un losange dans du balsa. Fais des taches de peinture avec un pinceau. Fais un trou avec la pointe d'un compas pour y passer l'attache.

IL TE FAUT :

- Du fil de fer galvanisé de 1 mm de diamètre
- Du fil sans nickel
- Des perles de verre transparentes
- 2 supports de boucles d'oreilles sans nickel
- 1 pince coupante

Nuit étoilée

1 Reproduis l'étoile sur une feuille de papier.

2 Tords le fil de fer en suivant le tracé de l'étoile et finis par une spirale en t'aidant d'une pince. Coupe le fil de fer restant.

3 Entortille le fil sans nickel autour de l'étoile à la base de la spirale.

4 Avec le fil sans nickel, tisse comme une toile d'araignée autour des branches de l'étoile. Enfile de temps en temps une perle en l'entortillant sur elle-même.

5 Accroche la spirale à la base du support de boucle. Recommence pour l'autre boucle d'oreille.

Doigts de fée

Les jolies mains, il faut les mettre en valeur. Crée des bagues de styles différents, ainsi qu'un support de bagues pour ne pas avoir à les chercher partout.

UNE MAIN PORTE-BAGUES

IL TE FAUT :
- 2 verres de plâtre
- 1 verre d'eau
- 1 gant en latex de petite taille (rayon ménage des supermarchés)
- De la vaseline
- Des pinces à linge
- De la gouache

1 Retourne le gant et enduis-le de vaseline. Puis remets-le à l'endroit.

2 Dans un vieux saladier, verse le plâtre et l'eau. Remue avec une cuillère en bois jusqu'à obtenir une pâte homogène.

Astuce : Si la base n'est pas bien plate, passe-la au papier de verre jusqu'à ce que la main tienne posée debout.

3 Verse la pâte dans le gant jusqu'à 3 cm du bord. Secoue pour chasser les bulles d'air.

4 Accroche le gant au fil de l'étendage avec les pinces à linge. Attention, il doit être bien droit.

5 Laisse sécher au moins 3 heures. Démoule délicatement en faisant rouler le gant.

6 Peins avec les couleurs de ton choix.

Solitaire

Confectionne une bague toute simple avec un joli bouton.

1 Choisis un bouton sans trou, avec un anneau. Demande à un adulte de couper l'anneau avec une pince. La surface au dos du bouton doit être bien plane.

2 Colle le bouton (avec de la colle Néoprène) sur un support de bague plat.

Une bague à chaque doigt

IL TE FAUT :
- De la pâte à modeler autodurcissante de 2 couleurs différentes
- 1 petit emporte-pièce (pour pâte à modeler, en forme de cœur, d'étoile, de lune…)
- De la colle liquide

1 Roule entre tes doigts un petit boudin de pâte d'une couleur.

2 Fais le tour de ton doigt avec. Coupe à la bonne dimension. Presse les 2 extrémités l'une contre l'autre pour fermer l'anneau de la bague.

3 Avec l'emporte-pièce de ton choix, découpe un motif dans la pâte à modeler de l'autre couleur pour faire le dessus de la bague. Tu peux aussi découper dans la pâte une forme qui te plaît.

4 Attends une nuit que cela sèche. Colle le motif sur l'anneau.

ÉPHÉMÈRE

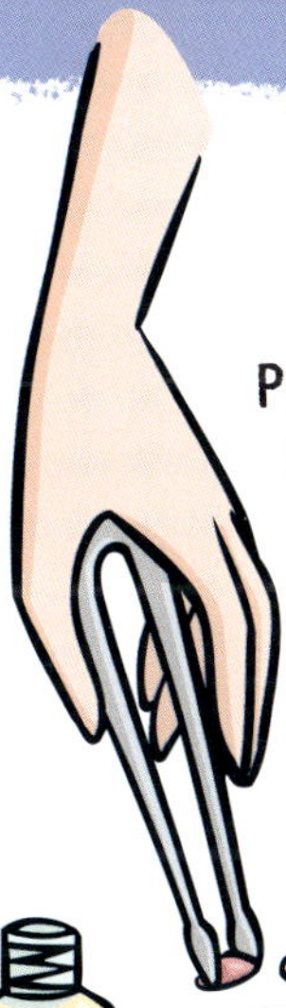

Pour réaliser ces bijoux, fais-toi aider par une copine. Pose ta main bien à plat et suis cette méthode pas à pas :

IL TE FAUT :
- Des strass
- 2 cabochons en forme d'étoile
- Du vernis à ongles transparent
- 1 pince à épiler

1 Avec la pince à épiler, prends un strass et dépose au dos une goutte de vernis à ongles.

2 Pose le premier strass sur la main au niveau du majeur, puis un deuxième.

3 Colle ensuite plusieurs strass de chaque côté en diagonale.

4 Colle un cabochon étoile sur le majeur.

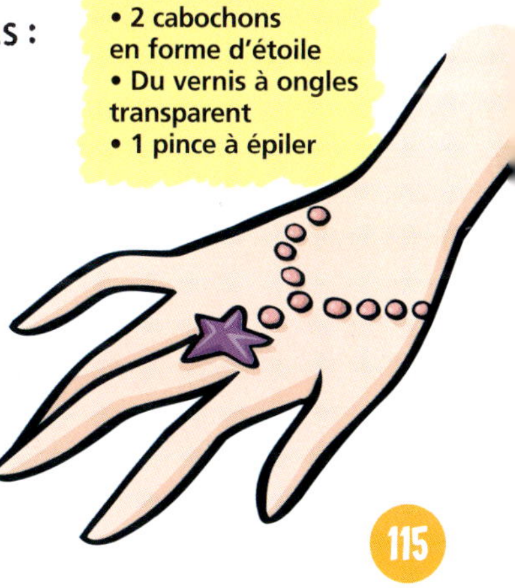

À chaque jour son bracelet

Crée sur le même principe sept bracelets différents, un pour chaque jour de la semaine. Tu peux aussi les porter tous ensemble !

Principe de base

1 Coupe un morceau de tuyau (4 mm) à la dimension de ton poignet pour que tu puisses l'enfiler sans l'ouvrir.

2 Bouche une extrémité avec un petit morceau de pâte.

3 Glisse dans le tuyau les différents éléments, puis bouche l'autre extrémité avec un autre bout de pâte.

4 Assemble les 2 extrémités en coupant un morceau de tuyau (6 mm) et en l'enfonçant de chaque côté.

IL TE FAUT :

- Du tuyau d'arrosage transparent de 4 mm et 6 mm de diamètre (magasins de bricolage)
- De la pâte à modeler durcissant à l'air
- Des perles
- Des graines
- Du raphia
- De l'encre
- Des confettis
- Des paillettes
- Du coton à broder
- Du sable
- 1 pique à brochette

Variations

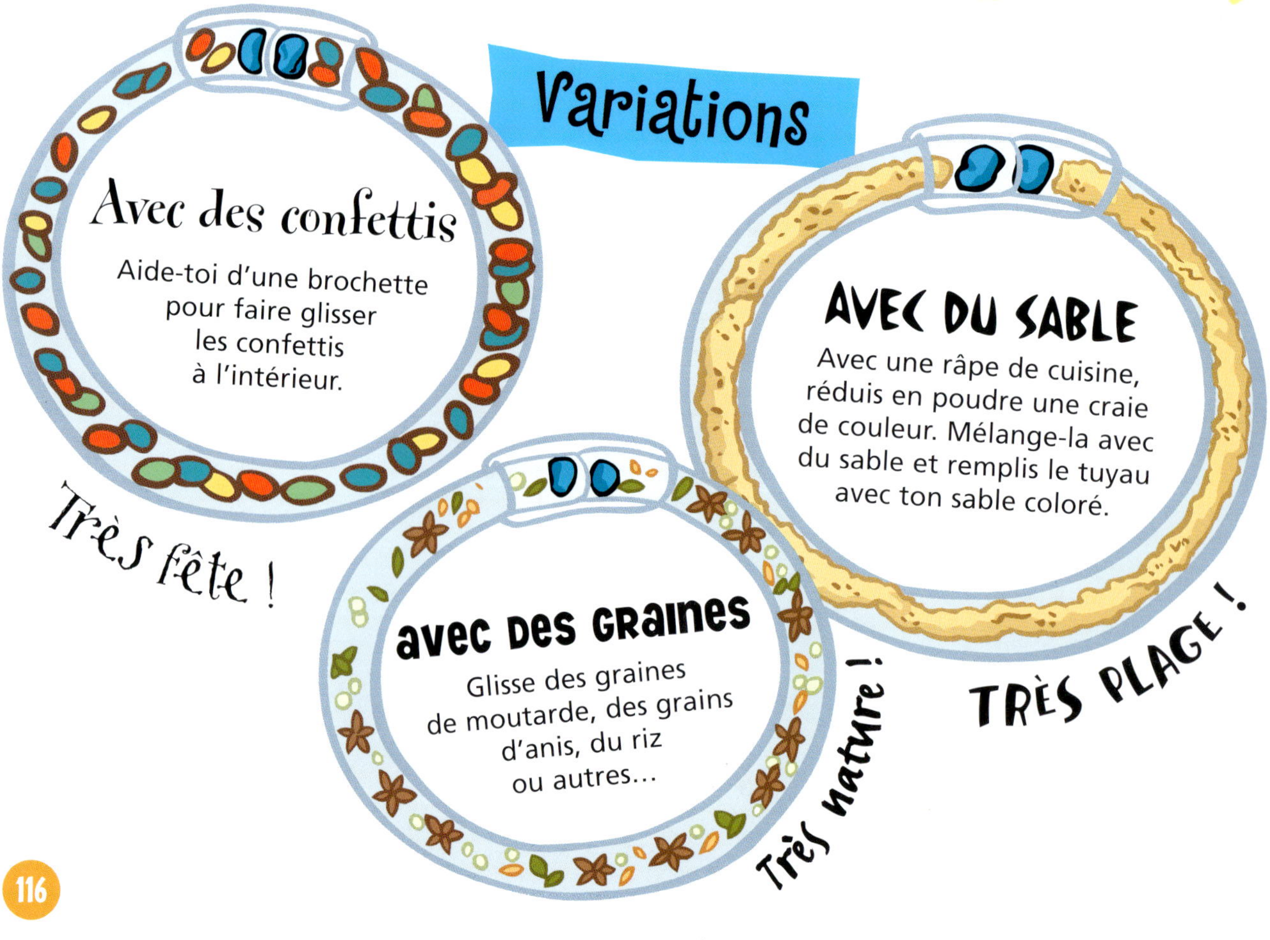

Avec des confettis

Aide-toi d'une brochette pour faire glisser les confettis à l'intérieur.

Très fête !

AVEC DU SABLE

Avec une râpe de cuisine, réduis en poudre une craie de couleur. Mélange-la avec du sable et remplis le tuyau avec ton sable coloré.

TRÈS PLAGE !

avec des graines

Glisse des graines de moutarde, des grains d'anis, du riz ou autres…

Très nature !

Avec du raphia

Entortille 3 brins de raphia. Entoure le raccord de raphia.

Très fun !

Avec des perles de rocaille multicolores

Enfile des perles sur un fil comme s'il s'agissait d'un collier puis glisse le tout dans le tuyau.

Très rigolo !

Avec du cordon de mercerie

Réalise une tresse avec du fil de coton à broder.

Très chic !

Avec des paillettes

Mélange de l'eau avec quelques gouttes d'encre. Ajoute des paillettes. Verse le liquide en utilisant une seringue ou une paille.

Très tendance !

LES BROCHES S'ACCROCHENT

Pour habiller une veste ou un manteau, rehausser la couleur de ta tenue ou tout simplement te faire plaisir en portant ton animal fétiche, crée des broches inédites.

La broche faucon

Crée une broche toute duveteuse.

IL TE FAUT :
- 1 boîte à fromage en bois
- Des plumes d'oiseau
- 2 petites perles noires de rocaille
- Du fil de fer
- De la colle à bois
- 1 support de broche

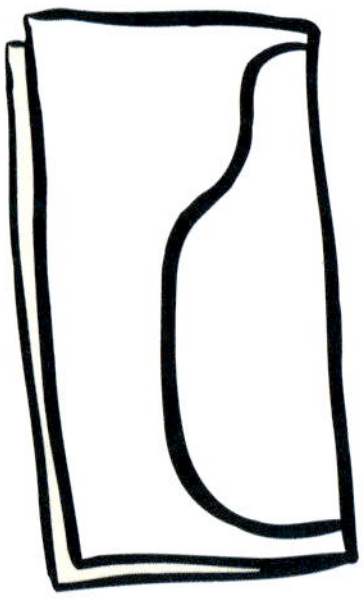

1. Plie une feuille de papier en 2. Dessine une moitié du faucon en t'aidant du schéma. Déplie ta feuille et pose-la sur le couvercle de la boîte à fromage. Dessine les contours et découpe.

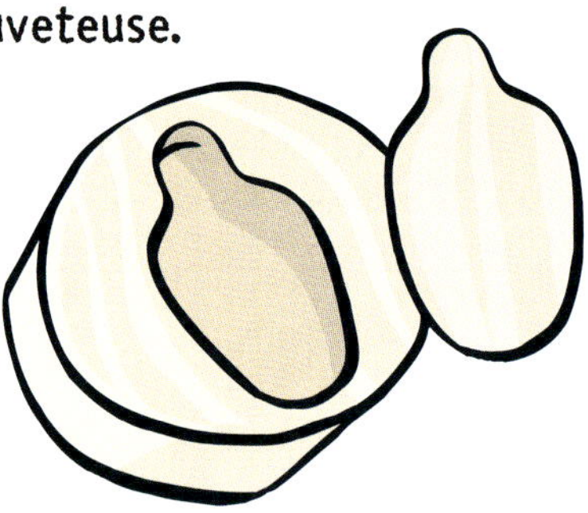

2. Prends une plume et coupe des 2 côtés de la nervure pour avoir des petites plumes. Encolle la surface du corps et recouvre-le avec les petites plumes en les faisant se chevaucher.

3. Pour les ailes, coupe les extrémités de 2 plumes sur environ 25 mm. Colle-les de chaque côté du corps.
4. Découpe le bec dans le bois, peins-le en jaune et colle-le au centre de la tête. Pour les yeux, colle 2 petites perles de rocaille.
5. À l'aide de la pointe d'un compas, fais 2 trous dans le bas du corps. Forme les pattes avec le fil de fer et accroche-les dans les trous en entortillant le fil.

6. Colle le support de broche au dos de ton faucon.

La broche parfum

1. Après avoir utilisé le parfum de la miniature, remplis le flacon d'un mélange moitié eau, moitié glycérine. Ajoute des paillettes.
2. Mets une goutte de colle sur le bouchon avant de refermer le flacon.
3. Colle le flacon sur le support de broche.

IL TE FAUT :
- 1 miniature de parfum (si tu peux, procure-toi la miniature du parfum de ta mère)
- Des paillettes
- De la glycérine
- De la colle forte
- 1 support de broche

Un cheval à la boutonnière

Voici une broche pour toutes les passionnées d'équitation...

IL TE FAUT :
- 1 support de broche
- De la pâte à modeler durcissant à l'air
- Du fil de fer
- Du fil de laiton
- 4 petites perles noires
- De la peinture acrylique marron et dorée
- Du vernis

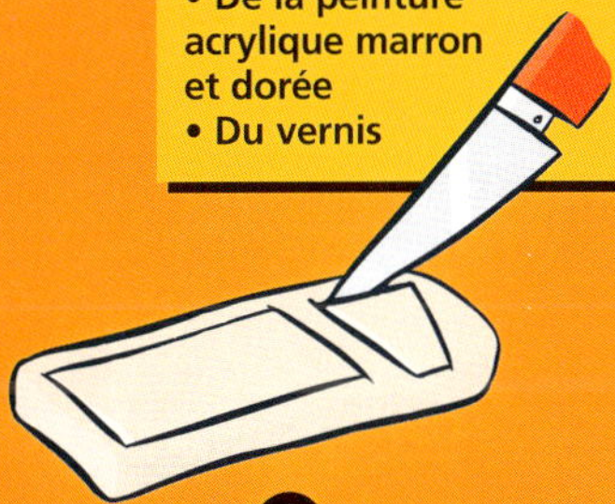

1 Aplatis la pâte au rouleau sur une épaisseur de 5 mm. Découpe un rectangle pour le corps (plus long que ton support de broche) et un trapèze pour la tête.

2 Forme une petite boule pour le museau et aplatis-la sur le trapèze.

3 Pince les 2 autres extrémités du trapèze pour former les oreilles.

4 Enfonce 2 petites perles noires pour les yeux et 2 autres dans le museau pour les narines.

5 Glisse un fil de fer dans la tête et le corps pour faire le cou et 4 fils de fer dans le corps pour les jambes. Modèle 4 petites boules pour les sabots et enfonce-les au bout des pattes.

6 Enfonce le support de broche au dos du cheval.

7 Plante des bouts de fil de laiton sur la tête pour la crinière. Fais la même chose pour former la queue.

8 Laisse sécher une journée, puis peins le cheval en marron. Pour obtenir un effet de vieux bijou, passe au pinceau sec un peu de peinture dorée. Vernis ton cheval pour le protéger.

Mille feux...

Tu es invitée à une boum et tu voudrais briller de mille feux. Voici quelques idées simples de bijoux qui te permettront d'être la reine de la soirée...

IL TE FAUT :
- Des strass autocollants
- Du papier

Décolleté fleuri !

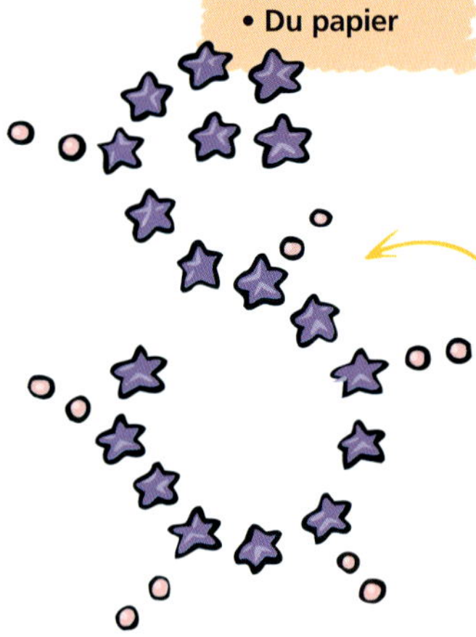

Décore ta peau avec des strass en créant un bijou éphémère.

• Avant de coller les strass sur ton décolleté, dessine le motif que tu souhaites reproduire sur une feuille de papier, par exemple une arabesque !
Reproduis ensuite ton dessin en disposant les étoiles sur ta peau, puis décore avec des petits strass ronds.
Malin : demande à une copine de t'aider à les mettre en place !

• Tu peux aussi, plus simplement, composer une fleur avec 6 strass pour les pétales et un pour le cœur !

Un bracelet en or...

IL TE FAUT :
- Du fil de fer de 0,8 mm de diamètre
- De la peinture dorée en bombe
- Des anneaux de jonction dorés de 4 mm
- 1 fermoir doré coulissant
- Des perles de verre de 5 mm
- 1 bougie cierge
- De la colle forte

❶ Enroule le fil de fer autour de la bougie, en partant du bas jusqu'en haut. Fais 6 tours environ, en appliquant bien le fil de fer sur la bougie.

❷ Retire la bougie puis aplatis le fil de fer pour réaliser une spirale plate. Forme ainsi 8 spirales.

❸ Pose à plat les spirales sur du papier journal et peins-les à la bombe dorée.

❹ Laisse sécher. Dépose une goutte de colle au centre de la spirale et colle une perle.

❺ Relie les spirales entre elles avec les anneaux de jonction puis accroche à chaque extrémité du bracelet le fermoir.

Un pendentif fleur

Pour égayer ta tenue de fête ou pour offrir à une copine ou à ta maman.

IL TE FAUT :
- Du raphia
- Du fil de fer (50 cm environ)
- De la peinture argentée en bombe
- De la colle

❶ Entoure le fil de fer de raphia. Colle les 2 bouts de raphia à chaque extrémité du fil de fer.

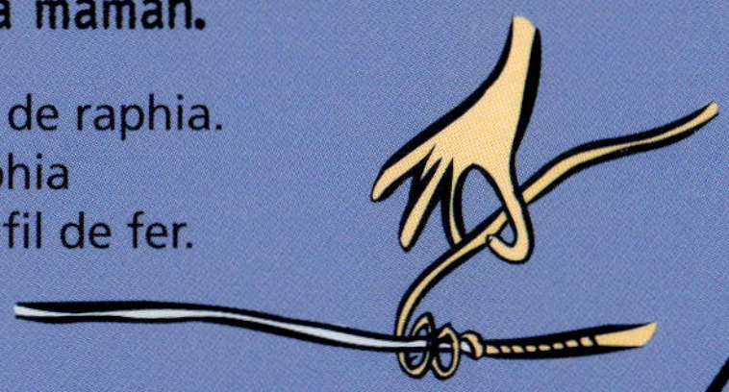

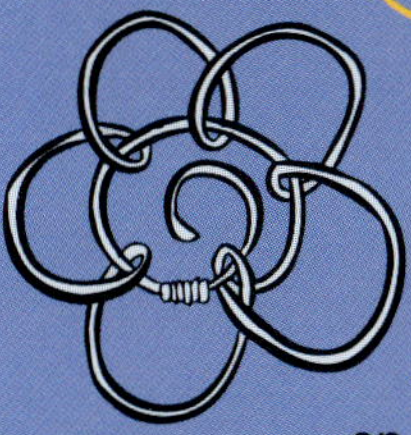

❷ Forme une fleur avec ton fil de fer couvert de raphia en suivant ce modèle : commence par faire une spirale, puis forme les pétales en entourant le fil de fer sur l'extérieur de la spirale. Pour terminer la fleur, entortille le fil de fer.

❸ Peins le raphia sur une face avec la bombe de peinture argentée. Laisse sécher, puis peins l'autre face.

Suspends le pendentif à une cordelette peinte en argenté ou à une chaînette !

Ta boîte à bijoux

Pour éviter d'avoir à chercher partout dans la maison tes bracelets, tes colliers, tes bagues et tes boucles d'oreilles, transforme un panier de bambou chinois en une ravissante boîte à bijoux, rouge ou bleue.

EN ROUGE ET OR

IL TE FAUT :
- 1 panier en bambou
- De la feutrine noire et rouge
- 1 cordelette dorée
- De la colle spéciale tissu

Tu aimes le raffinement des ambiances chinoises et les couleurs chaudes... N'hésite pas, réalise celle-ci.

1 Découpe, dans la feutrine noire, une bande d'une largeur égale au bord du couvercle. Colle-la tout autour du bord.

2 Ôte le couvercle et mesure la hauteur de la boîte.

3 Découpe une bande dans la feutrine rouge de la largeur que tu viens d'obtenir et colle-la tout autour de la boîte.

4 Forme une arabesque avec la cordelette en la maintenant par quelques points de colle sur la feutrine rouge. Fais-en d'autres tout autour.

5 Fais une spirale avec la cordelette en la maintenant par quelques points de colle, puis colle-la sur le dessus du couvercle.

Tout en bleu…

IL TE FAUT :

- 1 boîte en bambou
- De la feutrine bleue
- Des strass
- 1 cordelette bleue
- Des rubans en velours (3 couleurs)
- 3 grosses perles
- Du fil de laiton
- 1 clou
- 1 marteau
- De la colle spéciale tissu

Tu préfères les ambiances marines, cap Atlantique ou mers du Sud… Réalise plutôt celle-ci.

1 Pose la boîte sur la feutrine et dessine le diamètre du fond. Découpe le rond de tissu 5 mm à l'intérieur du tracé.

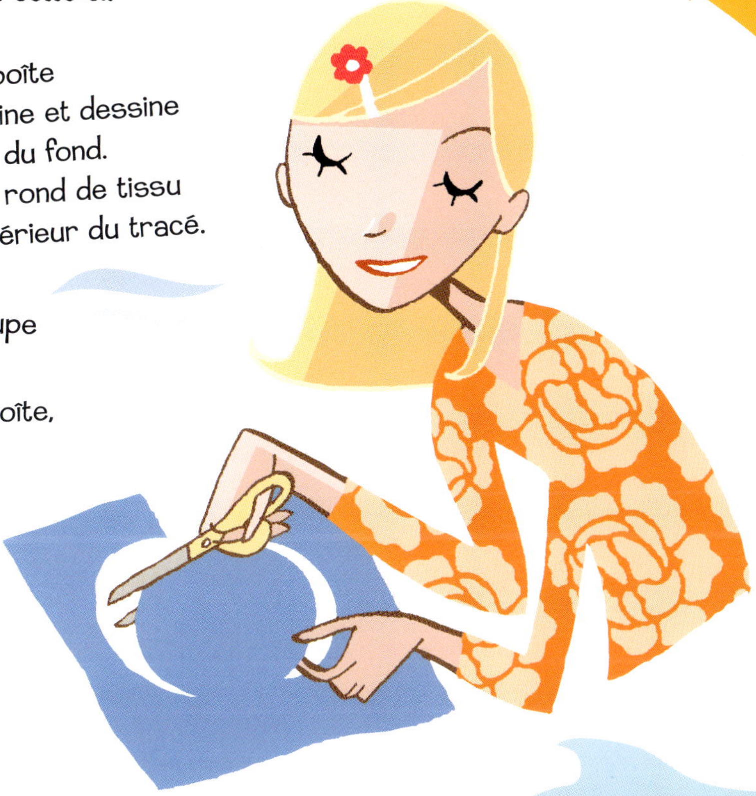

2 Sur le même modèle, découpe un second rond.

3 Colle le premier à l'intérieur de la boîte, l'autre sur le dessus du couvercle. Colle la cordelette sur le pourtour du couvercle.

4 À l'aide d'un clou et d'un marteau, demande à un adulte de faire 2 trous espacés de 2 cm sur le dessus du couvercle.

5 Passe le fil de laiton dans un trou, de l'intérieur vers l'extérieur, et enfile les 3 perles. Repasse le fil dans le second trou et entortille les 2 fils sous le couvercle.

6 Colle un ruban tout autour du couvercle puis ferme la boîte et habille la hauteur restante de la boîte avec 2 longueurs de rubans, collés l'un au-dessus de l'autre.

Finis en collant des strass sur le ruban du couvercle.

Cuisine

Sommaire

Bien manger pour bien vivre ! 126-127
Pour bien commencer 128-129
Note salée... 130-131
Cap croissance 132-133
Poissons et merveilles 134-135
Le poisson, c'est bon... 136-137
Va, eh patate ! 138-139
Pâtissière de choc ! 140-141
Vitamines par a + b ! 142-143
Pommes de reinette... 144-145
Vous avez dit rouge ? 146-147
Baies bleues 148-149
Camaïeu de jaunes 150-151
Choc'délices 152-153
Variations chocolatées 154-157
À l'heure du petit creux 158-159
Des formes à croquer 160-161
Panier pique-nique 162-163

Bien manger pour bien

Connais-tu les règles d'or pour bien te nourrir ? C'est à notre âge que l'on prend les bonnes habitudes. On commence ?

Les 5 règles d'or

Suis mes conseils et adopte ces 5 règles d'or… pour toute ta vie !

1 Aucun repas tu ne sauteras.

Sauter un repas n'empêche pas de grossir ! Ton organisme n'est pas fou : prudent, il stockera davantage la nourriture de peur d'être en manque si tu le prives ! 3 repas par jour et un goûter, c'est exactement ce dont tu as besoin pour carburer à plein régime !

2 De tout tu mangeras.

Produits laitiers, pâtes, viandes, fruits, pain, légumes : ton alimentation doit être variée pour que ton corps ne manque de rien. Tu peux aussi consommer (de temps en temps !) une part de gâteau au chocolat ou une assiette de frites !

3 Le soir, légèrement tu dîneras.

La nuit, tu ne dépenses presque pas d'énergie. Réserve donc ton appétit pour le « repas du roi », c'est-à-dire le petit déjeuner, et le déjeuner, appelé le « repas du prince ». Le repas du soir, lui, doit être le « repas du pauvre » !

4 Les grignotages tu t'interdiras.

Et un paquet de chips une heure après le déjeuner ! Et une tablette de chocolat juste avant le dîner… **Sucrés ou salés, les grignotages désorganisent le rythme de ton appétit** : tu ne sais plus quand tu as vraiment faim !

5 Du temps tu prendras.

Au moins une demi-heure : c'est le temps minimum que doit durer un repas. Il faut bien mâcher si tu veux bien digérer. Et souviens-toi que quand tu manges trop vite, tu as faim beaucoup plus vite aussi !

Vivre !

PETITS PAINS PERSONNALISÉS

Tu as invité tes copines à déjeuner. Prépare pour chacune d'entre elles un petit pain sur lequel tu inscriras l'initiale de leur prénom.

IL TE FAUT :
- **1 kg de farine**
- **un peu de levure sèche (chez ton boulanger)**
- **15 g de sel**

1 Verse la farine, la levure et le sel dans un saladier et creuse un puits au centre.

2 Verse petit à petit 0,5 l d'eau tiède dans le puits en mélangeant bien pour obtenir une pâte.

3 Pétris bien ta pâte, forme une boule et entoure-la avec un torchon.

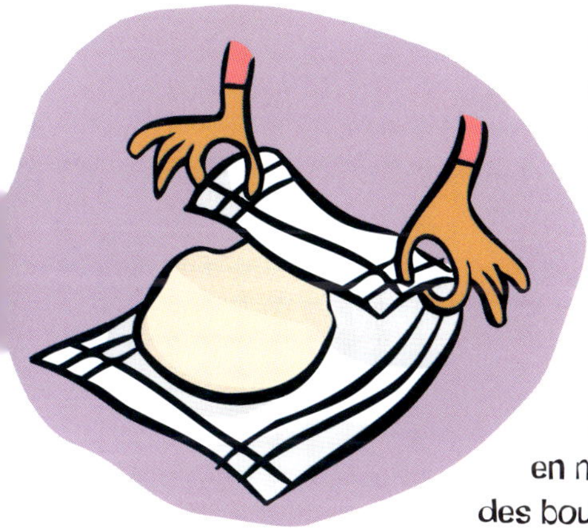

4 Laisse reposer et lever ta pâte pendant 3 heures dans un endroit bien chaud (près d'un radiateur par exemple).

5 Sépare ta pâte en morceaux et forme des boules pas trop petites pour pouvoir mettre un nom dessus.

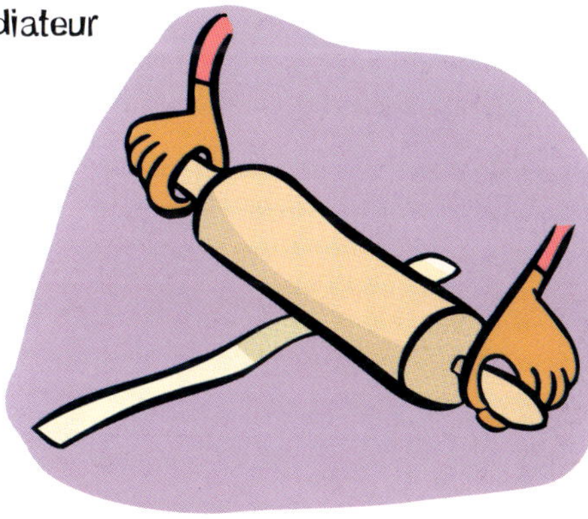

6 Découpe des lanières de pâte que tu formeras au rouleau à pâtisserie, puis découpe l'initiale du prénom que tu veux écrire et colle-la avec un peu d'eau sur ta boule.

ASTUCE

Pour varier les plaisirs, tu peux aussi fourrer tes petits pains avec…
- des olives
- des oignons
- un peu d'huile et une pincée d'herbes de Provence
- des lardons, etc.

7 Laisse reposer encore une heure.

8 Dispose tes boules sur la plaque du four et fais cuire une première fois pendant 15 minutes à four chaud (thermostat 7-8). Puis baisse la température (thermostat 4-5) et laisse encore ton pain pendant 30 min.

9 Laisse refroidir ton pain.

À table !

POUR BIEN COMMENCER

Été comme hiver, les étals des marchés regorgent de légumes, de fruits et d'aromates. Sois inventive et conjugue saveurs et couleurs pour épater tes copines ou tes parents dès l'entrée !

IL TE FAUT :
- 2 courgettes par personne
- 4 cuillères à soupe d'huile d'olive
- 1 gousse d'ail
- 1 bouquet de persil

Les courgettes râpées

1. Épluche les courgettes et râpe-les comme des carottes.
2. Fais chauffer l'huile dans une grande poêle, puis mets-y les courgettes.
3. Recouvre-les avec un couvercle et laisse-les cuire à feu doux pendant une demi-heure (il faut que l'eau des courgettes soit complètement évaporée).
4. Quand les courgettes ressemblent à une purée, incorpore l'ail et le persil finement hachés. Remue... et déguste !

Variante : Tu peux remplacer le persil par des feuilles de menthe hachées.

DES GLAÇONS AUX HERBES

Pour conserver tes herbes toute l'année, un conseil : coupe-les en tout petits morceaux avec des ciseaux, dispose-les dans les cubes d'un bac à glaçons vide et congèle-les. Quand tu as besoin de thym ou de ciboulette, démoule un cube !

En quelques minutes à température ambiante, les aromates retrouvent leur bonne odeur comme par enchantement.

IL TE FAUT :
(Pour 4 personnes)
- 1 kg de tomates
- 1 poivron rouge
- 1 cuillère à soupe de crème fraîche
- Quelques feuilles de basilic

À en rougir...

Pour changer un peu de la traditionnelle salade de tomates, essaie ce potage tout rouge... et tout froid !

1 Coupe les tomates en 2. Creuse-les avec une petite cuillère pour enlever les pépins.

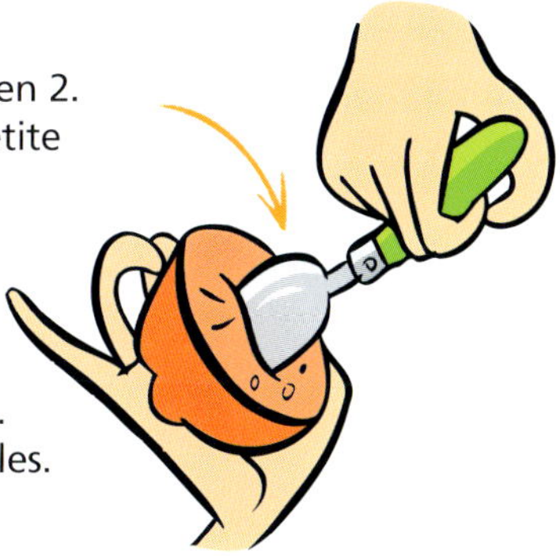

2 Ouvre le poivron, enlève aussi les pépins. Puis coupe-le en lamelles.

3 Mixe dans un robot les tomates et le poivron et ajoute la crème fraîche.

4 Laisse reposer au réfrigérateur et au moment de servir, parsème ta soupe de basilic coupé en petits morceaux.

AVOCATS AU « CAVIAR »

IL TE FAUT :
- 1 avocat par personne
- 1 demi-citron
- 1 petite boîte d'œufs de lump
- 1 briquette de crème fraîche liquide

1 Coupe les avocats en 2 et enlève le noyau. Presse ton citron dessus (quelques gouttes suffisent) pour éviter que la chair ne noircisse.

2 Remplis d'œufs de lump le trou laissé par le noyau.

3 Mets une cuillère à soupe de crème fraîche sur l'ensemble en guise de sauce.

Une soupe d'orties

IL TE FAUT :
- Des gants
- 1 panier rempli de feuilles d'orties (cueillies avec les gants !)
- 3 pommes de terre
- 2 cuillères à soupe de crème fraîche
- Du sel
- Du poivre

Pas de panique, tu n'auras pas de boutons plein la gorge ! Dès qu'on plonge les orties dans l'eau bouillante, elles perdent tout pouvoir de brûler et de piquer : le produit très agressif qu'elles contiennent (l'acide formique) ne résiste pas à la chaleur. Une fois cuites, elles ont un peu le goût des épinards ! En plus, elles « lavent » l'organisme. Alors n'attends plus, direction la cuisine !

1. Mets tes gants, et lave bien les feuilles.
2. Épluche les pommes de terre et coupe-les en 2.
3. Dans une casserole, fais-les cuire avec les orties dans de l'eau salée (l'eau doit recouvrir les légumes) jusqu'à ce que les pommes de terre soient molles.
4. Mixe le tout et ajoute la crème fraîche et le poivre.

Note salée...

Rapides à faire, à servir en entrée ou en plat principal, les tartes salées, les pizzas et les clafoutis doivent impérativement figurer dans ton carnet de recettes !

LA SOIRÉE «PIZZA»

Comme son nom l'indique, on mange des pizzas et chaque copine apporte la sienne !

RECETTE DE PIZZA

1. Déroule de la pâte à pizza et dispose dessus des tomates coupées en rondelles.
2. Parsème de gruyère râpé et dispose des olives sur la garniture.
3. Fais cuire au four thermostat 7 pendant 20 min environ.

Joue sur les formes en découpant la pâte en forme de fleur, de soleil, de cœur...

N'hésite pas à varier les garnitures !

UN CLAFOUTIS AU JAMBON

IL TE FAUT :

- 1 demi-litre de lait
- 3 œufs
- 3 tranches de jambon
- 8 cuillères à soupe de gruyère râpé
- 6 cuillères à soupe de farine
- Du sel
- Du poivre

Plus léger que la quiche mais aussi bon, voici le clafoutis au jambon !

1. Commence par huiler un moule à tarte et préchauffe ton four sur thermostat 7.
2. Dans un saladier, mélange les œufs, la farine, le lait, le gruyère, le jambon coupé en petits morceaux, une pincée de sel et de poivre.
3. Verse ce mélange dans ton plat à tarte et mets-le au four pendant 35 min. C'est prêt !

IL TE FAUT :
- 1 pâte brisée prête à dérouler
- 3 petites courgettes
- 4 œufs
- 1 verre de lait
- 1 cuillère à soupe de crème fraîche
- Du sel
- Du poivre
- 1 bouquet de menthe
- Des lamelles de saumon fumé

Une tarte en couleurs

❶ Épluche les courgettes, coupe-les en rondelles épaisses. Plonge-les 5 min dans une casserole d'eau bouillante salée et retire-les avec une écumoire.

❷ Laisse-les égoutter.

❸ Dans un saladier, bats les œufs, le lait, la crème fraîche. Ajoute du sel, du poivre et des feuilles de menthe coupées en petits morceaux.

❹ Étale ta pâte dans un moule à tarte. Dispose les rondelles de courgettes et verse dessus le contenu du saladier.

❺ Fais cuire 35 min à four déjà chaud (thermostat 7).

AVANT DE SERVIR, AJOUTE LES LAMELLES DE SAUMON FUMÉ SUR LE DESSUS DE LA TARTE. DU ROSE SUR DU VERT, IL N'Y A RIEN DE PLUS JOLI !

TARTE AU THON ET À LA TOMATE

IL TE FAUT :
- 1 pâte brisée prête à dérouler
- 1 grosse boîte de tomates pelées
- 1 grosse boîte de thon au naturel
- 3 œufs
- 2 verres de lait
- Du sel
- Du poivre

1 Ouvre la boîte de tomates, écrase-les et enlève un peu de jus.

2 Mélange-les avec le thon écrasé, les œufs battus, le lait, du sel et du poivre.

3 Étale ta pâte dans un moule et verses-y le mélange.

4 Fais cuire à four déjà chaud (thermostat 7) pendant 35 min.

Cap croissance

Peu d'aliments sont aussi pleins de bonnes choses que les œufs et les produits laitiers. Alors toi qui es en pleine croissance, ne t'en prive pas. Surtout qu'il n'y a pas plus facile à cuisiner !

Va te faire cuire un œuf !

Moi je veux bien, mais comment ? Au plat ou à la coque ? Allez, je te donne mes recettes...

Œufs brouillés

Casse-les dans une poêle beurrée et posée sur un feu doux. Fais-les cuire 5 min en les touillant sans t'arrêter avec une cuillère en bois.

Œufs à la coque

Fais-les cuire 3 min dans l'eau bouillante. À déguster avec des « mouillettes » de pain frais beurré.

Œufs durs

Fais-les cuire 10 min dans l'eau bouillante (à emporter en pique-nique).

Œufs au plat

Casse-les dans une poêle beurrée et fais-les cuire 5 minutes.

Œufs mollets

(à mi-chemin entre les œufs à la coque et les œufs durs) Fais-les cuire 5 min dans l'eau bouillante. Tu peux les utiliser dans des salades.

En omelette

Cassés et battus avec un peu de lait, puis cuits 5 min dans une poêle.

Frais ou pas frais ?

Si tu as un doute sur la fraîcheur d'un œuf, essaie ce truc : plonge-le dans l'eau salée. **S'il coule à pic**, c'est qu'il est bien frais, tu peux le déguster à la coque. **S'il reste à la surface**, il n'est sans doute plus tout jeune ! Mieux vaut le faire cuire au moins 10 min et le manger dur.

BROCHETTES DE FROMAGE

Tes parents ont invité des copains pour l'apéro ? Étonne-les avec une recette jolie à croquer !

IL TE FAUT (par personne) :
- Des brochettes en bois (25 cm de long)
- 150 g de fromage de 3 couleurs différentes (comté, mimolette, gouda au cumin)

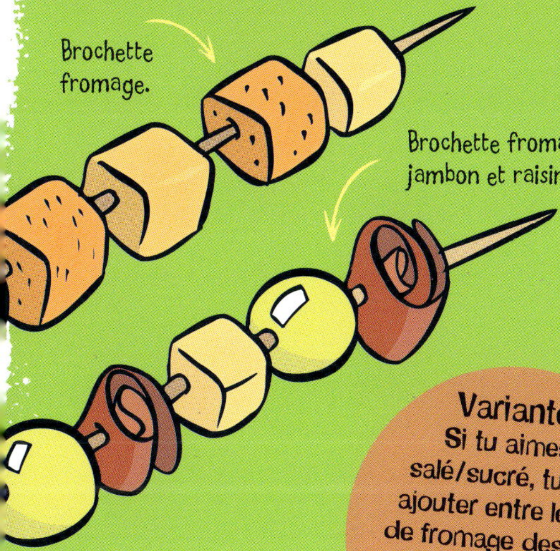

Variante : Si tu aimes le salé/sucré, tu peux ajouter entre les dés de fromage des grains de raisin blanc et des petites tranches de jambon cru roulées.

1. Coupe le fromage en gros dés.
2. Enfile ces dés sur les brochettes en alternant les 3 couleurs.

« EN FAIRE TOUT UN FROMAGE »

Connais-tu cette expression ? Cela signifie en faire toute une histoire ! Eh oui, le fromage est long et difficile à fabriquer. Mais moi, j'ai une recette de fromage blanc simple et délicieuse !

IL TE FAUT :
- 1 litre de lait cru
- 1 ml de présure (que tu trouveras en pharmacie)
- 1 passoire
- 1 tissu en coton bien propre

1. Fais chauffer le lait à 35 °C et ajoute la présure juste avant d'éteindre le feu.
2. Laisse-le reposer une nuit pour qu'il devienne du lait caillé.

3. Place le tissu dans la passoire et verse le lait caillé.
4. Laisse le lait s'égoutter pendant 4 à 5 heures.

→ Pour avoir un fromage de faisselle, c'est-à-dire plus consistant, laisse-le durcir quelques jours.

→ Tu peux manger ton fromage blanc salé, avec des petits bouts de concombre, de l'ail et de la ciboulette.

→ Tu peux aussi le déguster avec du sucre ou de la confiture.

Beurre ou crème ?

Le beurre contient beaucoup plus de matières grasses que la crème fraîche ! Quant à l'huile, elle bat tous les records de gras. À notre âge, pas question de se passer d'elles. L'important, c'est de varier : de l'huile sur la salade, du beurre sur les tartines, de la crème fraîche dans les pâtes...

Poissons et merveilles

Voici quelques idées simples de recettes pour celles qui passent leurs vacances au bord de la mer ou qui en reviennent et ont un petit coup de nostalgie...

Petits pochons de saumon

1 Place chaque darne au centre d'un carré de papier aluminium, sale-la et poivre-la légèrement.

2 Ferme la papillote en remontant les 4 coins, de manière à former une sorte de petite bourse.

3 Préchauffe ton four pendant 10 min, thermostat 7.

4 Dispose les darnes dans leur papier sur la grille du four. Attention de ne pas te brûler !

5 Laisse cuire 25 à 30 min environ.

6 Ouvre chaque papillote, verse 2 cuillerées à soupe de crème fraîche liquide, ajoute un peu de ciboulette. Sers les papillotes avec du riz blanc.

IL TE FAUT :

- 1 darne de saumon par personne
- Du papier aluminium
- De la crème fraîche liquide
- Du sel
- Du poivre
- De la ciboulette

Saumon au gros sel

IL TE FAUT :

- 1 saumon de 1,2 kg
- 2 blancs d'œufs
- 2 kg de gros sel gris
- 1 bouquet d'estragon ou de menthe fraîche

❶ Demande à ton poissonnier de vider le poisson, mais de lui laisser ses écailles.

❷ Mélange le gros sel aux blancs d'œufs, ajoute la menthe ou l'estragon haché. Garde quelques feuilles pour les glisser dans le ventre du saumon.

❸ Dans un plat, pose le poisson sur un lit de gros sel, puis recouvre-le entièrement avec le sel restant.

❹ Fais cuire à four chaud (thermostat 7) pendant 45 min.

❺ Lorsque le poisson est cuit, la croûte de sel est devenue très dure et forme comme une carapace autour du poisson. Casse-la avec un marteau... C'est prêt !

Cuisiner... des algues !

Essaie cette recette d'une très grande simplicité ! Cherche sur la plage des laminaires. Ce sont de longues algues brunes qui ressemblent à des rubans aplatis légèrement gaufrés sur les côtés. Avant de les préparer, montre-les à un pharmacien pour vérifier qu'elles sont bien consommables. Lave-les à l'eau douce, laisse-les sécher, puis découpe-les en lamelles et fais-les frire quelques minutes dans un peu d'huile. Délicieux pour accompagner un poisson grillé...

MOULES MARINIÈRES

IL TE FAUT :

- **1 kg de moules**
- **1 oignon par personne**
- **1 branche de céleri**
- **1 demi-botte de persil haché très fin**
- **1 pot de crème fraîche**
- **1 cuillerée à soupe de beurre**
- **1 cocotte**

1. Gratte et lave bien les moules.
2. Coupe les oignons en fines lamelles et fais-les revenir dans le beurre, dans la cocotte.
3. Ajoute les moules, le céleri, la moitié du persil haché.
4. Sale et referme la cocotte. Laisse cuire 10 min en tournant de temps en temps.
5. Ajoute la crème fraîche et le persil qui te reste. Laisse fondre 5 min. C'est prêt !

LE POISSON, C'EST BON...

Elles ont tort, celles qui boudent le poisson ! Riche en acides gras essentiels, le poisson est non seulement délicieux, mais aussi indispensable pour maintenir son corps en bonne santé.

Poisson pêché, poisson grillé

Un poisson fraîchement pêché n'a pas besoin de préparation. Voici une recette toute simple.

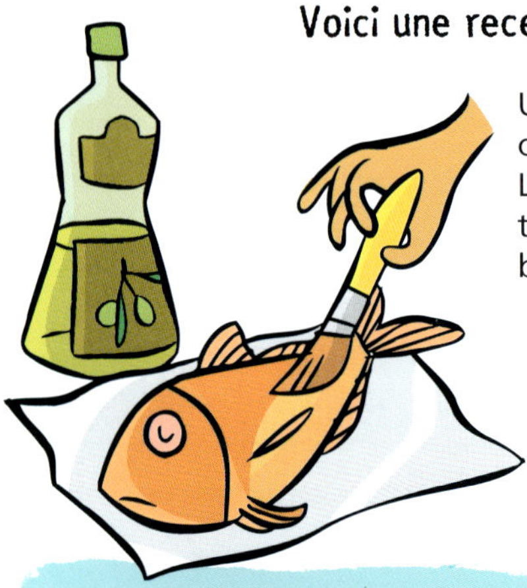

Utilise le barbecue ou le gril de ton four. Lave et éponge ton poisson, puis badigeonne-le d'huile.

Pose-le sur le gril dans un four très chaud.

TEMPS DE CUISSON

Un petit rouget de 100 g :

compte 3 min de cuisson d'un côté, 2 min de l'autre.

Une tranche de thon de 2 cm d'épaisseur :

compte 4 min de cuisson d'un côté, 2 min de l'autre.

En fin de cuisson, ajoute quelques fines herbes.

VARIANTE

Cuis ton poisson en papillote ! Pour cela, pose ton poisson sur une feuille d'aluminium. Arrose-le avec de l'huile d'olive et du jus de citron. Sale, poivre, et ferme ta feuille comme une papillote ! Laisse cuire au four 20 à 25 min.

FAIS CUIRE TA PRISE !

Tu as attrapé une belle truite ? Fais-la cuire tout de suite sur un feu de bois, car elle supporte mal le transport et la chaleur. Autant la déguster sur place... N'oublie pas d'emporter un petit flacon d'huile d'olive et du sel avant le départ, ce sera encore meilleur !

- Allume un feu avec du petit bois, en t'assurant que tu es dans un lieu où tu as le droit d'en faire.
- Cherche une pierre très plate, huile le côté sur lequel tu vas faire cuire ton poisson.
- Mets ta pierre sur le feu quand il aura bien démarré.

⚠ Attention !
Dans les parcs, il est interdit de faire des feux.

- Ouvre et vide la truite.
- Quand la pierre est chaude, pose ta truite sur la pierre et laisse la cuire 10 min de chaque côté. Voilà, c'est prêt, tu n'as plus qu'à la saler et à la manger !

Poisson sans cuisson

Pour changer du poisson grillé, fais comme les Tahitiens : essaie le poisson cru mariné. Idéal les jours de grande chaleur !

IL TE FAUT :
- 400 g de poisson (lieu, saumon, daurade...)
- Le jus de 5 citrons (jaunes ou verts)
- 1 cuillerée à soupe de vinaigre de cidre
- 3 cuillerées à café de gingembre frais râpé
- 1 verre de lait de coco

Demande à ton poissonnier de te découper le poisson en fines lamelles. Dans un plat creux, recouvre-les de jus de citron et laisse mariner 1 heure au frais. Vide ensuite la marinade, ajoute sel, poivre, vinaigre, gingembre et lait de coco. À servir très frais !

Va, eh patate !

C'est franchement idiot d'insulter quelqu'un en le traitant de « patate » ! Car la pomme de terre est vraiment la meilleure amie de notre forme. Cet hiver, les patates se mettent à table !

MON GRATIN DE POMMES DE TERRE

IL TE FAUT :

- 2 grosses pommes de terre (bintje) par personne

- 2 briques de crème fraîche liquide

- 1 verre de lait

- Du sel
- 250 g de gruyère râpé

- De la noix de muscade en poudre
- 1 plat à gratin

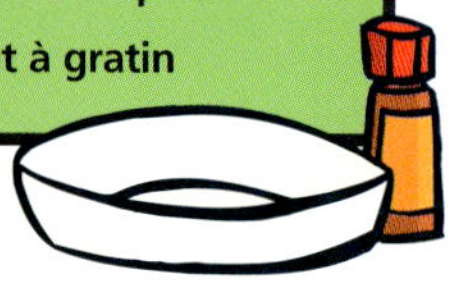

Sais-tu qu'on trouve des patates à plus de 3 000 m d'altitude dans l'Himalaya ? C'est le légume qui pousse le plus haut ! Moi, les miennes, je les trouve au marché...

1 Épluche et tranche les pommes de terre en rondelles très fines (demande à un adulte de les passer dans un robot si possible).

2 Étale une première couche de pommes de terre, sale et recouvre de gruyère. Recommence les couches en alternant pommes de terre et gruyère, jusqu'à ce que tu arrives en haut du plat à gratin.

3 Verse la crème fraîche et saupoudre d'un peu de noix de muscade.

4 Enfourne ton plat dans le four, thermostat 6/7.

5 Laisse cuire pendant une heure et demie. Au bout d'une heure, vérifie que ton gratin n'est pas trop sec. Si c'est le cas, ajoute un verre de lait.

La patate énergie

Pendant des siècles, la pomme de terre a eu mauvaise réputation. On l'accusait même d'être à l'origine de la lèpre ! **Aujourd'hui, plus personne n'est aussi injuste avec la patate...** mais on se méfie d'elle. On dit qu'elle fait grossir : c'est faux, sauf si tu la cuisines avec un litre d'huile. Si tu la manges nature, cuite à la vapeur, **elle est pleine de richesses**. Grâce à elle, tu feras le plein de glucides, très utiles quand tu fais du sport. Tu emmagasineras de la vitamine C pour avoir la pêche et des vitamines B qui aideront tes muscles à travailler. **Championne, la patate !**

Une faim de loup !

Voici la recette de la tartiflette, un plat pour les grosses faims ou après avoir fait du sport.

IL TE FAUT :
(pour 4 personnes)
- 1 kg de pommes de terre
- 1 reblochon
- 20 cl de crème fraîche
- 80 g de lardons fumés
- 2 oignons
- 1 gousse d'ail
- Du sel
- Du poivre
- Du thym
- Du laurier

❶ Épluche les pommes de terre et fais-les cuire à la vapeur. Puis découpe-les en grosses tranches.

❷ Fais revenir les oignons en rondelles, l'ail haché et les lardons dans une poêle, pendant quelques minutes.

❸ Coupe le reblochon en quatre, puis chaque morceau de nouveau en deux dans le sens de l'épaisseur.

❹ Mets le mélange lardons et oignons dans un plat à gratin, dispose les pommes de terre par-dessus, puis les morceaux de fromage, la croûte contre les pommes de terre.

❺ Fais gratiner 10 min au four, thermostat 7.

❻ Sors le plat (attention de ne pas te brûler !) et ajoute la crème fraîche. Remets 10 min au four. Sers ta tartiflette avec une salade verte et des tranches de jambon cru ou cuit.

Pâtissière de choc !

Avant de te livrer mes meilleures recettes de desserts (prévues pour 6 personnes), voici quelques-uns de mes « trucs » qui pourront t'être bien utiles !

UN MOULE BIEN GRAISSÉ...

C'est le secret d'un beau gâteau pas trop cabossé ! Étale avec ton doigt une noix de beurre ramolli sur les parois de ton moule. Puis saupoudre avec un peu de farine.

ASSEZ CUIT ?

Pour savoir si ton gâteau est cuit, plante un couteau au milieu. Si la lame ressort toute propre (et pas gluante !), ta pâtisserie est cuite à point.

Dur, dur, la séparation !

C'est souvent un vrai casse-tête de séparer le blanc du jaune d'un œuf. Pour éviter les mélanges, casse un œuf entier dans un bol. Et récupère ensuite délicatement le jaune avec une cuillère à soupe.

Tarte croustillante

Si tu détestes les tartes toutes molles, saupoudre ta pâte avec une poignée de semoule : les petits grains absorberont le jus des fruits !

BLANCS BIEN FERMES

Quand tu montes tes blancs avec le batteur, ajoute une petite pincée de sel, ils prendront 2 fois plus vite !

Une déco qui s'accroche !

Pour bien fixer des décorations sur un gâteau (vermicelles ou petites boules de sucre), badigeonne-le de miel ou de confiture. De la vraie colle !

Un four fin prêt

Tes pâtisseries seront bien plus moelleuses si tu les cuis dans un four déjà chaud. Pense à préchauffer le tien un quart d'heure avant d'y introduire ton dessert.

Au bain, le beurre !

Le chocolat et le beurre aiment qu'on les fasse fondre tout en douceur : rien de tel qu'un bain-marie ! Mets tes ingrédients dans une petite casserole, posée dans une plus grande dans laquelle tu auras versé 3 verres d'eau. Place le tout sur le feu. En chauffant, l'eau fera fondre le contenu de ta petite casserole. Si tu as un micro-ondes, c'est encore plus rapide !

Vitamines par a + b !

« Mange donc,
c'est plein de vitamines ! »
Les adultes n'ont que ce refrain à la bouche. Voici quelques recettes pour en consommer beaucoup, tout en te régalant.

Au boulot !

Dans vitamines, il y a « vie », et ce n'est pas un hasard ! **Elles sont 13** à se balader dans ton corps et participent à des réactions chimiques importantes. Par exemple, c'est elles qui libèrent l'énergie contenue dans le sucre et les graisses.

Elles travaillent main dans la main avec les protéines pour **permettre à tes cellules de se renouveler**. Et surtout, elles t'aident à te défendre contre les maladies. Seulement voilà, notre organisme ne sait pas fabriquer ces bonnes petites ouvrières !

IL TE FAUT :

- 1 orange par personne
- 2 cuillères à soupe d'eau de fleur d'oranger
- 1 sachet de sucre vanillé
- 2 cuillères à soupe de sucre en poudre
- Le jus d'une orange

ORANGES EN DENTELLES

1. Épluche les oranges et gratte bien la peau blanche qui les entoure.
2. Sur une planche en bois, coupe tes oranges en rondelles très fines.
3. Mets-les dans un saladier coloré : bleu ou violet, c'est encore plus joli…
4. Ajoute l'eau de fleur d'oranger, le sucre et le jus de l'orange.
5. Laisse macérer quelques heures au frais pour que les oranges mélangées au sucre rejettent du jus.

VARIANTE : Tu peux ajouter 2 cuillères à soupe de cannelle si tu veux faire une salade à la sauce orientale !

BANANES VANILLÉES

Un petit dessert plein d'énergie et parfumé, ça te dit ?

IL TE FAUT :
- 8 bananes
- 8 petites noix de beurre
- 8 cuillères à café de sucre en poudre vanillé

1 Épluche les bananes et mets-les dans un plat beurré.

2 Sur chaque banane, dispose une noix de beurre et saupoudre d'une cuillère de sucre.

3 Laisse cuire dans un four chaud (thermostat 7) pendant une demi-heure.

Menthe et citron à boire

Tu veux fabriquer une boisson vraiment rafraîchissante ?

IL TE FAUT :
- 250 g de sucre roux
- 6 citrons
- 1 bouquet de menthe
- 3 litres d'eau

1 Presse les citrons.

2 Mets sur le feu le jus des citrons, l'eau, le sucre et le bouquet de menthe.

3 Quand le mélange commence à bouillir, éteins le feu et laisse reposer pendant une demi-heure.

4 Filtre la boisson avec une passoire pour enlever la menthe.

5 Mets au réfrigérateur et sers glacé.

Pommes de reinette...

Le plus beau cadeau de septembre, ce sont les pommes ! Des rouges, des vertes, des jaunes, il y en a de toutes les couleurs et pour tous les goûts...

Crumble aux pommes

IL TE FAUT :
- 800 g de pommes
- 1 plat à gratin
- 200 g de farine
- 200 g de sucre roux
- 150 g de beurre ramolli en petits morceaux

1 Épluche les pommes et coupe-les en quartiers. Mets-les dans une casserole avec 1 cuillerée à soupe d'eau et fais-les cuire 10 min à feu doux.

2 Étale cette compote de pommes dans ton plat beurré.

3 Dans un saladier, mets la farine, le sucre roux et le beurre, et frotte les ingrédients entre tes doigts jusqu'à ce que le beurre ait fondu.

4 Répartis cette pâte qui ressemble à du sable sur les pommes.

5 Fais cuire 1/2 h au four thermostat 6.

Erreur pâtissière !

Les meilleures cuisinières font parfois de grosses bêtises... En 1898, Stéphanie Tatin, fille d'un aubergiste de Sologne, laissa tomber par terre la tarte aux pommes qu'elle préparait. Très distraite, elle la remit à l'envers dans le moule, les pommes sous la pâte. Et hop, dans le four ! C'est ainsi qu'est née la délicieuse tarte Tatin.

COMPOTE POMMES-CANNELLE

1 Épluche les pommes et coupe-les en quartiers.

2 Mets-les dans une casserole avec 3 cuillères à soupe d'eau et le sucre.

3 Fais cuire une demi-heure à feu doux en couvrant avec un couvercle et en remuant de temps en temps pour empêcher les pommes d'attacher.

4 Quand les pommes sont cuites, écrase-les grossièrement avec une fourchette. Saupoudre de cannelle et laisse refroidir.

IL TE FAUT :
(Pour 4 personnes)
- 8 pommes
- 2 sachets de sucre vanillé
- De la cannelle en poudre

VARIANTE : Tu peux mélanger avec d'autres fruits, comme la poire ou la banane, ou ajouter des raisins secs.

Des pommes pour le goûter

J'adore croquer des pommes séchées que je prépare moi-même. C'est délicieux et plein de vitamines ! Voici la recette.

1 Épluche des pommes et enlève le centre avec un vide-pomme.

2 Coupe-les en fines tranches.

3 Dispose-les sur une feuille de papier d'aluminium.

4 Mets-les au four, porte ouverte, à thermostat très bas (4 ou 5) pendant 4 heures.

VOUS AVEZ DIT ROUGE ?

L'été est bientôt là.
Tu as des envies de fraîcheur et de couleur ?
Concocte des recettes à base
de fraises et de fruits rouges.

IL TE FAUT :

- 1/4 de litre de lait par personne
- 1 boule de sorbet à la fraise
- 1 dizaine de fraises
- 1 cuillère à soupe de yaourt bulgare
- 1 robot

Milk-shake à la fraise

1. Mixe tous les ingrédients dans ton robot.
2. Laisse refroidir au réfrigérateur... et déguste cette boisson rafraîchissante.

CHARLOTTE AUX FRAISES

IL TE FAUT :

- 1 moule à charlotte
- 30 biscuits à la cuillère
- 1 petit pot de fromage blanc de 250 g
- 500 g de fraises
- 50 g de sucre en poudre
- Du sirop de fraise

1. Mélange, dans une assiette creuse, 2 verres d'eau et une cuillère à soupe de sirop.
2. Trempe rapidement un à un les biscuits dans le sirop. Tapisses-en le fond et les parois du moule.

3. Mélange le fromage blanc et les fraises en les écrasant à la fourchette. Ajoute le sucre en poudre.
4. Étale une couche de ce mélange sur les biscuits dans le fond du moule.
5. Recouvre avec une couche de biscuits, puis alterne : une couche de mélange, une couche de biscuits.

6. Termine par une couche de biscuits, côté plat vers l'extérieur.
7. Pose une assiette à dessert sur le moule et mets ta charlotte au réfrigérateur pendant au moins 4 heures.
8. Démoule ta charlotte et plante quelques fraises sur le dessus pour décorer. C'est prêt !

Soupe rouge

1 Fais décongeler les fruits rouges.

2 Verse-les dans une grande casserole avec l'eau, le sucre et le citron.

3 Porte à ébullition puis fais cuire 10 min. Laisse refroidir.

4 Dans un bol, délaie la Maïzena avec un peu d'eau froide, puis verse le tout dans ta soupe pour qu'elle épaississe.

5 Sers-la glacée, en ajoutant la crème fraîche au dernier moment.

IL TE FAUT :
(pour 4 assiettes)

- 800 g de mélange de fruits rouges surgelés (cassis, cerises, framboises, groseilles, etc.)
- 1 l d'eau
- 4 cuillerées à soupe de sucre en poudre
- 1 cuillerée à soupe de jus de citron
- 2 cuillerées à soupe de Maïzena
- 2 cuillerées à soupe de crème fraîche liquide

Fabrique ton sirop de fraises !

Jette dans un récipient 1 kilo de fraises bien mûres. Écrase-les, puis recouvre de 2 verres d'eau bouillante. Mélange puis laisse reposer 2 heures. Filtre ce jus en le passant à travers un linge fin et propre (mouchoir de batiste, par exemple). Verse dans des bouteilles que tu auras stérilisées. Mélange 1 litre de jus de fraises avec 800 g de sucre en poudre. Fais cuire doucement pendant 15 min. Le sirop doit attacher légèrement sur les parois de la casserole en refroidissant.

Baies bleues

Si tu passes tes vacances d'été en montagne, profite d'une de tes balades pour cueillir des myrtilles, ces petites baies délicieuses et parfumées qui poussent entre août et septembre. Tu pourras en faire des chaussons originaux et de bonnes confitures.

Chaussons aux myrtilles

IL TE FAUT :
(pour 8 chaussons)
- 2 pâtes feuilletées prêtes à dérouler
- 1 pot de confiture de myrtille (ou autre)
- 1 jaune d'œuf
- 1 cuillerée à soupe de sucre en poudre
- 1 cuillerée à soupe de lait
- 1 pinceau de cuisine
- 1 plaque de cuisson allant au four

1 Étale une des 2 pâtes sur la table en la laissant sur le papier de cuisson.

2 Découpe 4 rectangles de 15 x 10 cm.

3 Au milieu de chaque rectangle, mets une cuillerée à soupe de confiture.

4 Replie chaque rectangle en 2 et ferme-le en joignant les bords.

5 Effectue la même opération avec l'autre pâte.

6 Dans un bol, mélange l'œuf, le sucre et le lait, puis badigeonne les chaussons avec le pinceau (ils seront dorés en sortant du four).

7 Pose la feuille de papier de cuisson, puis les chaussons sur la plaque.

8 Enfourne 20 min au four thermostat 7.

Des confitures pour l'hiver

Toutes les copines en raffolent... Je te donne la recette de ma mamie, c'est la meilleure !

IL TE FAUT :
- **1 kg de myrtilles**
- **1 kg de sucre**
- **De la paraffine (achetée en droguerie ou en pharmacie)**
- **Des pots de confiture en verre vides très propres**
- **Des étiquettes**

❶ Lave les myrtilles et enlève les petites queues du plus grand nombre possible (c'est long, tu ne pourras pas toutes les équeuter, même avec l'aide des copines, mais fais le maximum...).

❷ Verse les fruits et le sucre dans une grande cocotte, mélange avec une cuillère en bois.

❸ Fais cuire à feu vif pendant 20 min environ, en remuant très souvent.

❹ Éteins le feu et laisse refroidir la confiture pendant 10 min environ.

❺ Remplis chaque pot avec une louche, jusqu'à 2 cm du bord.

❻ Fais fondre la paraffine dans une petite casserole jusqu'à ce qu'elle devienne liquide.

❼ Verse-la sur la confiture : en durcissant, la paraffine fermera le pot pour que l'air n'y entre pas et la confiture se conservera longtemps.

❽ Colle une étiquette sur chaque pot et inscris un petit nom poétique : « myrtilles, récoltées après l'orage », ou rigolo : « les myrtilles, c'est pour les filles ».

❾ Quand tu voudras manger ta confiture, appuie d'un doigt sur le couvercle formé par la paraffine, il se soulèvera et tu pourras l'enlever sans difficulté.

MA PETITE ASTUCE

Pour savoir si ma confiture est assez cuite, j'en fais tomber quelques gouttes sur le rebord d'une assiette froide. Si la confiture se fige, c'est qu'elle est prête !

Camaïeu de jaunes

Pour finir ton repas sur une note pleine de gaieté, choisis le jaune : il en existe une multitude dans les fruits, à toi de choisir…

BRACELETS D'ANANAS AU MIEL

IL TE FAUT :

- 1 poêle
- 1 grosse boîte d'ananas en tranches (compte 2 tranches par personne)
- 2 cuillerées à café de cannelle en poudre
- 5 cuillerées à soupe de miel liquide
- 1/2 verre d'eau

1 Dans une poêle, dilue le miel dans l'eau et fais chauffer à feu très doux, jusqu'à ce que ton liquide frémisse.

2 Ouvre ta boîte d'ananas et sors les tranches en les égouttant. Puis place-les dans la poêle.

3 Saupoudre-les de cannelle et laisse-les dorer doucement pendant 10 min.

4 Une fois tes rondelles confites dans le miel, dispose-les sur un joli plat.

5 Sers le jus des ananas dans des verres. Tu peux présenter tes « bracelets » avec une brioche.

Miel aux mille saveurs…

Tu te demandes pourquoi il y a des miels plus ou moins clairs, plus ou moins solides ?

Tout dépend de l'endroit où sont installées les ruches. Quand elles sont près d'un champ de lavande, les abeilles vont butiner le nectar de ces plantes. Mais quand les travailleuses à rayures fréquentent une forêt de châtaigniers, le miel a un tout autre goût !

Pour mes recettes, choisis plutôt du miel d'acacia : il est très liquide et facile à badigeonner.

Tarte au citron

1 Étale ta pâte sur le moule en laissant le papier de cuisson.

2 Dans un saladier, casse les œufs et bats-les à la fourchette.

IL TE FAUT :
- 1 pâte feuilletée ou sablée prête à dérouler
- 1 moule à tarte
- 5 œufs
- Le jus de 6 citrons
- 200 g de sucre
- 100 g de beurre fondu

3 Incorpore le jus des citrons, le sucre, le beurre et mélange.

4 Verse ta préparation sur ton fond de tarte et fais cuire 35 min au four thermostat 6.

5 Laisse refroidir pour que la garniture durcisse.

Brochette vitaminée

Voici un dessert qui va te donner plein d'énergie ! Compte une brochette par personne.

IL TE FAUT :
(Pour 4 brochettes)
- 4 brochettes en bois de 25 cm de long
- 1 pomme
- 2 poires
- 3 bananes pas trop mûres
- 8 grains de raisin

1 Épluche la pomme, les poires et les bananes.

2 Coupe-les en gros dés ou en rondelles épaisses.

3 Enfile tous les fruits sur les brochettes en les alternant.

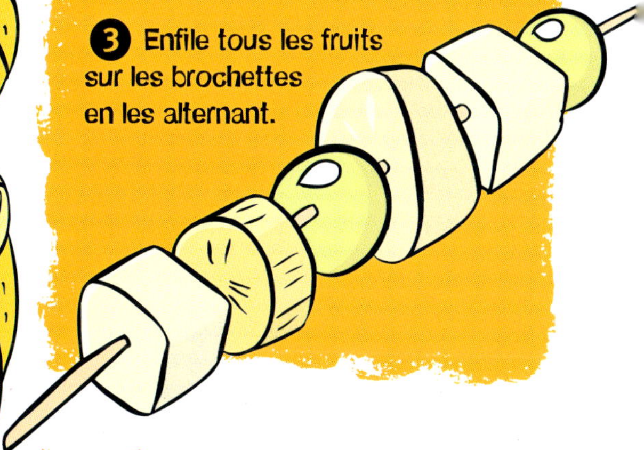

Variante : Tarte aux abricots

Dispose, sur ton fond de tarte, 500 g d'abricots dénoyautés et coupés en 2 (le côté du noyau contre la pâte). Recouvre le tout avec un mélange de 3 œufs battus, 5 cuillerées à soupe de sucre en poudre et 6 cuillerées à soupe de poudre d'amandes. Laisse cuire 35 min au four thermostat 6.

Choc' délices

Comme moi, tu adores le chocolat ! Sais-tu qu'en plus d'être bon, il contient une substance chimique antidéprime et antifatigue ? Pas de raison de s'en priver !

Choc' ici et là…

À chacun son chocolat !

- **Les Italiens** le dégustent en dessert dans des petits… raviolis !
- **Les Anglais** l'apprécient mélangé à de la menthe.
- **Les Espagnols**, eux, aiment le boire chaud et y tremper des beignets.
- **Les Belges** sont fous du chocolat fourré.
- **Les Allemands** le préfèrent très noir, peu sucré.
- **Les Suisses** ont un faible pour le chocolat au lait : ils détiennent le record de consommation européenne avec 9 kg par an et par personne !
- **Les Français**, pas difficiles, le savourent sous toutes ses formes : blanc, noir, aux noisettes.

QUIZ

Le cacao pousse :

A/ Sur un cactus.
B/ Sur le cacaoyer.
C/ Sur le cacatoès.

Réponse : B, sur un arbre appelé le cacaoyer. Il produit des fèves qui sont broyées et séchées, puis transformées en poudre de cacao. Il ne reste qu'à y ajouter du beurre de cacao et du sucre et on obtient du chocolat !

Bon pour le moral !

C'est au XVIe siècle que l'explorateur espagnol Cortés goûta en Amérique le premier chocolat, un breuvage dont les Indiens se régalaient depuis longtemps et qu'ils considéraient comme la boisson des dieux. Cortés ramena du Mexique un bateau plein de fèves de cacao et toute la cour d'Espagne se mit à boire des chocolats chauds bien épais. Mais ce n'est que sous le roi Louis XV qu'on se mit à le croquer. Sais-tu que le chocolat contient une substance qui met de bonne humeur ? Une friandise de fête !

Une mousse de choc'

IL TE FAUT :
- **6 œufs**
- **200 g de chocolat noir**
- **1 noix de beurre**
- **4 cuillères à soupe d'eau**
- **1 bombe de crème Chantilly**

Dans les pays froids, on mange du chocolat pour se protéger du froid. Nous, on en mange même quand il fait chaud !

1 Casse les œufs en séparant les blancs des jaunes : les jaunes dans un saladier, les blancs dans ton robot pour les monter en neige.

2 Casse le chocolat dans une petite casserole. Fais-le fondre avec le beurre et l'eau au bain-marie (tu mets la petite casserole dans une casserole plus grande avec de l'eau qui bout).

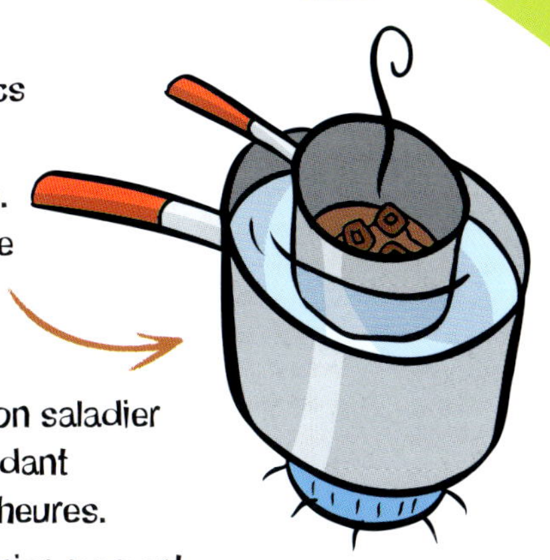

3 Quand le chocolat ressemble à une purée, retire la petite casserole de l'eau et laisse tiédir.

4 Dans un saladier, mélange le chocolat avec les jaunes d'œufs et incorpore délicatement les blancs battus en neige.

5 Mets ton saladier au frigo pendant au moins 3 heures.

6 Au dernier moment, dessine des points blancs sur la mousse avec la crème Chantilly.

CROQUE LES IDÉES CHOC'

Le chocolat donne des crises de foie ? FAUX !
Le chocolat se digère aussi bien... que l'eau ! Il n'a aucune action sur le foie.

Le chocolat favorise les caries ? FAUX !
Il contient au contraire des tanins et du fluor qui renforcent l'émail des dents et protègent des caries. C'est le sucre qu'il contient qui fait mal aux dents.

Le chocolat fait grossir ? PRESQUE FAUX !
Là encore, tout dépend de la quantité. Le cacao est très peu calorique. C'est le beurre de cacao et le sucre qui font grossir.

Variations chocolatées

Quantité de desserts contiennent du chocolat. Voici quelques idées de recettes simples, mais néanmoins très savoureuses…

FONDUE DE FRUITS au CHOCOLAT

IL TE FAUT :
- 500 g de fraises
- 5 bananes
- 3 pommes
- 3 poires
- 1 grappe de raisin
- 4 kiwis
- 400 g de chocolat à dessert
- 5 cuillerées à soupe de crème liquide
- 6 brochettes en bois de 30 cm de long

1 Lave et épluche les fruits.

2 Découpe les gros fruits en rondelles ou en dés.

3 Présente tous les fruits dans un grand saladier.

4 Fais fondre au bain-marie le chocolat et la crème jusqu'à ce que la consistance soit veloutée.

3 Mets le mélange dans un joli récipient.

Toutes à vos piques pour y tremper les fruits !

Saucisson en chocolat

IL TE FAUT :

- 400 g de chocolat à dessert

- 120 g de sucre glace

- 100 g de beurre

- 4 cuillerées à soupe de crème fraîche

- 2 cuillerées à soupe de miel liquide
- 100 g d'amandes décortiquées

- Du papier sulfurisé

1 Dans un saladier, mets le beurre et le chocolat en morceaux, et fais fondre au bain-marie dans une casserole.

2 Incorpore le miel, le sucre glace, la crème et les amandes mixées grossièrement (qui donneront l'illusion du gras du saucisson). Laisse durcir 2 h.

3 Décolle le bloc de chocolat du saladier à l'aide d'un couteau puis pose-le sur du papier sulfurisé. Malaxe ta pâte pour lui donner la forme d'un saucisson.

4 Roule-la dans la feuille de papier que tu fermeras comme une papillote. Laisse reposer 4 h au réfrigérateur.

5 Déballe le saucisson de son papier et roule-le dans un peu de sucre glace.

TU EN PRENDRAS BIEN UNE PETITE TRANCHE ?

CHOCOLAT GRAND-MÈRE !

IL TE FAUT :
- 1 tablette de chocolat noir à 70% de cacao
- 5 tasses de lait
- 2 cuillerées à soupe de sucre
- De la cannelle en poudre

Tu as pris la pluie et tu es trempée de la tête aux pieds ? Prépare-toi un bon chocolat comme on le faisait autrefois.

❶ Détaille la tablette de chocolat en carrés et fais-les fondre dans une casserole à feu très doux, avec 2 cuillerées à soupe de lait. Tourne tout le temps pour qu'il n'y ait pas de grumeaux.

❷ Quand le chocolat est bien fondu, ajoute par petites quantités la valeur de 4 tasses de lait tout en continuant à tourner.

❸ Ajoute le sucre, puis saupoudre de cannelle.

Mon gâteau gourmand

Voici la recette d'un gâteau qu'il est impossible de ne pas réussir. Une aubaine, non ?

IL TE FAUT :
- **200 g de chocolat pâtissier**
- **6 œufs**
- **300 g de sucre**
- **100 g de farine**
- **150 g de beurre**

1 Fais préchauffer le four pendant 10 min thermostat 6.

2 Fais fondre le chocolat au bain-marie : jette tes carrés dans une petite casserole que tu places dans une grande casserole à demi remplie d'eau. Fais ensuite fondre le beurre dans ton chocolat fondu.

3 Dans un saladier, mélange le sucre, les œufs et la farine, puis ajoute le chocolat et mélange de nouveau.

4 Beurre un moule à gâteau et verse ta préparation.

5 Laisse cuire 25 à 30 min.

POUR LE DÉCORER, DISPOSE DES PETITES FLEURS EN SUCRE DE COULEUR OU DES BOULES DE SUCRE ARGENTÉES.

IL TE FAUT :
- 100 g de chocolat noir pâtissier
- 2 cuillères à soupe de lait
- 50 g de sucre en poudre
- 50 g de beurre
- 1 œuf
- 4 cuillères à soupe de cacao en poudre

Des truffes en chocolat

Pour la fin de l'année, on s'offre des chocolats. Voici une recette de truffes, ma grande spécialité ! C'est une belle idée de cadeau si tu les emballes dans un joli cornet de papier de soie.

1 Mets le chocolat en morceaux dans une casserole. Ajoute le lait, le sucre, le beurre en petits cubes.

2 Fais fondre à feu très doux tout en remuant. Quand ton mélange est bien lisse, retire la casserole du feu.

3 Sépare le jaune du blanc et mets le jaune dans ta crème au chocolat. Mélange bien.

4 Laisse refroidir et place ta crème au réfrigérateur pendant 1 heure pour qu'elle durcisse.

5 Prélève une cuillerée de ta préparation. Pétris-la dans ta main pour en faire une boule.

6 Roule-la dans le cacao. Recommence.

Mets les truffes 2 heures au réfrigérateur avant de les déguster !

Douceurs aux noix

Avec le retour du froid, on a besoin de petites douceurs sucrées. Voici mes 2 spécialités.

Truffes aux noix

Fais des boules en mélangeant 50 g de sucre glace, 250 g de mélange de chocolat et de beurre fondus, et des noix hachées. Pose-les sur une assiette et laisse-les durcir au réfrigérateur.

Mousse aux noix

Bats 250 g de fromage blanc avec 3 cuillères à soupe de crème de marron. Quand ton mélange ressemble à une mousse, verse-le dans des coupes.

Décore avec des noix décortiquées.

À L'HEURE DU PETIT CREUX

Plutôt que d'acheter tes sempiternels gâteaux secs, fais-les toi-même ! C'est une bonne occasion d'inviter tes copains à goûter.

Cookies

1 Dans un saladier, mélange le beurre, le sucre en poudre, la cassonade et les œufs.

2 Quand cette pâte est bien crémeuse, ajoute la farine, puis les pépites de chocolat.

IL TE FAUT :

- 225 g de beurre ramolli
- 150 g de sucre en poudre

- 150 g de cassonade (sucre roux)

- 2 œufs
- 225 g de farine

- 350 g de pépites de chocolat
- 1 plaque de cuisson allant au four

3 Dispose sur la plaque beurrée ta pâte en petits tas espacés les uns des autres.

4 Laisse cuire 10 min au four thermostat 6.

Chaud devant !

Sans four, pas de gâteau ! C'est la chaleur qui provoque une réaction chimique dans la pâte liquide : les molécules qu'elle contient se transforment, bougent les unes par rapport aux autres. Résultat, la pâte devient solide. Avec un four électrique, on peut choisir son type de cuisson, douce, moyenne ou forte. Autrefois, quand les fours marchaient au feu de bois, c'était plus compliqué de réussir sa pâtisserie.

IL TE FAUT :
- De la pâte sablée prête à dérouler
- Des emporte-pièces de pâtisserie en forme d'animaux
- 1 demi-citron pressé
- 100 g de sucre glace

Sablés enneigés

Fabrique des petits sablés recouverts de sucre glace.

❶ Déroule ta pâte, puis plie-la en deux pour augmenter l'épaisseur.

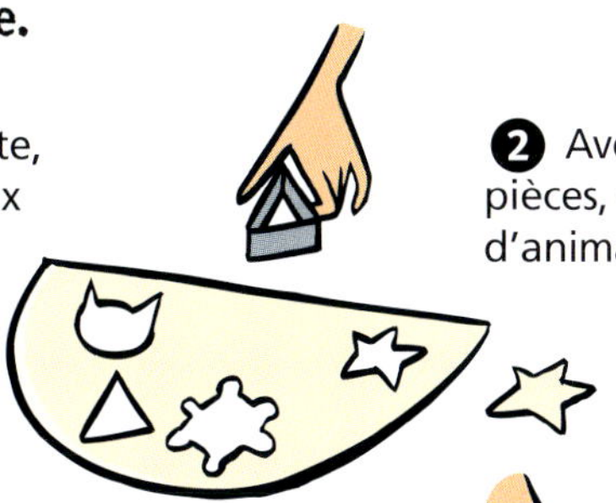

❷ Avec tes emporte-pièces, découpe des formes d'animaux.

❸ Beurre une plaque qui va au four et pose tes petits sablés dessus à l'aide d'une spatule.

❹ Fais cuire les sablés thermostat 7, pendant 5 à 10 min. Surveille bien la cuisson, c'est très rapide !

❺ Sors tes sablés du four et laisse-les refroidir.

Pour le glaçage

1 Prépare ton glaçage de la façon suivante : mets 2 verres de sucre glace dans un bol, verse un peu d'eau pour obtenir une pâte blanche. Ajoute le jus du citron.

2 Étale un peu de pâte sur chaque sablé à l'aide d'un couteau ou d'une spatule.

3 Mets tes sablés dans le frigo pour laisser durcir le glaçage pendant 1 heure. Ça y est, c'est prêt !

Les bébés préfèrent le sucré !

Tu es plutôt « sucré » ou plutôt « salé » ? En tout cas, quand tu étais bébé, la question ne se posait pas ! Des chercheurs ont mis une substance amère sur la langue de nouveau-nés. Tous ont plissé le nez et froncé les sourcils en signe de rejet. Quand ils leur ont présenté du sucré, tous ont souri…

DES FORMES À CROQUER

Il nous faut 1 seconde pour percevoir le sucré et jusqu'à 7 pour reconnaître l'amer. Alors pour un cadeau « foudroyant », préfère les douceurs !

Sablés aux amandes

IL TE FAUT :

- 250 g de beurre ramolli
- 250 g de sucre en poudre
- 150 g de poudre d'amandes
- 2 œufs
- 500 g de farine
- 1 rouleau à pâtisserie
- 1 emporte-pièce en forme de cœur
- 1 plaque de cuisson allant au four

1 Dans un saladier, coupe le beurre en morceaux, puis incorpore le sucre en pétrissant avec tes mains.

2 Ajoute la poudre d'amandes, les œufs, puis progressivement la farine.

3 Malaxe jusqu'à ce que tu obtiennes une boule de pâte que tu laisses reposer 1 h au réfrigérateur.

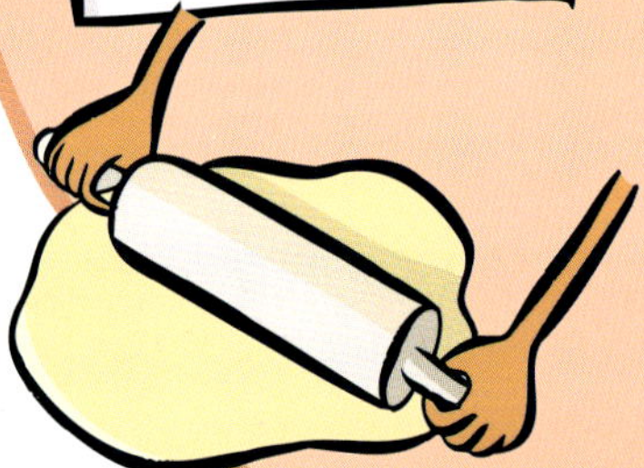

4 Mets un peu de farine sur la table puis, à l'aide du rouleau, étale la pâte.

5 Avec ton emporte-pièce, fabrique des cœurs, puis pose-les sur une plaque beurrée.

6 Fais cuire au four thermostat 7 environ 15 min.

Lorsque tes sablés sont cuits, décore-les avec différents glaçages, au chocolat ou de toutes les couleurs…

Glaçage chocolat

Fais chauffer au bain-marie le chocolat et la crème fraîche. Avec une cuillère, badigeonne tes sablés de cette crème. Laisse reposer au moins 2 h au frais.

IL TE FAUT :
- **150 g de chocolat à dessert**
- **100 g de crème fraîche épaisse**

Glaçage couleur

IL TE FAUT :
- **Du sucre glace**
- **De l'eau**
- **Des colorants alimentaires**

Dans un bol, prépare ton glaçage en mélangeant les proportions suivantes : 5 cuillerées à café de sucre glace pour 1 cuillerée à café d'eau. Ajoute ensuite goutte après goutte le colorant pour obtenir la couleur que tu souhaites. Étale une couche de glaçage sur tes sablés.

IL TE FAUT :
- **250 g de farine**
- **1 œuf**
- **100 g de sucre en poudre**
- **1 sachet de sucre vanillé**
- **125 g de beurre**
- **1 pincée de sel**

UN CIEL À CROQUER !

Les sablés, c'est facile à réaliser. Amuse-toi à leur donner plein de formes différentes : lune, soleil, étoile…

1. Dans un récipient, mélange la farine, l'œuf, le sucre et le sel.
2. Ajoute le beurre découpé en petits morceaux.
3. Pétris ta pâte. Forme une boule et laisse-la reposer 1/2 heure au réfrigérateur. Pendant ce temps, fais préchauffer ton four, thermostat 5 pendant 10 min.
4. Étale ta pâte au rouleau en couche de 5 mm d'épaisseur.

5. Découpe des formes de lunes, d'étoiles, de soleils.
6. À l'aide d'une spatule, dépose-les sur la plaque du four beurrée et laisse cuire 20 min, thermostat 4.

Si tu utilises des emporte-pièces de pâtisserie, le résultat sera plus beau.

Panier pique-nique

Il fait beau, pas un nuage à l'horizon... Pourquoi ne pas organiser une journée entre copines avec un pique-nique à la clé ? À vos paniers !

Brochettes de minilégumes

Ce n'est pas parce qu'on part en pique-nique qu'on est obligé de manger mal. Bien au contraire ! Voici une excellente occasion de croquer des petits légumes frais.

Pour préparer la sauce, il te faut :

- 2 cuillères à soupe de moutarde
- 6 cuillères à soupe de crème fraîche
- 1 pincée de sel et de poivre
- 10 brins de ciboulette

1. Épluche les carottes et le concombre et coupe-les en rondelles épaisses.
2. Prends le chou-fleur et coupe délicatement chaque bouquet.
3. Coupe la queue des radis.
4. Lave bien tous les légumes.
5. Prends chaque brochette et enfile les légumes dessus en alternant une rondelle de carotte, un bouquet de chou-fleur, une rondelle de concombre, un radis et une tomate cerise.
6. Prépare la sauce en mélangeant moutarde, crème fraîche, sel, poivre et brins de ciboulette découpés en petits morceaux.

Pour préparer les brochettes pour 4 personnes, il te faut :

Cake à l'orange et aux carottes

IL TE FAUT :

- 100 g de carottes
- 1 orange non traitée
- 4 œufs (les 4 jaunes et 2 blancs)
- 150 g de sucre en poudre
- 100 g de farine
- 1 sachet de levure
- 1 moule à cake

1. Pèle les carottes, puis râpe-les.
2. Râpe la moitié du zeste de l'orange puis presse son jus.
3. Casse les œufs en séparant les blancs des jaunes. Garde le blanc de 2 œufs.
4. Dans un saladier, mélange les jaunes d'œufs avec le sucre. Incorpore les carottes, le zeste et le jus de l'orange. Ajoute la farine et la levure, puis les 2 blancs d'œuf montés en neige. Mélange délicatement.
5. Verse ta pâte dans le moule beurré.
6. Laisse cuire 40 min au four thermostat 6.

Décoration

Sommaire

À tes ordres ! 166-167
C'est… commode ! 168-169
Peau de vache… 170-171
Cascade de cadres 172-173
Souvenirs suspendus 174-175
Tout en boîte 176-177
C'est la rentrée ! 178-179
Déco-bureau… 180-181
De retour de balade… 182-183
Gentils coquelicots 184-185
Coussins tout doux 186-187
Hum, ça sent bon ! 188-189
Des vases en forme ! 190-191
En toute intimité… 192-193

À TES ORDRES !

Tu as une jolie chambre, mais c'est toujours la panique sur ton bureau. Tu passes 10 min à ranger tes affaires avant de pouvoir travailler dessus ? Fabrique un petit meuble à tiroirs pour tout ranger.

C'est dans les boîtes !

IL TE FAUT :

- **3 boîtes à chaussures de mêmes dimensions (sans les couvercles)**
- **Du carton d'emballage**
- **Du ruban adhésif papier**
- **De la colle blanche**
- **Du papier de soie (3 couleurs)**
- **6 œillets**
- **3 rubans de 30 cm de long, de couleurs différentes**
- **De la peinture acrylique blanche**

Pour calculer la dimension du meuble en carton :

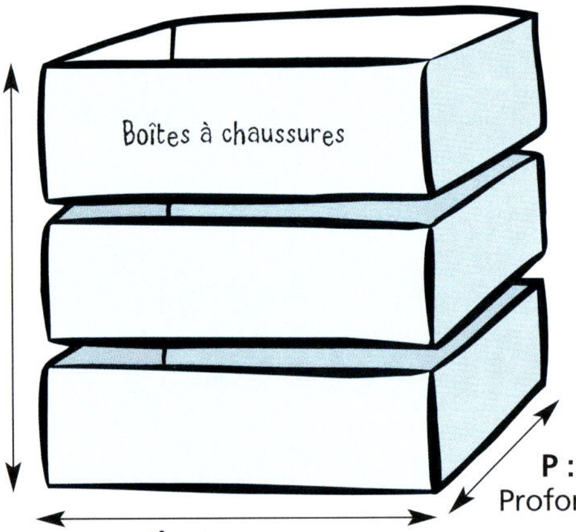

H : hauteur du meuble. Hauteur des 3 tiroirs (boîtes à chaussures) superposés + 4 cm.

P : profondeur. Profondeur d'un tiroir + 1 cm.

l : largeur. Largeur d'un tiroir + 2 cm.

1. Découpe dans le carton d'emballage :
   - 2 rectangles de H x P
   - 4 rectangles de l x P
   - 1 rectangle de H x l

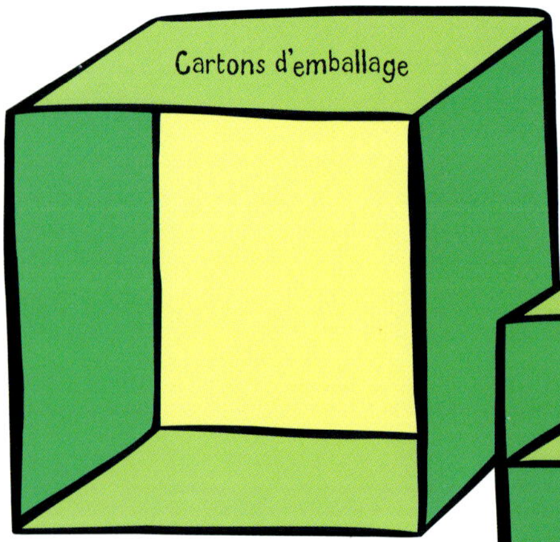

2. Assemble la structure extérieure en collant les tranches des cartons ensemble.

3. Divise par 3 la hauteur du meuble, puis colle les 2 étagères intérieures.

4. Renforce le montage des différents éléments avec du ruban adhésif.

❺ Enduis une des boîtes à chaussures de colle, intérieur et extérieur puis recouvre-la de papier de soie.

❻ Fais de même avec les autres boîtes en choisissant des couleurs différentes.

❼ Pose 2 œillets sur la façade de chaque tiroir.

❽ Glisse le ruban dans les œillets et noue les extrémités à l'intérieur du tiroir pour faire une poignée. Ne serre pas le ruban sur le devant.

❾ Peins la structure du meuble en blanc. Laisse sécher et glisse les tiroirs dans les casiers.

Tes tiroirs à secrets

Pour y cacher tes affaires secrètes, tes carnets, ton courrier...

C'est dans le coffre !

Sais-tu qu'au Moyen Âge, il n'y avait ni armoire, ni commode, ni étagère ? On entassait tout ce que l'on possédait dans de grands coffres : les habits, la vaisselle, l'argent, les papiers importants. Avec le lit, le coffre était le mobilier le plus précieux !

Tes tiroirs studieux

Rien que pour tes affaires d'école... Attention, c'est du sérieux !

Tes tiroirs à beauté

Pour mettre tes bijoux, tes accessoires de toute sorte comme tes ceintures, tes petits sacs...

C'est... commode !

Avec la rentrée des classes, une envie de rangement te prend soudain. Et si tu te fabriquais toi-même ton petit mobilier de copine ordonnée ?

Une commode miniature

IL TE FAUT :

- 4 grosses boîtes d'allumettes
- 4 petites boîtes d'allumettes
- 8 perles de toutes les couleurs
- Du joli papier cadeau
- De la colle liquide

1 Colle l'une sur l'autre 2 grosses boîtes d'allumettes. Fais la même chose avec les 2 autres.

2 Colle les 4 petites boîtes d'allumettes les unes sur les autres.

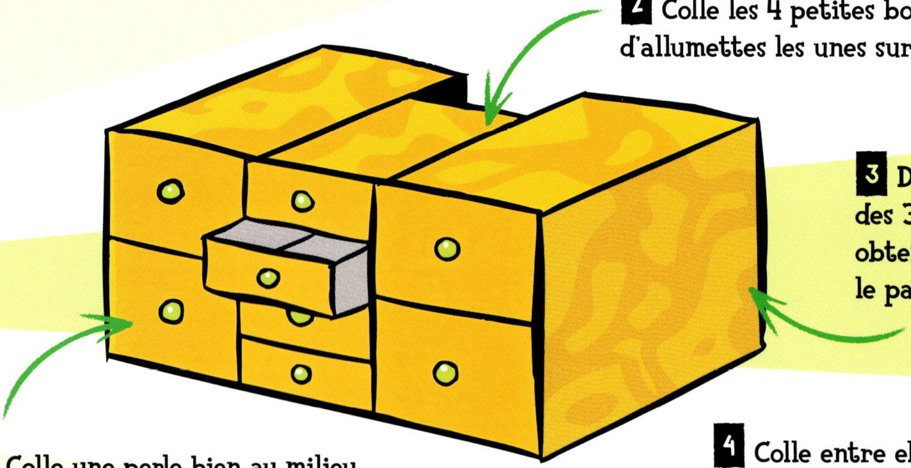

3 Décore chacune des 3 colonnes ainsi obtenues avec le papier cadeau.

4 Colle entre elles les 3 colonnes : les petites boîtes entre les grosses.

5 Colle une perle bien au milieu de chaque tiroir pour pouvoir l'ouvrir.

ASTUCE

Tu peux aussi personnaliser chaque tiroir en collant un trombone, une punaise, un élastique ou une agrafe... Cela te permettra de te souvenir de ce que tu as rangé dans chaque tiroir ! Malin, non ?

UNE ÉTAGÈRE BATEAU

Fabrique une petite étagère pour ranger tes trésors.

IL TE FAUT :

- **Du carton d'emballage épais**
- **Du carton ondulé bleu**
- **9 grosses boîtes d'allumettes**
- **1 bouchon de liège**
- **Des attaches parisiennes**
- **De la peinture acrylique bleue, rouge, jaune et blanche**
- **Du ruban adhésif papier**
- **De la colle forte**

1 Découpe dans le carton le socle, les 2 étagères, le fond et les 2 tasseaux aux dimensions indiquées.

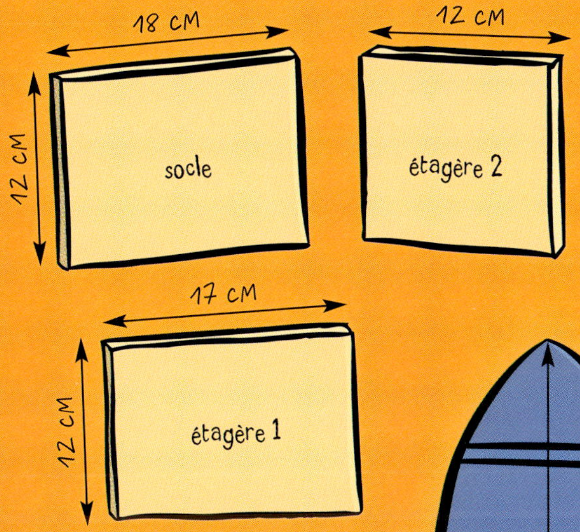

2 Colle les tasseaux sur le fond. Colle les tranches des étagères 1, 2 ainsi que celle du socle sur le fond. Les 2 étagères reposent sur les tasseaux. Renforce avec le ruban adhésif papier.

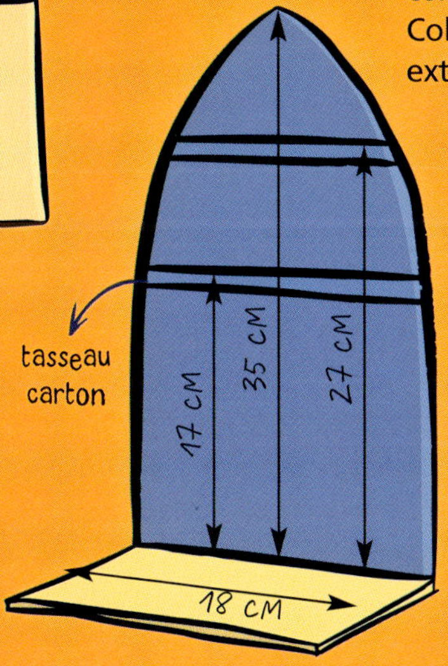

3 Peins le socle et les étagères en jaune, le fond (recto verso) en bleu.

4 Colle les 9 boîtes d'allumettes entre elles comme sur le dessin puis peins en rouge. Colle l'ensemble sur le socle à 1 cm des bords extérieurs.

5 Découpe 9 rondelles d'environ 4 mm d'épaisseur dans le bouchon de liège. Peins-les en blanc. Perce un trou au centre de chaque rondelle et sur le devant de chaque boîte d'allumettes. Passe une attache parisienne pour fixer le liège aux boîtes. Tu peux aussi les coller.

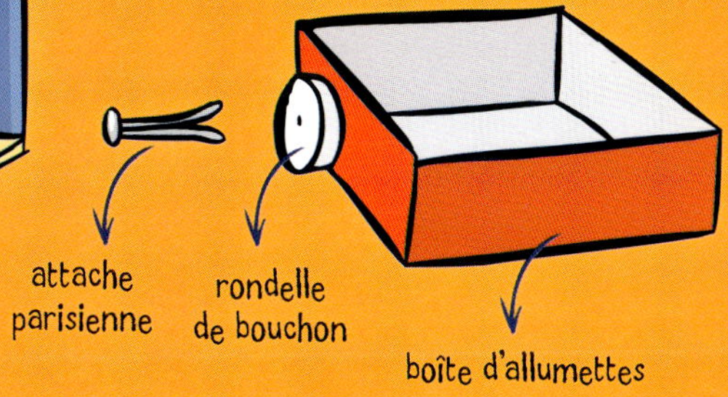

6 Découpe une bande de carton ondulé de 13 cm de large sur environ 80 cm de long. Encolle les côtés des boîtes d'allumettes, les tranches des étagères et la tranche du fond puis colle la bande tout autour pour faire les montants et former le bateau.

Peau de vache...

Moi, j'adore les vaches. Fais comme moi, crée et décore des objets pour qu'ils deviennent « vachement » beaux !

Un panneau mural

Pour afficher tes notes, tes photos ou tes cartes postales, fabrique des panneaux à suspendre au-dessus de ton bureau.

IL TE FAUT :

- **Du carton mousse de 1 cm d'épaisseur (40 x 40 cm)**
- **De la mousse créative noire, rose et jaune**
- **1 compas**
- **2 yeux mobiles**
- **De la colle**
- **Du ruban adhésif blanc**
- **De l'adhésif double face**

1 Recouvre les bords du carton de ruban adhésif blanc pour cacher la tranche de mousse.

2 Regarde bien le dessin et dessine sur une feuille le patron des oreilles (en 2 parties) et des cornes.

3 Découpe 2 cornes dans la mousse jaune, 2 grandes oreilles noires puis 2 petites roses.

4 Trace au compas un demi-cercle de 25 cm de diamètre sur la mousse rose et découpe-le.

5 Colle les oreilles roses sur les noires.

6 Dispose tous tes éléments sur le carton mousse puis colle-les.

7 Découpe dans la mousse noire : des formes aléatoires de taches, le toupet et 2 petits ronds pour les naseaux.

8 Colle-les sur le carton, ainsi que les yeux.

9 Fixe ton panneau au mur avec l'adhésif double face.

Accroche tes notes avec des punaises ou des épingles !

TON DÉCOR VACHE

PANTALON

IL TE FAUT :
- **Du tissu en coton épais noir et blanc**
- **De la toile thermocollante double face**

Découpe une bande dans le tissu blanc d'une largeur de 7 cm et de la longueur de la base de ton pantalon. Fixe au fer à repasser le tissu noir sur la toile thermocollante. Découpe la forme des taches. Enlève le papier de protection et fixe les taches au fer à repasser sur la bande blanche. Couds la bande en bas de ton pantalon.

Boîte

Peins en blanc toute la boîte et laisse sécher. Peins ensuite les taches noires sur le couvercle. Découpe dans du carton la forme du museau. Peins-le en rose, fais les 2 trous noirs. Colle le museau au centre du couvercle.

IL TE FAUT :
- **1 boîte à fromage en bois**
- **De la peinture acrylique noire, blanche et rose**
- **1 morceau de carton**

BOL

IL TE FAUT :
- **1 bol blanc**
- **De la peinture noire pour porcelaine**

Peins au pinceau les taches noires sur l'extérieur du bol. Attention, ne mets pas le bol au lave-vaisselle !

Baskets

Dessine au crayon à papier sur ta basket la forme des taches. Peins les taches en noir avec un pinceau. Laisse sécher et fixe la couleur au fer à repasser. Découpe dans de la feutrine rose 2 museaux et agrafe-les aux bouts des lacets.

IL TE FAUT :
- **Une paire de baskets blanches en toile**
- **Des lacets noirs**
- **De la peinture pour tissu noire**
- **Un morceau de feutrine rose**

Cascade de cadres

Souvenirs de vacances, cartes postales, photos des copines… Fabrique plein de cadres que tu accrocheras aux murs de ta chambre.

FARANDOLE DE TRÉSORS

IL TE FAUT :

- **Des petits sachets plastiques avec Zip (blister de boutons)**
- **Du plastique épais transparent**
- **Du papier vitrail**
- **1 bombe et 1 tube de colle**
- **Du ruban adhésif**

1 Pose le sachet sur le plastique transparent et découpe tout autour à 3 cm des bords. N'essaie pas d'avoir un rectangle parfait.

2 Colle à la bombe un morceau de papier vitrail sur le plastique. Recoupe les bords à la dimension.

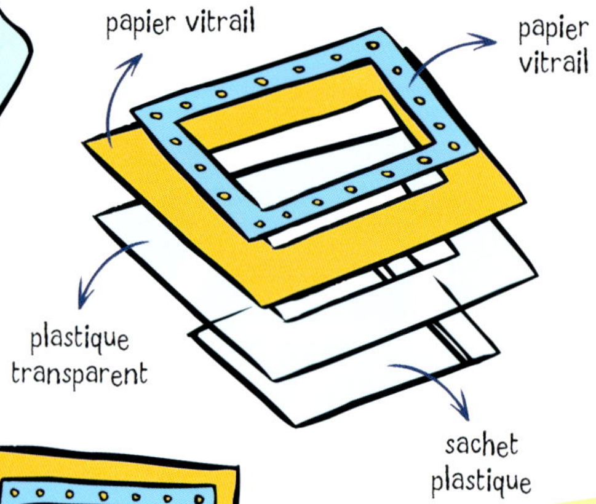

3 Choisis une autre couleur de papier vitrail et découpe un rectangle irrégulier et plus petit. Tu peux découper les bords en vagues, en zigzag ou bien faire des trous à la perforatrice. Colle ce papier sur l'autre avec ta bombe de colle. Évide le tout au centre en faisant un rectangle plus petit que le sachet.

Attention lorsque tu utilises la bombe de colle ! Évite de t'en servir dans la maison, tu risques de tout salir ! Et il est préférable de demander à un adulte de t'aider.

4 Colle au dos le sachet plastique sur les bords. Remplis le sachet et ferme le Zip. Confectionne ainsi plusieurs cadres de couleurs et remplis les sachets d'objets souvenirs (sable, coquillages, ficelle, galets, plumes mais aussi tickets de manège, photos d'identité, etc.). Tu peux glisser à l'intérieur du sachet une petite étiquette pour noter la date.

5 Compose ta guirlande au fil de tes vacances en rajoutant les sachets les uns au-dessous des autres. Attache-les bord à bord, au dos, avec du ruban adhésif. Fixe ta guirlande sur une vitre pour profiter de la transparence du papier vitrail.

IL TE FAUT :

- 2 rectangles de carton de 0,3 mm d'épaisseur (23 x 18 cm)
- 3 rouleaux de papier crépon de couleurs différentes
- 1 photo de toi
- 1 double décimètre
- 1 cutter
- De la colle liquide
- 1 attache de tableau
- 1 crayon

Un cadre en papier couleur

1. Découpe à l'aide du cutter un cadre de 4 cm de large dans l'un des cartons.

2. Découpe 66 bandes de papier crépon de 4 cm sur 10 cm et 4 bandes de 5,5 cm sur 10 cm.
3. Enroule une bande autour du crayon et termine ton petit rouleau en le fixant par un point de colle. Retire le crayon. Fais la même chose pour les autres bandes.

4. Colle tes rouleaux perpendiculairement sur le cadre. Alterne les couleurs. Aux 4 angles, colle tes rouleaux de 5,5 cm, en biais.
5. Colle ta photo sur l'autre carton à 4 cm du bord.
6. Colle le cadre sur le carton où il y a ta photo.
7. Fixe une attache de tableau à l'arrière du cadre.

Un cadre fer à cheval

Encadre ton copain dans un écrin de fers à cheval !

IL TE FAUT :

- De la pâte à modeler durcissante
- 1 cadre en bois tout simple
- De la peinture acrylique de la couleur de ton choix
- De la colle à bois
- Du vernis

1. Étale ta pâte à modeler à l'aide d'un rouleau. Avec un couteau ou une spatule, découpe 10 petits fers à cheval.

2. Perce des trous pour imiter ceux du fer à cheval avec une allumette ou un clou.

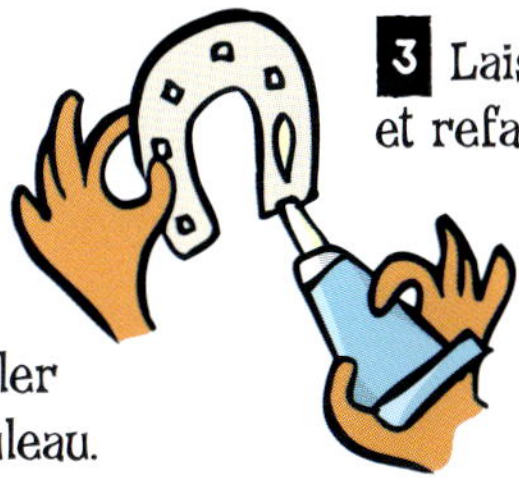

3. Laisse sécher. Peins chaque fer et refais les trous si nécessaire.
4. Encolle un côté de chaque fer.
5. Place tes fers à cheval sur le cadre.

6. Vernis le tout et glisse la photo de ton cheval à l'intérieur du cadre !

Souvenirs suspendus

Il y a déjà plein de posters sur les murs de ta chambre, sans compter les cartes que tu as punaisées… Fabrique une corde à photos ou un cadre que tu pourras poser sur le coin d'une étagère.

Ta corde à photos

Pour exposer tes plus belles photos de vacances, fabrique une corde à photos.

IL TE FAUT :

- **Des pinces à linge en bois**
- **De la pâte à modeler durcissant à l'air**
- **De la peinture acrylique bleue, jaune et rouge**
- **De la colle forte**
- **De la cordelette**
- **Un cure-dent**

1. Malaxe la pâte dans tes mains pour l'assouplir. Étale-la au rouleau. À l'aide d'un couteau, découpe des formes de poisson, de coquillage et d'étoile de mer (3 de chaque). Pour former le relief, creuse des points et des traits avec un cure-dent, comme sur les modèles ci-dessous. Laisse sécher.

2. Peins les poissons en bleu, les coquillages en jaune et les étoiles de mer en rouge.

3. Une fois secs, colle-les sur les pinces à linge (1 par pince).

4. Accroche dans ta chambre la cordelette et suspends tes photos aux pinces à linge.

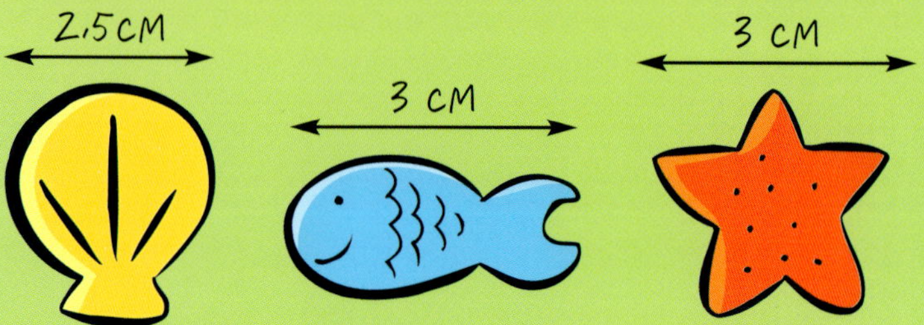

IL TE FAUT :

- Du carton d'emballage
- Des brochettes en bois
- Des lattes de cageot
- Des allumettes
- De la cordelette
- 1 filet d'oranges
- De la peinture acrylique bleue, blanche et rouge
- De la colle
- 1 cutter

Un cadre cabane

LE CADRE (POUR UNE PHOTO DE 10 X 15 CM)

❶ Découpe dans le carton la forme de la cabane puis évide le centre.

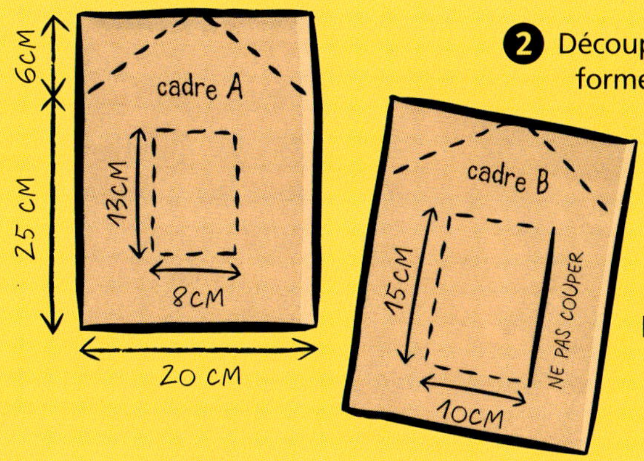

❷ Découpe de nouveau la même forme pour le dos du cadre. Découpe au centre un volet sur 3 côtés plus grand que la découpe du cadre A. Marque la pliure du volet en incisant légèrement le carton. Colle B sur A.

LE DÉCOR

1 Colle à l'horizontale des lattes de cageot sur toute la hauteur du cadre A sauf sur la partie évidée du centre. Recouvre le centre de fines lattes de cageot en les collant sur les autres.

2 Pour les volets, découpe 4 rectangles dans une latte de cageot et colle-les.

3 Peins la cabane en bleu, l'encadrement du centre en rouge et l'intérieur des fenêtres en bleu foncé.

4 Pour faire le toit, colle 2 lattes suivant la pente. Laisse-les en bois naturel ainsi que les volets. Pour faire les montants des fenêtres, colle des allumettes.

5 Enroule la cordelette et accroche-la à un clou que tu auras enfoncé dans la cabane. Fais la même chose pour un morceau du filet d'oranges.

6 Retourne le cadre, ouvre le volet et dépose ta photo. Referme le volet. Pour faire tenir ton cadre, enfonce 2 bouts de brochettes dans le carton au dos du cadre.

Tout en boîte

Impossible de retrouver le CD que tu as envie d'écouter ? Mais où est passé le feutre rose ? Et le bracelet que tu voulais justement mettre ? Voici quelques idées de boîtes rigolotes pour te donner envie de ranger…

Boîtes à fenêtre

Grâce à ces boîtes, tu verras ce qu'elles contiennent au premier coup d'oeil !

IL TE FAUT :

- Des boîtes en carton de tailles différentes
- De la colle contact
- De la peinture blanche et de couleur
- Du papier transparent épais (type Rhodoïd)

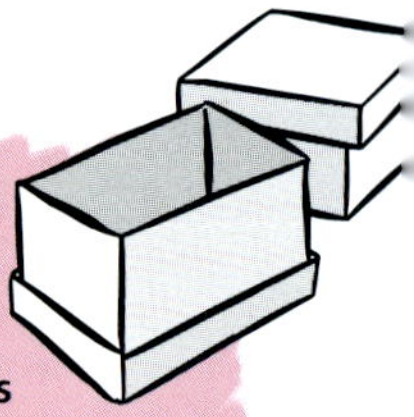

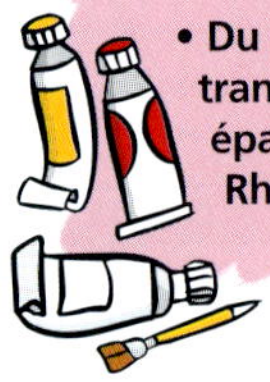

1 Demande à un adulte de découper au cutter une fenêtre assez grande pour bien voir l'intérieur de la boîte.

2 Passe une couche de peinture blanche sur le couvercle et sur la boîte.

3 Plaque la feuille de Rhodoïd à l'intérieur du couvercle et colle-la.

4 Tapisse l'intérieur de ta boîte avec une feuille de papier de soie de couleur et décore l'extérieur selon ton humeur.

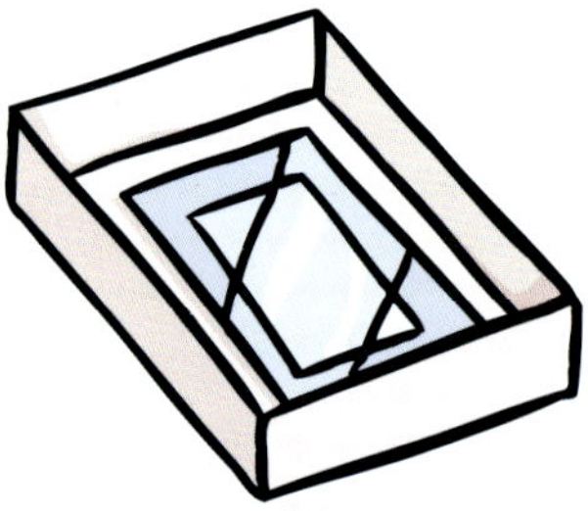

Variantes…

Tu peux découper dans le couvercle plusieurs petites fenêtres alignées à intervalle régulier.

Ou bien, découpe des fenêtres sur l'un des côtés de la boîte.

BOÎTE À COUTURE

Peins le couvercle et la boîte en couleur. Laisse sécher. Pour la décorer, colle de jolis boutons sur le couvercle et sur les côtés.

IL TE FAUT :
- 1 boîte à chaussures
- De la peinture acrylique de couleur vive
- Des gros boutons
- De la colle contact

Boîte à CD

IL TE FAUT :
- 1 boîte en carton
- De la peinture de la couleur de ton choix
- Des photos que tu auras découpées dans des magazines…

1 Peins l'intérieur de la boîte.

2 Découpe les côtés du couvercle pour ne garder que le rectangle du dessus.

3 Colle les photos sur la totalité du rectangle.

4 Colle ce rectangle verticalement à l'intérieur de la boîte.

5 Recouvre de photos les côtés extérieurs de la boîte.

TA BOÎTE PERSO

- Récupère une vieille boîte aux lettres en métal avec la clé si possible.
- Peins-la à la bombe de la couleur de ton choix, laisse sécher et suspends-la à la porte de ta chambre.
- Tu pourras y glisser des petits mots pour tes frères et sœurs, ta mère peut te laisser ton courrier ou un message… C'est ta boîte à lettres perso !

C'EST LA RENTRÉE !

Heureusement qu'on a l'odeur des cahiers tout neufs pour nous faire oublier celle de la mer ! Si tu les personnalisais pour bien démarrer l'année ?

Classeurs et cahiers décorés

IL TE FAUT :

- De la peinture en bombe d'une couleur qui se marie bien avec la couleur du cahier (rose et vert, jaune et rouge, bleu et vert)
- Du papier blanc
- De la colle à papier repositionnable
- Des ciseaux

Avec des pochoirs

1. Dessine sur le papier blanc 4 ou 5 grands motifs (fleurs pour le classeur de sciences et vie de la Terre, pinceau et ciseaux pour le dessin, lettres ou chiffres pour le français et les maths). Évide l'intérieur des motifs en gardant bien les contours.

2. Colle les pochoirs sur la couverture, de façon à parsemer ton classeur de motifs sur le recto et le verso.

3. Bombe la couverture des 2 côtés et attends que la peinture soit bien sèche.
4. Décolle doucement les pochoirs.

Cette année, je m'organise !

J'accroche mon emploi du temps au-dessus de mon bureau. Je choisis une couleur par matière. J'entoure la case avec la couleur correspondante.

Je range les livres et les cahiers de cette matière dans une boîte de la même couleur : bleu pour le français, rouge pour les maths...

Sur 2 pots, je colle une étiquette « terminé » et « à faire ». J'écris sur des bouts de papier mes devoirs et je les glisse dans le pot « à faire ». Quand j'ai fini, je glisse le papier dans le pot « terminé ». Quel plaisir de voir ce pot se remplir !

Avec le minuteur de cuisine, je programme mon devoir. Quand le minuteur sonne, je vérifie si je l'ai fait dans les délais. Une façon géniale d'apprendre à gérer son temps.

Je prépare mon sac la veille : je n'oublie rien et je gagne du temps !

J'invite une copine pour travailler avec moi : on se pose des colles, on s'explique ce que l'on ne comprend pas ; à 2, ça va toujours mieux !

Avec des motifs animaliers

1. Colle du papier adhésif blanc sur les 2 faces de ton cahier.
2. Dans du papier adhésif noir, découpe des taches noires pour une couverture « vache », des rayures, pour une couverture « zèbre ».
3. Colle-les sur le fond blanc.

Un bureau en BD

IL TE FAUT :

- Des photocopies des planches ou des bulles de ta BD préférée
- 1 carton épais coupé à la dimension de ton dessus de bureau
- De la colle forte
- Du papier adhésif transparent

Un peu tristounet, ton bureau ? Recouvre le dessus avec un sous-main en bande dessinée.

1. Rassemble les photocopies de façon à couvrir toute la surface de ton bureau.
2. Colle-les sur ton carton. Pose par-dessus des gros livres et laisse sécher toute une nuit.
3. Recouvre de papier adhésif.

Déco-bureau...

Maintenant que ton bureau est propre, tu peux l'aménager en disposant quelques accessoires de ta création...

PORTE-LETTRES PHARE

IL TE FAUT :
- 1 rouleau d'essuie-tout
- 1 boîte de fromage ronde en balsa
- 1 boîte de céréales vide
- 1 petit bout de carton ondulé rouge (3 x 14 cm)
- De la colle forte
- De la peinture acrylique bleue, blanche et jaune

Le phare

1 Découpe au centre de la boîte à fromage un rond de 4,5 cm de diamètre. Peins la boîte en jaune. Glisse-la sur le rouleau d'essuie-tout à 6 cm du haut. Si nécessaire, fixe le dessous de la boîte au rouleau avec du ruban adhésif.

2 Peins en jaune la partie supérieure du rouleau d'essuie-tout, en blanc la partie inférieure. Découpe une bande de 3 x 14 cm dans le carton ondulé rouge. Colle-la autour du rouleau à mi-hauteur.

3 Fabrique un cône dans le carton ondulé rouge et colle-le sur le haut du rouleau pour faire le toit. Découpe un rectangle dans le couvercle de la boîte pour faire la porte. Peins-la en bleu puis colle-la sur le rouleau.

Le porte-lettres

1 Coupe le fond du paquet de céréales en biais dans le sens de la hauteur. Découpe le haut de la boîte en forme de vague. Peins-la en bleu.

2 Colle le bas du phare contre la boîte de céréales.

UN POT À CRAYONS

IL TE FAUT :
- 1 boîte de conserve vide sans le couvercle
- Du papier journal
- De la colle à papier peint en paillettes
- 1 bassine
- 1 bâton
- 1 brosse large
- Des tubes de gouache
- Du vernis incolore en bombe

1 Verse tes paillettes de colle à papier peint dans la bassine. Ajoute de l'eau en respectant les instructions du mode d'emploi. Remue avec le bâton.

2 Découpe ton papier journal en bandes de 5 cm environ.

3 Étale la colle sur tes bandes de papier avec une brosse large.

Ton tampon perso

Pour décorer tes classeurs, ton papier à lettres ou tes enveloppes, fabrique-toi un tampon personnalisé ! Moi, j'adore les chevaux, alors j'ai choisi un fer à cheval...

IL TE FAUT :

- Du carton d'emballage
- De la mousse créative (épaisseur 6 mm)
- 1 photo de fer à cheval
- Du vernis
- De la colle
- De la peinture dorée
- Des ciseaux
- 1 compas

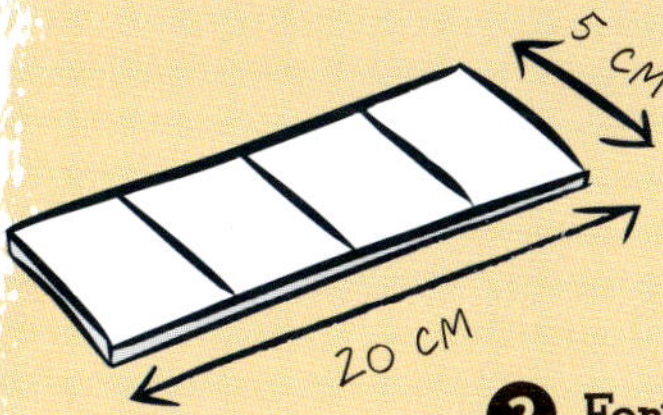

❶ Découpe une bande de carton de 20 x 5 cm. À l'aide de la pointe d'un compas, marque 3 plis tous les 5 cm.

❷ Forme un accordéon, puis colle les 4 épaisseurs de carton entre elles.

❸ Découpe dans la mousse la forme d'un fer à cheval. Avec des ciseaux pointus, évide 5 petits carrés. Colle ta forme sur le carton.

❹ Découpe dans un magazine une photo de fer à cheval ou dessine-le et colle-le sur l'autre côté du carton.

❺ Vernis le carton et l'image pour les protéger puis laisse sécher. Passe ainsi plusieurs couches de vernis.

❻ Peins la tranche du tampon avec la peinture dorée.

Pour tamponner ton papier à lettres, badigeonne la mousse à l'aide d'un pinceau, avec de l'encre ou de la peinture.

4 Recouvre ta boîte de conserve de plusieurs couches de bandes encollées.

5 À certains endroits, tu peux coller des boules en relief. Pour les fabriquer, il te suffit de froisser une bande encollée, de la rouler entre tes mains pour obtenir une boulette et de la recouvrir avec des bandelettes encollées de 1 cm de large.

6 Laisse bien sécher une nuit entière.

7 Peins avec les couleurs de ton choix et vernis.

DE RETOUR DE BALADE...

Tu aimes noter tes impressions ou croquer ce que tu as vu lors de tes promenades ? Garde toujours sous la main ton carnet personnalisé !

IL TE FAUT :

- 1 bloc à dessin (15 x 21 cm)
- Du papier recyclé
- Du papier cartonné
- Du blister
- Du sable
- De la craie bleue
- Des petits coquillages
- De la peinture blanche, jaune et noire
- De la colle

Un bloc de voyage très << mouette >> !

1 Découpe le papier recyclé au format de la couverture (moins 1 cm sur le haut). Évide au centre un rectangle aux dimensions du blister (sans les bords).

2 Colle le blister sur les bords au verso du papier en le positionnant dans le trou. Dépose sable et petits coquillages dans le blister. Colle une feuille de papier cartonnée pour fermer le blister. Retourne la feuille et colle-la sur la couverture.

ASTUCE : pour colorer le sable, mélange-le en petites quantités avec de la craie bleue préalablement râpée.

3 Réalise un pochoir pour peindre les mouettes. Évide dans un papier cartonné la forme de la mouette (environ 4 cm de long).

4 Pose ton pochoir sur la couverture et, à l'aide d'un bout d'éponge, tamponne l'intérieur avec la peinture blanche. Peins ainsi 2 frises de mouettes.

5 Ensuite, avec un pinceau fin, peins les becs en jaune et les yeux en noir.

TON CARNET DE PROMENADE

Décore ton carnet de promenade de façon originale.

IL TE FAUT :

- Des fleurs et des feuilles ramassées en montagne
- 1 petit bâton
- 1 plume
- 1 carnet à spirale
- Du film transparent adhésif
- De la colle
- De la ficelle
- Du fil de laiton

❶ Fais sécher les fleurs et les feuilles que tu as ramassées entre deux pages d'un livre lourd et épais.

❷ Une fois séchées, colle les fleurs et les feuilles sur la couverture du carnet.

❸ Recouvre la couverture de film transparent adhésif.

❹ Glisse le petit bâtonnet à l'intérieur de la spirale. Pour faire un marque-page, accroche la ficelle sur le haut du bâton, puis fixe la plume avec du fil de laiton au bas de la ficelle.

Gentils coquelicots

Tu rêves de dormir dans un champ de coquelicots ? C'est possible en décorant ta housse de couette et tes étagères.

LES COQUELICOTS

1 Dessine sur une feuille le patron d'un pétale de coquelicot d'environ 6 cm de large. Double le tissu en le pliant en 2, épingle le patron et découpe tout autour.

2 Déplace le patron et découpe ainsi d'autres pétales.

IL TE FAUT :

- Du papier
- 1 crayon
- Des épingles
- Du tissu rouge fin (soie, doublure Nylon)
- Du fil
- 1 aiguille
- Du ruban à pompons noirs (ruban à border)

3 Pour composer un coquelicot, il te faut 4 pétales. Assemble-les avec des épingles en les faisant se chevaucher. Les pétales doivent se toucher au centre.

4 Couds les pétales par le centre en faisant un cercle.

5 Découpe et couds un pompon du ruban au centre de la fleur.

Mieux que la marguerite !

À la campagne, la veille de Noël, les jeunes filles plaçaient quelques graines de coquelicot dans leur chemise. Lorsqu'elles se déshabillaient le soir, le nombre de graines qui tombaient indiquaient le nombre de leurs futurs amoureux...

Fabrique ainsi autant de coquelicots que nécessaire pour ta réalisation !

La couette fleurie

IL TE FAUT :
- 1 couette de lit de couleur claire
- 1 crayon
- Du fil
- 1 aiguille
- Des boutons-pressions

1 Marque au crayon l'emplacement où tu souhaites disposer chaque coquelicot sur ta housse.

2 Sépare les pressions et couds une partie sur les emplacements que tu auras marqués sur ta housse et l'autre partie sous chaque coquelicot. Fixe les fleurs.

Des étagères habillées

IL TE FAUT :
- Du tissu blanc (drap, lin, organdi)
- 1 crayon
- Du fil
- 1 aiguille
- Des boutons-pressions

1 Découpe dans le tissu blanc un rectangle aux dimensions de l'étagère.

2 Comme pour la couette, fixe les coquelicots avec des boutons-pressions.

3 Punaise le rideau au bord de l'étagère.

Coussins tout doux

Le coussin, c'est un peu comme un doudou… Il faut qu'il soit agréable à caresser et sympa à regarder. Tu peux aussi l'offrir en cadeau à une copine !

UN COUSSIN CANARD

IL TE FAUT :

- Du papier
- Du tissu-éponge jaune et orange
- De la ouate de garnissage
- 2 boutons noirs
- Du fil élastique
- Du fil
- Une aiguille

❶ Agrandis les différentes pièces du patron à la photocopieuse sachant que le demi corps doit occuper le format d'un A3.

❷ Découpe tous les éléments pour les reproduire sur le tissu.

PATRON

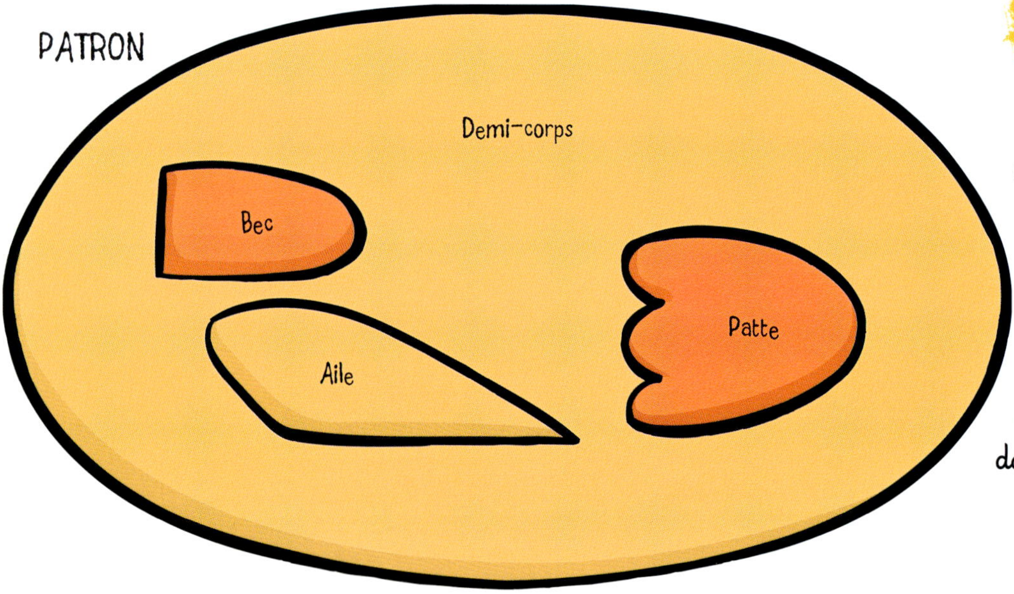

❸ Trace 4 fois l'aile et 2 fois l'ovale du corps dans le tissu jaune. Trace 4 fois la patte et 2 fois le bec dans le tissu orange.

❹ Découpe tous les éléments en tissu.

❺ Couds les pattes, le bec et les ailes, 2 par 2, endroit contre endroit à 1 cm du bord en laissant une ouverture. Retourne le tissu et fais quelques points pour fermer.

❻ Couds ensemble les 2 ovales, endroit contre endroit, et laisse une ouverture à un bout.

❼ Couds le fil élastique au niveau du cou (à 1/3 de l'ovale) en faisant de gros points.

❽ Tire sur le fil élastique pour froncer le tissu et former ainsi la tête. Fais un point pour maintenir la forme ainsi obtenue. Retourne le tissu et remplis le coussin de ouate.

❾ Place le bec dans l'ouverture puis fais quelques points pour fermer le coussin. Le bec doit être pris entre les 2 pièces de tissu jaune.

❿ Couds les pattes et les ailes sur le corps en ne cousant qu'un bord pour que ces parties restent flottantes. Couds les boutons pour les yeux.

Un coussin cœur

Fabrique un coussin tout doux et tout chaud pour décorer ton lit.

IL TE FAUT :

- **Du velours rouge (35 x 70 cm)**
- **3 m de ruban satin rose de 25 mm de large**
- **1 m de fil en coton rose**
- **1 grosse aiguille**
- **De la mousse en copeaux**

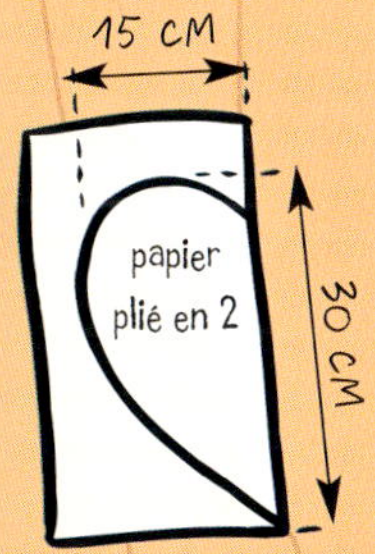

1 Réalise le patron du cœur sur une feuille de papier journal pliée en 2, dessine la moitié d'un cœur selon le modèle ci-contre. Découpe-le.

2 Plie le tissu velours en 2, et épingle le patron. Découpe tout autour à 1 cm des bords.

3 Superpose les 2 cœurs en tissu, endroit du tissu sur endroit, et couds les bords. Laisse une ouverture sur le haut d'environ 10 cm.

4 Retourne le tissu sur l'endroit et remplis le coussin de mousse. Finis de le coudre sur le haut.

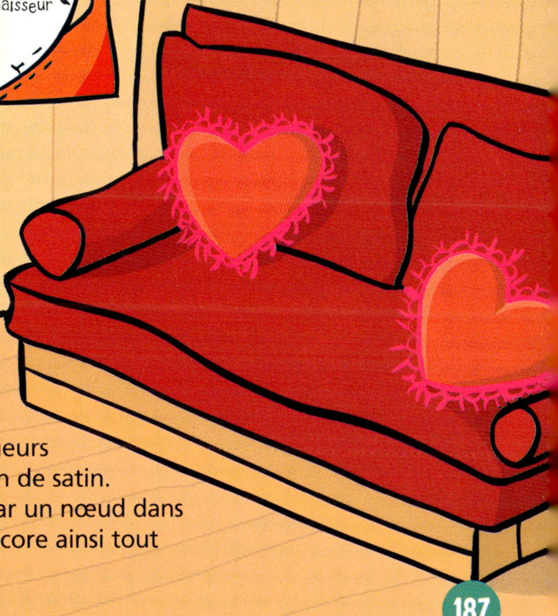

5 Couds le fil tout autour du coussin le long de la couture en faisant des petits ponts. Pour cela, pique dans le tissu tous les 2 cm en laissant le fil un peu lâche.

6 Découpe des longueurs de 10 cm dans le ruban de satin. Accroche tes rubans par un nœud dans les ponts de ficelle. Décore ainsi tout le tour du coussin.

Hum, ça sent bon !

Une jolie chambre, agréablement décorée, c'est sympa. Mais si en plus elle sent bon, toutes tes copines voudront rester chez toi…

IL TE FAUT :

- 4 oranges
- 2 pamplemousses
- 3 citrons
- 9 punaises

Bouquet de roses d'agrumes

1 Épluche tes agrumes avec un épluche-légumes. Commence par le haut du fruit et essaie de faire une longue bande en forme de spirale, sans la casser.

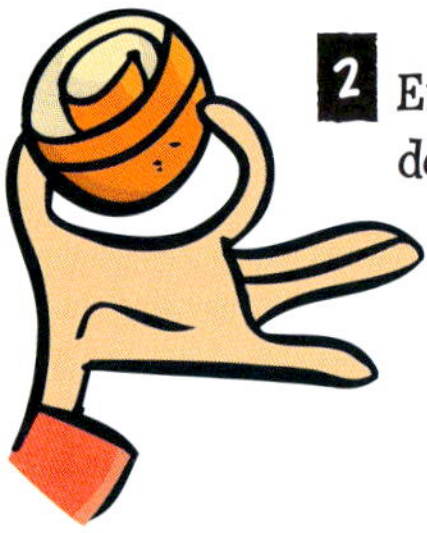

2 Enroule chaque spirale de façon à former un rouleau bien serré : tu obtiens un bouton de rose.

3 Fixe l'extrémité de la spirale en enfonçant une punaise.

4 Laisse sécher tes roses d'agrumes dans un endroit sec et chaud pendant une semaine. Enlève ensuite les punaises.

5 Mets tes « fleurs » dans un petit saladier transparent dans ta chambre.

Couronne parfumée

Enfile ta récolte parfumée sur un fil de fer selon tes goûts. Façonne un cerceau ou un zigzag que tu fermeras à l'aide d'une pince.

Tu peux suspendre ta couronne au-dessus d'un radiateur (la chaleur augmentera l'effet du parfum), ou la glisser dans un placard pour que tes habits sentent bon !

IL TE FAUT :

- Du fil de fer non plastifié
- Des feuilles d'oranger
- Du laurier
- De la menthe
- De la verveine
- Des écorces d'orange et de citron découpées en spirales
- Des clous de girofle (à piquer dans les écorces d'orange)
- Des écorces de cannelle…

Des sachets de senteurs

Utilise des brins de lavande que tu auras fait sécher pour fabriquer des sachets de senteurs.

IL TE FAUT :

- **Des brins de lavande**
- **Des petits carrés de tulle de couleur (15 x 15 cm)**
- **Des rubans ou des fils de raphia**

1 Émiette quelques brins de lavande au milieu du carré de tulle.

2 Resserre le tissu tout autour pour former une petite pochette et ferme-la avec le ruban ou le raphia.

3 Mets tes sachets dans les tiroirs de ta commode : ils parfumeront tes vêtements et éloigneront les mites !

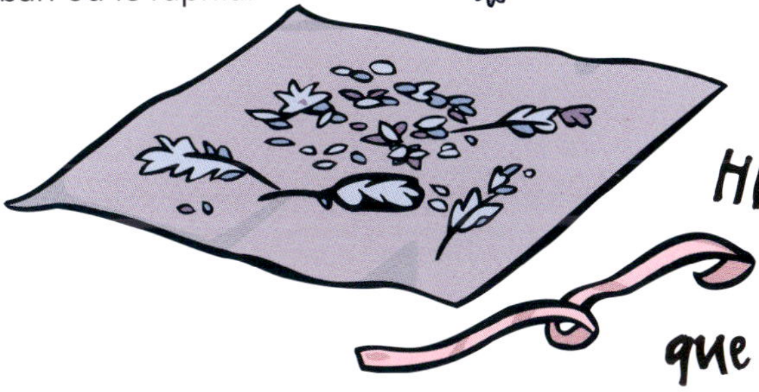

Hhuumm !! que ça sent bon...

IL TE FAUT :

- **Des bâtons de cannelle**
- **Des bâtons de réglisse**
- **Des bâtons de vanille (au rayon desserts et herbes aromatiques des grandes surfaces)**
- **Des graines d'anis étoilé**
- **De la colle**
- **De la ficelle beige**

Le fagot d'épices odorant

1 *Forme un petit fagot avec les bâtons de cannelle, de réglisse et de vanille.*

2 *Enroule ta ficelle tout autour comme sur un rôti ou un saucisson. Termine par un nœud bien serré.*

3 *Colle quelques graines d'anis étoilé sur le fagot.*

TA N'AS PLUS QU'À RANGER TON PETIT FAGOT DANS TES TIROIRS OU DANS TON ARMOIRE POUR PARFUMER TON LINGE !

Des vases en forme !

Tu aimes les fleurs ? Moi aussi !
Voici des idées de vases pour disposer des bouquets de toutes les tailles et de toutes les couleurs…

IL TE FAUT :
- Du carton
- 1 bocal (verre, tube, bouteille en plastique, selon la forme du vase que tu choisis : il faut qu'il soit suffisamment petit pour être caché par le « vase » en carton)
- De la peinture acrylique blanche et de différentes couleurs
- Des boules de cotillon
- De la colle
- Du ruban adhésif

EN TROMPE-L'ŒIL…

1 Choisis une forme de vase selon les modèles, ou inventes-en une. Dessine la silhouette sur le carton et découpe-la.

2 Applique une couche de peinture blanche bien épaisse et laisse sécher. Peins ensuite des motifs ou colle des boules de cotillon de couleur.

3 Fixe le carton à ton bocal en appliquant plusieurs bandes de ruban adhésif, comme tu le vois sur le schéma.

Voici quelques autres exemples de vases à réaliser :

Fleurs en ribambelle

Crée une illusion de vue sur jardin en fabriquant une ribambelle de vases à fixer sur ta fenêtre. Tous les jours seront fleuris !

IL TE FAUT :

- **Des pétales de roses séchés**
- **Du tissu transparent (organdi, voilage fin)**
- **5 tubes de verre (tubes de perles de rocaille)**
- **Du fil et une aiguille**
- **Des épingles**
- **4 punaises**

❶ Quelques jours avant de fabriquer ta décoration, fais sécher des pétales de roses entre deux feuilles de papier et place-les entre les pages d'un livre pour qu'elles soient bien plates.

❷ Mesure la largeur d'un battant de ta fenêtre et rajoute 25 cm. Découpe 2 bandes de tissu de la longueur obtenue et de la hauteur des tubes en verre + 1 cm.

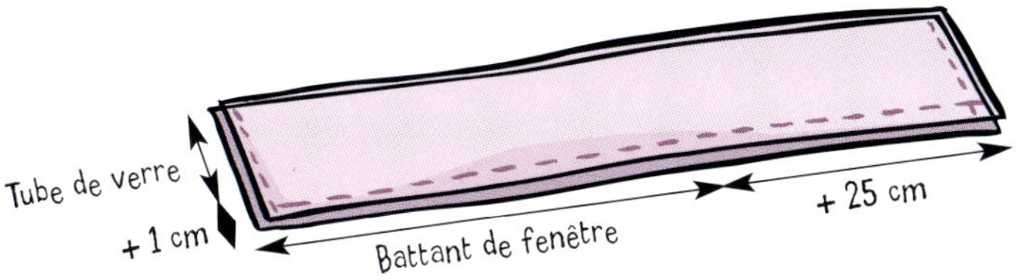

❸ Positionne les 2 bandes de tissu l'une sur l'autre et couds à 1 cm des bords les côtés et le bas sur toute la longueur pour empêcher les tubes de glisser.

❹ Marque le milieu de la bande et glisse un tube. Épingle les 2 parties du tissu de part et d'autre du tube pour le maintenir.

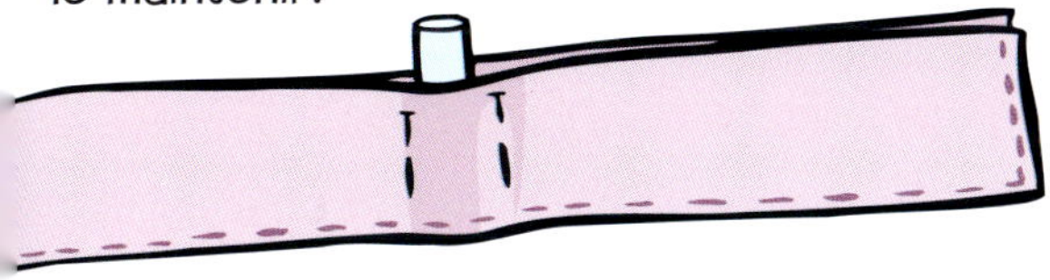

❺ Glisse les 4 autres tubes (2 de chaque côté) à égale distance les uns des autres. Épingle de chaque côté des tubes pour les maintenir. Fais une couture le long de chaque tube et de chaque côté.

❻ Glisse dans les poches, entre les tubes, les pétales de roses.

❼ Fixe les 2 extrémités de la bande au cadre de la fenêtre par 4 punaises. À l'aide d'un autre tube en verre, verse un peu d'eau au fond de chaque tube.

En hiver, dispose du feuillage, des branches de houx ou de gui. En été, place des fleurs des champs.

En toute intimité...

Tu aimes les ambiances luxueuses et raffinées, particulièrement quand tu es dans ta salle de bains... Voici quelques idées de déco très simples.

DES MINISAVONS

Fabrique de jolis petits savons que tu pourras offrir à chaque fois que tu auras des invités.

IL TE FAUT :

- 100 g de savon de Marseille
- 20 g de paraffine
- 1 râpe
- 1 saladier en verre
- 1 cuillère à soupe d'huile d'amande douce
- Du colorant alimentaire
- 15 ml d'huile essentielle du parfum de ton choix
- 1 casserole
- 1 cuillère en bois
- Des petits moules à gâteaux

1. Râpe ton savon et la paraffine dans le saladier. Ajoute l'huile d'amande douce, quelques gouttes de colorant alimentaire, l'huile essentielle.
2. Fais fondre au bain-marie. Pour cela, place ton saladier dans une casserole à moitié remplie d'eau. Allume la plaque électrique ou la gazinière à feu doux. Remue avec la cuillère en bois.

3. Graisse tes moules avec de l'huile et verse le mélange dedans.

4. Laisse sécher une nuit puis démoule tes petits savons.

IL TE FAUT :

- 1 tapis de bain en tissu-éponge
- Des morceaux de tissu-éponge de plusieurs couleurs (vieilles serviettes de toilette)
- Des ciseaux cranteurs
- 1 aiguille
- Du fil à broder de couleur
- 1 craie

QUEL PIED, CE TAPIS !

Un tapis de bain décoré de pieds en couleur, c'est sympa. Fabrique-le !

1. Dessine avec la craie l'empreinte de ton pied sur un morceau d'éponge.
2. Découpe cette empreinte avec les ciseaux cranteurs. Réalise 5 ou 6 « pieds » de couleurs différentes.

3. Dispose-les à ta guise sur le tapis de bain. Couds-les avec le fil à broder en faisant de jolis points avant bien réguliers.

IL TE FAUT :
- 1 étui de brosse à dents en plastique rigide
- Des rouleaux de Scotch en plastique de plusieurs couleurs (ceux que l'on utilise pour bricoler)

Un étui à rayures

Dans un bel étui décoré, ta brosse à dents sera à l'abri de la poussière.

1 Colle une bande de Scotch autour de ton étui, en commençant par le bas.

2 Colle une autre bande, juste au-dessus, d'une autre couleur.

Ne mets pas de Scotch sur cette partie.

3 Recouvre tout ton étui en alternant les couleurs.

Verres à dents

Ta maman s'apprêtait à jeter un lot de verres à moutarde ? Halte-là ! J'ai une idée pour leur donner une seconde vie !

1 Renverse toutes tes perles sur la feuille de papier et mélange-les bien.

2 Enduis ton verre de colle sur la moitié en partant du bas, et roule-le dans les perles : elles vont se coller toutes seules.

3 Quand c'est sec, procède de la même façon pour la seconde moitié du verre.

IL TE FAUT :
- Des verres à moutarde
- De la colle liquide
- De petites perles dorées, argentées et blanches
- 1 grande feuille de papier

Fêtes

Sommaire

Toutes en sorcières ! 196-197

Nuit de l'épouvante 198-199

Mon beau sapin ! 200-201

Une table en fête 202-203

Carnaval, faites des folies ! 204-205

Soirée déguisée 206-207

Pâques en chocolat... 208-209

Fête de campagne 210-211

Soirée pyjama 212-213

Toutes en sorcières !

La nuit du 31 octobre, c'est la fête d'Halloween, la nuit où les sorcières reviennent sur Terre pour taquiner les vivants. Organise un dîner terrifiant.

DEBOUT, LES MORTS !

Halloween nous vient des Celtes, mais ce sont les Irlandais qui l'ont fait renaître au XIXe siècle. Le 31 octobre correspondait au jour des morts. Selon la tradition, les esprits des morts de l'année précédente revenaient mettre la pagaille dans les maisons des vivants. Pour les éloigner, il fallait leur faire peur en mettant des déguisements encore plus affreux que les leurs ! Et les citrouilles ? Elles représentent les âmes des morts revenues éclairer les vivants.

Aux États-Unis, en Angleterre et, depuis quelques années, en France, on fête Halloween : les enfants déguisés passent de maison en maison pour demander des bonbons. Ils disent « Tricks or treats ! », ce qui signifie « Un vilain tour ou un bonbon ! ».

CÔTÉ BUFFET

Transforme ton buffet en table d'opération chirurgicale… Au menu, des yeux et des doigts coupés. Miam, miam !

Les yeux

1. Fais tes yeux avec des œufs durs coupés en tranches.
2. Ajoute une rondelle de tomate cerise pour l'iris et une demi-olive noire pour la pupille.
3. Fais les cils avec des cure-dents.

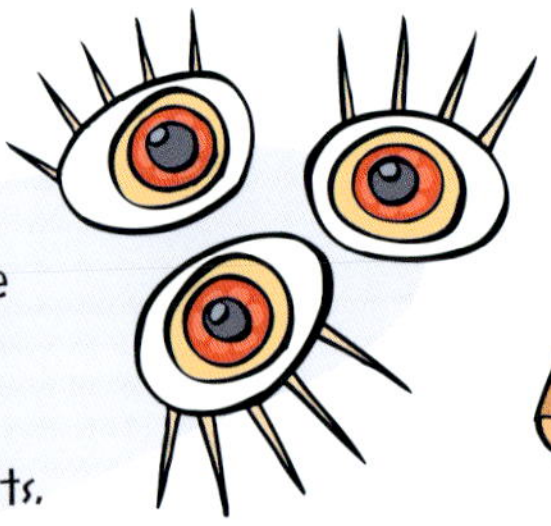

Les doigts

Coupe des saucisses de Strasbourg et ajoute des amandes effilées.

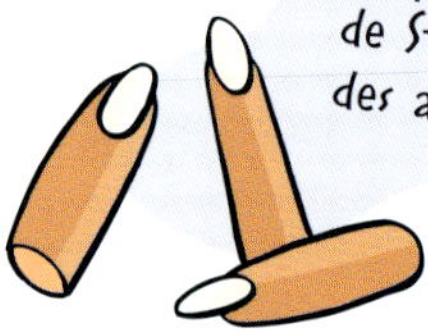

Les mouches

Parsème de mouches cet appétissant festin. Fends sur les côtés des olives noires dénoyautées, puis introduis les ailes (des amandes effilées) dans les fentes et fais les yeux avec une touche de mayonnaise.

La bave de crapaud

Du jus de raisin avec des fils de réglisse qui tombent du verre.

Le sang du vampire

Du jus de tomate avec des pignons collés comme des dents sur le verre.

CÔTÉ DÉCO

Côté déco, mets immédiatement tes copines dans l'ambiance maison hantée… Suspends un peu partout des fils de Nylon avec des araignées et des souris en plastique au bout. Ajoute une guirlande de têtes de morts sur une nappe chauve-souris. Nuit de l'horreur garantie !

UNE GUIRLANDE DE TÊTES DE MORTS

1 Plie une bande de papier crépon de 5 cm sur 1 m en accordéon.

2 Dessine une tête de mort sur la première feuille.

3 Découpe toute l'épaisseur du papier en suivant le premier patron.

4 Déplie. Ajoute les yeux rouges et les dents noires sur chaque tête de mort. C'est prêt !

LA NAPPE CHAUVE-SOURIS

Pour parsemer ta nappe d'un vol de chauves-souris, découpe 2 à 3 formes de chauves-souris dans du carton. Pose ton carton découpé sur une nappe de papier blanc. Peins en noir l'intérieur de la forme de la chauve-souris.

Nuit de l'épouvante

Pour fêter dignement Halloween, fabrique-toi une tenue de sorcière épouvantable !

UN LOOK DE SORCIÈRES

IL TE FAUT :
- Du papier épais noir (50 x 65 cm)
- Du ruban adhésif noir
- Du carton épais
- De la laine orange
- 1 paire de ciseaux

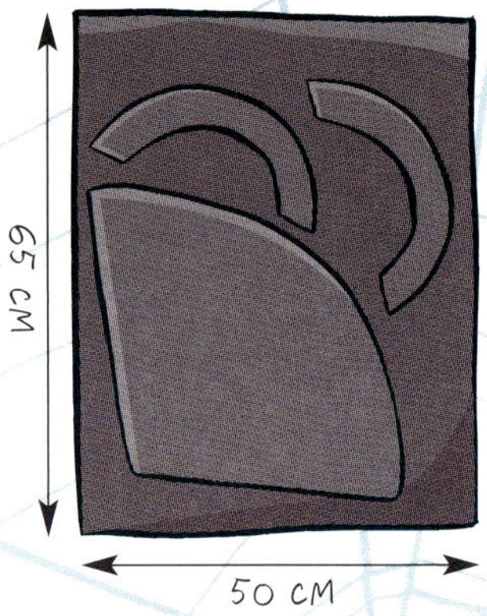

Le chapeau

1 Dessine les éléments du chapeau sur le papier noir (comme sur le schéma) et découpe-les.

2 Forme un cône adapté à ton tour de tête et attache-le avec le ruban adhésif.

3 Colle les bordures autour du cône.

Les faux cheveux

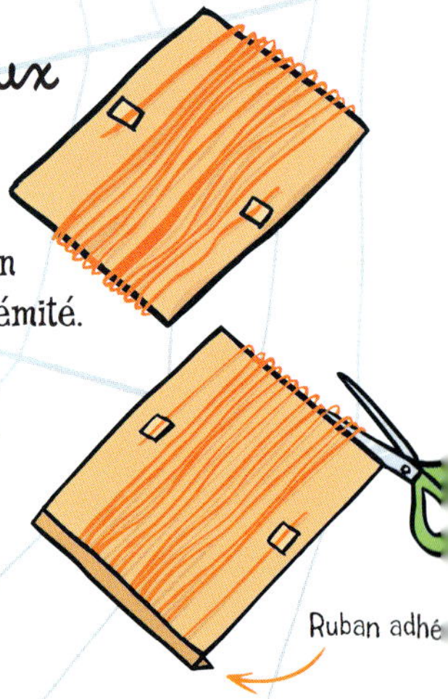

1 Découpe un carton épais de 30 x 20 cm. Scotche une extrémité de la laine sur le carton et enroule-la autour. Puis scotche l'autre extrémité.

2 Pose du ruban adhésif à cheval sur l'un des deux bords du carton par-dessus la laine. Glisse la lame du ciseau au bord opposé et coupe les brins de laine. Enlève le carton.

3 Recommence la même opération et fixe les deux « rectangles » de laine à l'intérieur du chapeau avec du ruban adhésif.

Broche araignée

IL TE FAUT :
- De la pâte à modeler durcissante
- Du fil de fer noir
- 2 petites perles rouges
- De la peinture acrylique noire
- 1 support de broche

1 Modèle dans la pâte à modeler le corps de l'araignée.

2 Enfonce de chaque côté 4 bouts de fil de fer pour les pattes, puis 2 perles rouges sur le dessus pour les yeux.

3 Laisse sécher.

4 Peins en noir le corps de l'araignée.

5 Colle le support de broche sous l'araignée.

DES RIDES À PÂLIR DE PEUR !

Impressionne tes copines avec un épouvantable visage !

1. Avec le coton, étale le maquillage blanc sur ton visage pour te faire une sorte de masque.
2. Mets un peu de crayon bleu sur tes joues et étale-le.
3. Fais des grimaces et accentue les rides qui se forment avec le crayon noir. Marque bien les rides autour de ta bouche.
4. Applique du rouge à lèvres sur les lèvres et sous tes yeux.

IL TE FAUT :

- Du maquillage blanc pour le visage
- Des crayons pour les yeux (un noir et un bleu)
- Du coton
- Du rouge à lèvres violet foncé

Crêpe tes cheveux et asperge-les de teinture argentée ou blanche. Rassure-toi, elle part au premier shampooing !

IL TE FAUT :

- Du tissu satin pour doublure noir (35 x 90 cm)
- 3 filets d'oranges
- Des épingles à nourrice
- Du fil
- 1 aiguille

Jupe destroy

1. Défais les filets d'oranges pour obtenir 3 rectangles. Garde la double épaisseur de filet.
2. Mesure ton tour de taille.
3. Sur le rectangle de satin noir, marque la dimension obtenue en partant du bord droit.

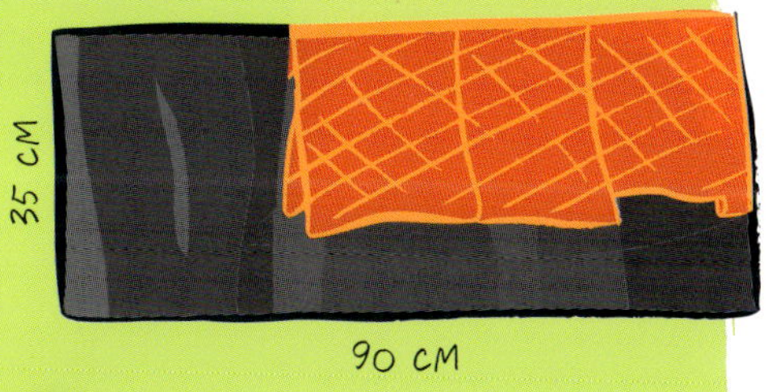

4. Épingle les 3 filets d'oranges côte à côte sur le satin jusqu'à la marque.
5. Maintiens les filets en cousant quelques points au bord du satin.

GANTS CROCHUS

Découpe 10 faux ongles dans une feuille de carton et colle-les sur des gants en caoutchouc, au bout des doigts.

Porte ce déguisement avec un tee-shirt noir à manches longues.

Sur ta jupe destroy, relève un côté du filet d'oranges en le fixant avec la broche araignée !

Porte la jupe en la fermant sur toute la hauteur par des épingles à nourrice.

Astuce : Peins à la peinture acrylique blanche des fantômes sur tes collants noirs. Avant de peindre, glisse un carton dans le collant sous ton dessin pour éviter qu'il ne colle !

MON BEAU SAPIN !

Chouette, c'est bientôt Noël !

Et si on commençait par décorer le sapin pour donner un air de fête à la maison ? Fabrique des boules originales avec plein de matériaux différents.

DES SETS DE TABLES DÉCORÉS

IL TE FAUT :

- **4 feuilles de papier Canson blanc (21 x 29,7 cm) de 220 g**
- **1 feuille de papier Canson vert clair et une autre feuille de papier vert foncé**
- **1 paire de ciseaux**
- **De la colle**
- **Du transparent adhésif**

❶ Dans les feuilles de papier vert clair et vert foncé, découpe des petits, des moyens et des grands sapins.

❷ Pose-les en alternant taille et couleur sur une feuille blanche, puis, quand la disposition te plaît, colle-les sur la feuille. Fais la même chose sur les 3 autres feuilles blanches.

❸ Découpe dans le papier adhésif 8 rectangles de la même dimension que tes feuilles blanches.

❹ Recouvre le recto et le verso de tes 4 feuilles avec le papier adhésif*.

*** Astuce :** Pour ne pas avoir de bulles, soulève dans un angle le papier de protection, applique ce petit coin et déroule lentement le papier en faisant glisser une règle bien à plat sur le plastique.

Des boules originales

IL TE FAUT :

- Des boules de polystyrène
- Des boules de cotillons
- Du papier d'aluminium
- De la peinture acrylique de différentes couleurs
- Des clous de tapissier
- Des punaises de couleur
- 1 feutre doré
- Des clous de girofle
- De la colle spéciale pour polystyrène
- Des crochets ronds
- Des rubans

Boules parfumées

Peins ta boule en orange et pique-la de clous de girofle.

Boules personnalisées

Peins tes boules de différentes couleurs et écris le nom de chaque membre de la famille sur une boule avec le feutre doré.

Boules cloutées

Peins tes boules de différentes couleurs et plante des clous de tapissier tout autour.

Boules acidulées

Colle, tout autour de ta boule de polystyrène, des boules de cotillons.

Boules argentées

Recouvre tes boules de papier d'aluminium et parsème-les de punaises de toutes les couleurs.

Boules étoilées

Peins tes boules en bleu foncé. Dessine des étoiles avec ton feutre doré et pique un clou de tapissier au centre de ton étoile.

Pour accrocher tes boules, enfonce dans chacune d'elles un crochet. Puis noue un ruban.

Une table en fête

Si tu décorais la table pour le soir de Noël ? Voici des idées pour donner un air de fête au réveillon.

Des marque-places personnalisés

IL TE FAUT :
- De la pâte à modeler durcissant à l'air
- Des emporte-pièces de pâtisserie de différentes formes
- De la peinture acrylique dorée et/ou argentée
- De la peinture acrylique noire
- 1 gros pinceau
- 1 pinceau fin

1. Découpe des petites boules dans la pâte à modeler.
2. Malaxe-les dans ta main pour les ramollir.
3. Aplatis-les avec un verre.
4. Pose l'emporte-pièce sur la pâte aplatie. Laisse sécher la forme obtenue. Fais une forme pour chaque invité.
5. Peins les formes à l'aide du gros pinceau, en doré ou en argenté. Laisse sécher.
6. Écris le nom de chaque invité à la peinture noire, à l'aide du pinceau fin. Laisse sécher.

Ronds de cotillons

IL TE FAUT :
- Des cotillons de couleur
- Du fil élastique
- 1 aiguille

1. Enfile les cotillons à l'aide d'une aiguille sur le fil élastique pour former un rond de serviette.
2. Noue les 2 extrémités.
3. Roule les serviettes et entoure-les avec un bracelet de cotillons.

Des verres décorés

IL TE FAUT :
- Des verres à pied
- Des gommettes autocollantes argentées et/ou dorées
- Du ruban argenté et/ou doré

1 Lave et sèche bien les verres.

2 Sur chaque verre, colle des gommettes tout autour.

3 Découpe un morceau de ruban pour faire un nœud autour du pied.

Des menus maison

IL TE FAUT :
- 2 feuilles de papier doré
- Du carton
- Du feutre noir
- De la colle

1 Découpe autant de formes de maisons qu'il y a d'invités dans le papier doré, ainsi que dans le carton.

2 Écris le menu sur le papier doré au feutre noir.

3 Colle chaque papier sur un carton découpé pour le renforcer.

Une nappe étoilée

1 Découpe une vingtaine d'étoiles dans le papier argenté.

2 Agrafe-les sur le tulle, en les répartissant régulièrement sur toute la surface. Peins les agrafes pour qu'elles ne se voient plus.

3 Pose la couverture de survie sur la table.

4 Pose le tulle étoilé par-dessus.

IL TE FAUT :
- 1 couverture de survie (en vente dans les magasins de sport)
- 1 morceau de tulle blanc aux dimensions de la couverture
- Du papier argenté
- 1 petite agrafeuse
- De la peinture argentée

Carnaval, faites des

Un peu partout dans le monde, on fête le carnaval en se déguisant, en dansant et en s'amusant. À l'origine, ce jour-là, on avait le droit de faire tout ce qui était interdit durant l'année…

UNE JUPE TOUTE EN COULEURS

Pour fêter le carnaval, fabrique-toi une belle jupe en tulle…

IL TE FAUT :
- 2,50 x 0,80 m de tulle de couleur
- 1 m de ruban de satin de couleur
- Du bolduc rose, vert, rouge, jaune
- De la colle
- 1 agrafeuse

La ceinture

❶ Mesure ton tour de taille, puis reporte ta mesure au milieu du ruban. Tu laisseras ainsi de chaque côté une longueur suffisante pour faire un nœud.

Commence par le milieu et répartis de chaque côté en alternant les couleurs.

❷ Découpe des morceaux de bolduc de 80 cm et frise-les à l'aide de ciseaux, comme lorsque tu fais des paquets-cadeaux.

❸ Colle-les tous les 1,5 cm sur le ruban, sur la longueur correspondant à ton tour de taille.

La jupe

❶ Marque le milieu dans la longueur de ton tulle et agrafe le milieu de la ceinture à cet endroit.

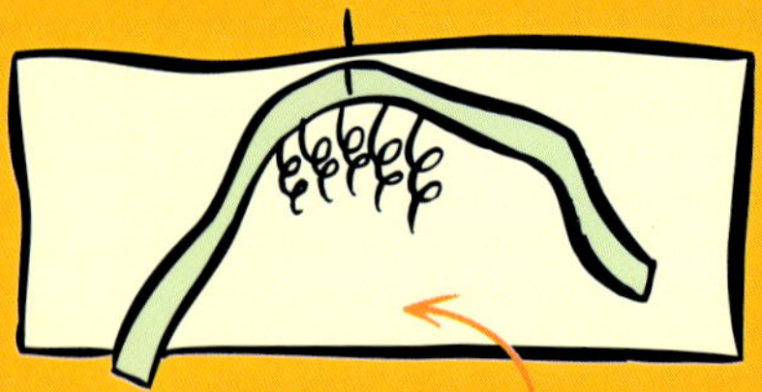

❷ En fronçant ton tulle, agrafe-le à la ceinture au niveau de chaque bolduc. Coupe le bas de ton tulle en fonction de la longueur désirée : jupe longue ou mini…

UN BANDEAU ASSORTI

Choisis un bandeau tout simple.

Frise plusieurs morceaux de bolduc de différentes couleurs.

En les mêlant les uns aux autres, forme une jolie boule que tu agraferas à ton bandeau !

folies !

LOUP Y ES-TU ?

Idéal pour observer sans être vu, le loup est un accessoire facile à fabriquer.

1. Prépare un patron en papier du « loup de base » (découpe-le, plié en deux, pour qu'il soit symétrique).

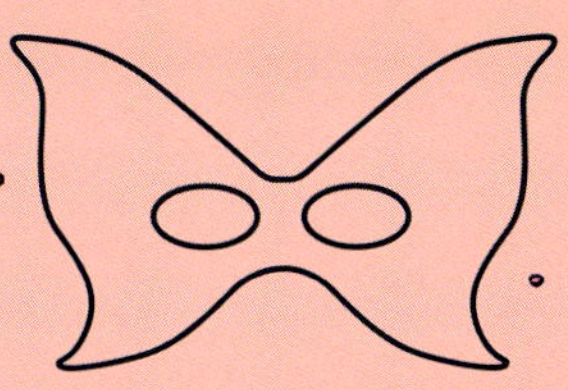

2. À l'aide de ce patron, découpe des loups dans de la feutrine de couleur.
3. Ajoute une touche personnelle avec des paillettes autocollantes ou dessine des motifs avec des feutres.

4. Perce un trou de chaque côté puis fixe un grand élastique.

En bombant de la peinture dorée, tu peux te faire une jupe couleur de soleil comme Cléo...

... ou couleur de lune comme Lulu avec de la peinture argentée.

Soirée déguisée

Toutes les occasions sont bonnes pour organiser une soirée. Choisis un thème et déguise-toi avec tes copines.

Imagine !

Le temps d'une fête, toutes les excentricités sont permises ! Tu peux organiser une soirée déguisée. Choisis un sujet rigolo pour que tout le monde puisse faire preuve d'imagination.

Ton pantalon de pirate

IL TE FAUT :
- **Du tissu en coton noir (140 x 70 cm)**
- **Du tissu en satin rouge (60 x 12 cm)**
- **1,50 m de cordelette**
- **De la peinture acrylique blanche**

❶ Commence par reproduire à l'échelle le schéma du patron sur du papier journal.

❷ Plie le tissu noir en 4 et épingle le patron sur les 4 épaisseurs de tissu. Découpe en laissant 1 cm de débord.

❸ Épingle ensemble les 2 jambes A et B, puis C et D. Couds les bords extérieurs et intérieurs.

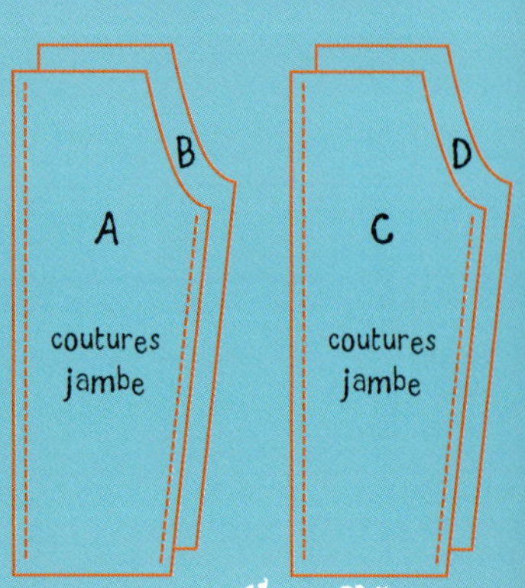

Pour tes costumes, pense aux accessoires faits maison :

- du papier alu (pour des bijoux éphémères),
- du papier toilette (pour les gros nœuds et les cravates),
- des pinces à linge (pour les coiffures ébouriffantes).

TA SOIRÉE À THÈME

Imagine un thème pour ta soirée :
- soirée diseuse de bonne aventure
- soirée fantôme
- soirée sur un thème de feuilleton TV
- soirée rétro
- soirée BD
- soirée couleurs et matières
- soirée animaux
- soirée de tous les pays

❹ Épingle maintenant ensemble, au niveau de l'entrejambe, A et D puis B et C. Couds en faisant un rentré de 1 cm.

❺ Découpe dans le satin rouge 2 bandes de 12 x 30 cm. Couds les bandes en bas de chaque jambe.

❻ Peins sur une jambe une tête de mort à la peinture blanche.

❼ Enfile ton pantalon et noue autour de la taille la cordelette pour le serrer.

PÂQUES EN CHOCOLAT...

Chouette, c'est Pâques ! Pendant les vacances, avec Lulu, Zazie et Cléo, on va avoir le temps de décorer les œufs, de les manger, de les teindre…

Dans de nombreux pays, on décore les œufs de Pâques. Le plus simple est de travailler sur des œufs durs.

Cloches ou lapins ?

Pâques est une fête chrétienne. On salue le dimanche où Jésus-Christ est revenu vivant sur Terre, deux jours après sa mort, le vendredi saint. On fête aussi la fin du carême, une période où l'on n'avait pas le droit de manger d'œufs… Comme les gens en avaient beaucoup en stock, ils se sont mis à les décorer. Ce jour-là, on ramasse aussi des œufs en chocolat dans les jardins. Selon les pays, la légende raconte que ce sont les cloches, les lapins ou les poules qui cachent les œufs… Qu'importe le livreur !

Au Danemark, à Pâques, on s'envoie des « lettres taquines », avec des messages énigmatiques. Celui qui en reçoit une doit découvrir celui qui l'a écrite. Sinon, il lui doit un œuf en chocolat. Une bonne idée pour accumuler plein d'œufs…

Œufs colorés

1 Pose ton œuf sur un coquetier.

2 Peins la première moitié avec une peinture épaisse de la couleur de ton choix. Laisse sécher, puis retourne l'œuf pour peindre l'autre moitié.

3 Une fois qu'il est bien sec, tu peux dessiner des motifs (petites fleurs, points noirs de coccinelle sur fond rouge…). Si tu veux que tes œufs soient brillants, vernis-les ou pulvérise de la laque en bombe.

Œufs emballés

Enveloppe ton œuf de papier d'aluminium, puis de papier transparent (film alimentaire). Simple et très chic !

Tu peux aussi utiliser du papier doré, ou encore du papier crépon collé (sans film transparent).

Des œufs durs de toutes les couleurs !

À table, sers des œufs roses, orange… ou verts !

Mets à bouillir les œufs dans un demi-litre d'eau dans laquelle tu auras jeté la valeur de 2 tasses de betterave râpée (pour du rose), ou des épinards (pour du vert), ou des pelures d'oignon (pour de l'orange). Laisse mijoter à feu doux de 10 à 15 minutes. Plus tu laisseras les œufs, plus la teinte sera foncée…

Que s'est-il passé ?

C'est tout simple. Les pigments qui colorent les plantes et les légumes s'échappent et colorent l'eau, qui colore à son tour la coquille et les œufs. Une fois la surprise passée, on peut les manger sans danger !

Tu peux rouler tes œufs dans des paillettes dorées ou de toutes les couleurs.

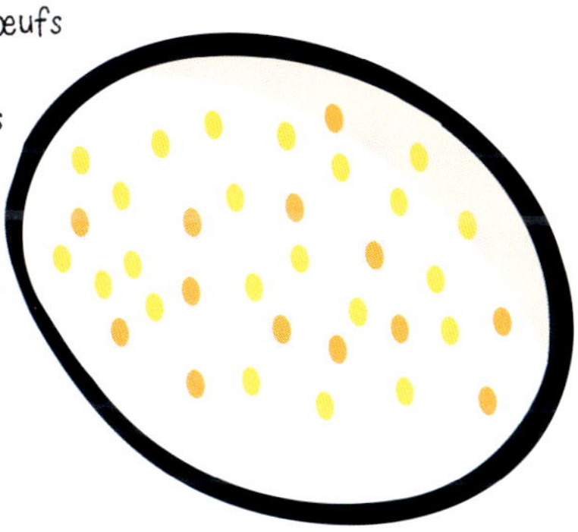

Tu peux coller des fleurs en papier, des lettres de couleur découpées dans un magazine…

Œufs cristallisés

❶ Passe sur la moitié de ton œuf de la colle blanche épaisse, puis roule-le dans une assiette où tu as dispersé de gros grains de sel, ou des baies de roses, ou encore du poivre rouge.

❷ Fais sécher ton œuf sur un coquetier. Puis fais la même chose sur l'autre moitié.

❸ Tu peux ensuite peindre tes œufs à la peinture bien diluée ou conserver la teinte de base en pulvérisant de la laque.

QUIZ

Une poule a besoin du coq :

A/ Pour pondre des œufs.

B/ Pour avoir des poussins.

C/ Pour connaître l'heure du lever du soleil.

Réponse : B.

Fête de campagne

Les beaux jours sont là. Plutôt que de rester chacune chez soi, organise une fête de campagne avec toutes tes copines et profitez-en pour faire plein de jeux.

SOURIEZ, LES GOBELETS !

Des gobelets personnalisés

Dessine un visage sur chacun des gobelets avec des marqueurs de différentes couleurs, puis ajoute une étiquette avec le nom de tes invités. Chacun reconnaîtra le sien !

Une nappe de fête

Prends une grande nappe de papier blanc, enduis-la de colle en bombe et projette des confettis. Laisse sécher. Ta nappe de fête est prête !

Fabrique des médailles

Pose un verre sur un carton. Trace le contour au crayon pour obtenir un rond. Découpe-le. Fais un trou dans le carton pour y passer un ruban. Peins les médailles en doré, en argenté et en marron (pour imiter le bronze).

JEU : La reine des crabes

Accroche 10 pinces à linge dans le dos de tes copines. Chacune prend un récipient. Au signal donné, il faut courir pour décrocher les pinces. Celle qui en aura le plus dans son récipient sera la reine des crabes.

JEU : LE LOTO DES ODEURS

J'aime beaucoup jouer au loto des odeurs. On prend trois ou quatre fleurs, des morceaux de mousse, des écorces d'arbre...

Chaque copine respire à fond, puis les yeux bandés, à tour de rôle, on essaie de retrouver l'odeur déjà humée. C'est là que l'on se rend compte qu'on ferait bien de se servir un peu plus de son nez tout au long de l'année !

JEU : BALLONS DE COULEUR

Chacune choisit une couleur. Une première joueuse lance un ballon gonflable et crie un nom de couleur. La joueuse appelée doit attraper le ballon, puis le relancer...

... en annonçant une nouvelle couleur. Sont éliminées celles qui n'ont pas rattrapé le ballon.

Jeu : La fée-clochette

Toutes les copines ont les yeux bandés, sauf une qui porte une clochette autour du cou.

Le but du jeu est d'attraper la fée-clochette en la localisant grâce au bruit qu'elle fait en se déplaçant. Celle qui l'attrape devient fée-clochette à son tour !

Soirée pyjama

Il fait –10 °C dehors,
le vent souffle à 100 à l'heure ?
C'est un temps à papoter sous la couette avec les copines ! Voici mes conseils pour organiser une soirée pyjama.

L'invitation polochon

Trouve des carrés de tissu rayé, du coton et des rubans de couleur.

1 Découpe une forme de nounours dans du papier rose. Écris toutes les informations concernant ta fête sur le nounours : adresse, heure, ce que doivent apporter tes copines (pyjama, duvet, brosse à dents et leurs vidéos préférées).

2 Fais un boudin de coton que tu places sur la tête du nounours.

3 Roule ton invitation autour du coton et scotche-la bien.

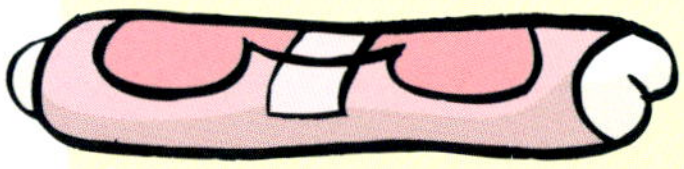

4 Entoure ton petit traversin de tissu et mets des rubans à chaque bout.

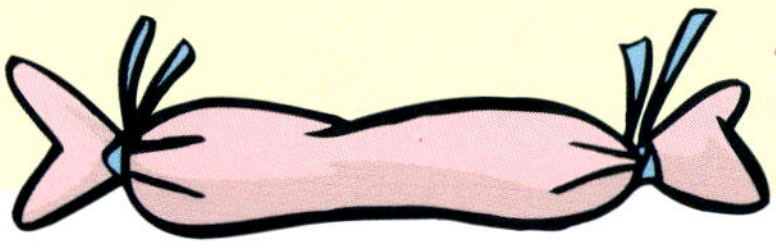

UN NID DOUILLET

Dispose quelques bougies dans la pièce : utilise plutôt des mini-bougies à faire flotter dans des verres d'eau.

Déniche le plus grand nombre de peluches possible (emprunte celles de tes petits frères et sœurs) pour fabriquer un petit zoo d'animaux en tissu : de gros lions, des bébés singes, des chats, des perroquets...

Installe un coin douillet avec des coussins de toutes les tailles et des couvertures. Tes copines adoreront enfouir leur tête dans cet océan de douceur !

Accroche des croissants de lune et des étoiles scintillantes au plafond.

La bataille de polochons

Pour la bataille de polochons, prends quelques précautions : décroche les tableaux du mur, cache tous les objets fragiles, vases et bibelots de toutes sortes. Souffle sur les bougies et garde une lampe de chevet allumée.

RECETTE DE POP-CORN

Avant de regarder les cassettes vidéo en pyjama... on fait du pop-corn ! Rien de plus simple, pour cela, achète un paquet de grains de maïs !

❶ Verse un peu d'huile dans une poêle et pose un grain de maïs. Couvre et laisse chauffer.

❷ Quand ce premier grain saute, tu peux ajouter tous les autres. Couvre bien pour ne pas retrouver des grains dans toute la maison ! Quand tu n'entends plus de bruit, c'est que tous les grains ont éclaté.

❸ Éteins le feu, ajoute du beurre fondu, saupoudre de sucre ou de sel selon ton goût et mélange bien. Maintenant, refais chauffer 2 à 3 minutes. C'est prêt !

Comme au festival...

Après la bataille, on se repose en regardant les vidéos que chaque copine a apportées en dégustant son gobelet de pop-corn... Pourquoi ne pas organiser un jury comme au festival de Cannes ? Chaque copine élit son actrice, son acteur, son film préféré, les plus beaux costumes...
Puis on décerne la Palme d'or à la meilleure vidéo. Pour terminer, rien de tel qu'un bon chocolat chaud...

Jardinage

Sommaire

Prends-en de la graine ! 216-217

Du caviar pour tes plantes 218-219

Reines des saveurs 220-221

Patates et tomates-party 222-223

Crudités en carré 224-225

Un jardin qui ne manque pas de piquant ! 226-227

Écoute le langage des fleurs… 228-229

Sa majesté la rose 230-231

PRENDS-EN DE LA GRAINE !

Outils, conseils, astuces : voici tout ce qu'il te faut savoir avant d'enfiler ton tablier de jardinière…

Tes ustensiles indispensables

1 bêche pour retourner la terre avant la création de ton jardin. Le bêchage aère le sol et permet de répandre du compost et du fumier sur la terre pour l'enrichir.

1 pioche pour creuser les trous qui recevront des plants.

1 plantoir pour faire des trous un peu plus petits, juste de la taille des plants.

1 arrosoir de 5 litres. « Un binage vaut deux arrosages » disent les jardiniers. Si tu veux que l'eau parvienne jusqu'aux racines de tes protégées, la terre doit être parfaitement binée. Utilise toujours une pomme au bout de ton arrosoir pour donner à boire à tes semis, ou à tes plants encore jeunes et fragiles.

Pour avoir la main verte…

1 ***Outils, graines, plants : tu trouveras en jardinerie tout ce qu'il te faut pour réaliser tes minijardins…***

2 ***Lorsque tu as fini de jardiner, range tes outils et nettoie-les avec un chiffon : couverts de terre, ils seront vite rongés par la rouille et inutilisables !***

3 ***N'oublie pas l'arrosage, les plantes ont soif… mais ne les noie pas non plus sous des trombes d'eau !***

4 ***Tous les jardiniers ont des surprises, bonnes ou mauvaises : dis-toi bien que le jardinage n'est pas une science exacte… Mais qu'est-ce que c'est chouette quand tu découvres de nouvelles petites pousses un beau matin… Bonne chance !***

Et si je commençais par le début…

1 transplantoir

pour manipuler les plants sans endommager les racines.

1 binette

pour aérer la terre en surface autour des plants que tu as repiqués. Une fois par semaine, il te faut biner pour éliminer les mauvaises herbes qui étouffent tes jeunes plantes, et casser délicatement les mottes pour éviter que la terre ne forme une croûte épaisse.

1 sac de fumier

conditionné de 10 litres.

1 sac de terreau

horticole ou de terre de bruyère (si tu n'as pas de compost maison).

De la ficelle

ou du raphia pour attacher tes plantes à leur tuteur.

1 vieille cuillère

ou une fourchette pour gratter la terre dans les pots.

« Bonnes » ou « mauvaises » herbes ?

Rebelles, envahissantes, résistantes : les mauvaises herbes sont les ennemies du jardinier. Et pourtant, elles ne méritent pas toutes leur mauvaise réputation ! Les coquelicots qui poussent dans les champs de blé n'ont-il pas inspiré les peintres ? L'ortie n'était-elle pas autrefois très appréciée en soupe ? Et qui n'est pas content de découvrir un trèfle à quatre feuilles au beau milieu d'un pré ?

Du caviar pour tes

Les plantes demandent de l'entretien : il faut changer de pot au bon moment et veiller à ce que la terre soit suffisamment nourrissante.

Un engrais naturel

Ne jette plus tes déchets : utilise-les pour fabriquer du compost. Tes plantations en raffolent...

IL TE FAUT :

- **1 bac en plastique ou en bois (par exemple un cageot haut) d'environ 50 x 70 cm, percé de trous pour permettre à ton compost de « respirer »**
- **1 petite pelle**

1 Tous les jours, garde les déchets alimentaires de tes repas : épluchures de légumes, sachets de thé, marc de café, coquilles d'œufs, petits os, restes de fruits...

2 Verse le tout dans le bac, que tu auras placé à l'abri du vent dans ton jardin (gare aux mauvaises odeurs lorsque tes déchets se décomposeront !)

3 Si tu peux, rajoute de l'herbe fraîchement coupée, des cendres de la cheminée, des feuilles, de la paille ou du foin. Tous ces déchets vont se décomposer et fermenter.

4 Aère ton tas de compost en le retournant tous les 2 mois avec ta pelle.

5 Au bout de 3 à 6 mois, tes déchets se seront transformés en terre brune et grumeleuse. Répands une petite quantité de ce compost au pied de toutes tes plantations : elles adorent et ont besoin de cet engrais pour être au mieux de leur forme !

plantes

CHANGEMENT DE TERRE

Il arrive que tes plantes soient un peu raplapla. Elles ont peut-être envie de nouvelle terre, histoire de se refaire une santé !

1. Installe-toi sur une table recouverte de papier journal.
2. Sors délicatement la plante de son pot et fais tomber la terre superflue qui recouvre les racines.
3. Utilise un couteau pour couper le quart inférieur de la motte. Tu libères ainsi de la place dans le pot pour y verser du terreau tout neuf.
4. Replace ta plante dans son récipient et comble l'espace avec de la terre.

Miam, miam !
elle va se régaler !

Changement de pot

Tes plantes ont grandi. Leurs racines sont à l'étroit ? Il est temps de leur offrir un pot plus grand.

1. Dépote ta plante. La partie inférieure des racines, à force d'avoir été comprimée, forme une masse très dense. Coupe-la avec des ciseaux.
2. Mets des graviers, puis du terreau, au fond de ton nouveau pot.
3. Dépose ta plante et rajoute de la terre.
4. Tasse bien et arrose.

ASTUCE

Pour éviter qu'elles ne te fassent la tête, sache que tes protégées n'aiment pas être changées de place. Tourne-les juste de temps en temps sur elles-mêmes pour que leurs feuilles bénéficient de la lumière à tour de rôle !

Reines des saveurs

Cultive tes herbes aromatiques pour parfumer tes petits plats… Et si tu allais aussi en offrir à tes voisins ?

LA RONDE DES HERBES

Pour en avoir toujours sous la main et égayer tes plats de légumes, cultive tes plantes aromatiques.

IL TE FAUT :

- **3 petits pots en terre**
- **Du gravier**
- **Du terreau**
- **Du thym, du basilic, de la ciboulette (en godets)**

1 Place une couche de gravier au fond de tes pots.

2 Ajoute une fine couche de terreau.

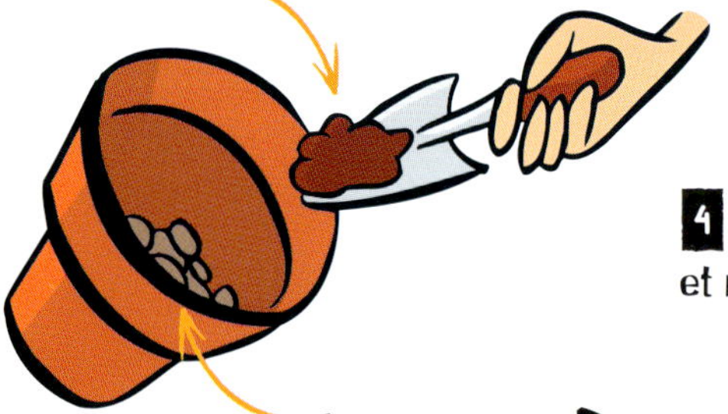

3 Dépote chaque plante de son godet : retourne-le et tapote doucement sur le fond.

4 Place chaque plante dans un pot et remplis de terreau.

5 Arrose tes herbes aromatiques tous les 2 ou 3 jours, pour que le terreau reste toujours humide, en ajoutant du compost : durant leur période de croissance, tes plantes ont besoin d'une bonne dose de vitamines !

Un jardin de senteurs

Hum ! les herbes aromatiques parfument les plats et les salades… Si tu faisais un petit jardin plein de saveurs ?

IL TE FAUT :

- **Des plants de plantes aromatiques : ciboulette, basilic, laurier, persil… (en jardinerie)**
- **1 grand bac**
- **1 sac de terreau**
- **Du gravier**
- **Des bâtonnets**
- **Des étiquettes**

Place ton bac à la lumière.

Récolte petit à petit tes herbes pour leur laisser le temps de se renouveler.

Attention ! si tu veux faire pousser de la menthe, plante-la toute seule dans un autre pot : ses racines étouffent celles de ses voisines.

Mes petits conseils pour utiliser tes herbes

Cuisiner sans herbes aromatiques, c'est aussi triste qu'une journée d'été sans soleil ! Un peu de ciboulette dans ton omelette, du basilic sur tes tomates et hop, ton assiette est à la fête !

Marie le thym avec l'agneau.

Parsème de ciboulette la salade verte ou l'omelette.

Quant au persil, il fera une jolie décoration sur tous tes plats de légumes !

Utilise le basilic dans une salade de tomates.

L'estragon se marie bien avec le poulet.

patates et tomates-party

C'est joli, c'est amusant à voir pousser, et en plus c'est bon. Cultive dans ton jardin ou sur ton balcon, tomates et patates pour en faire des salades cet été !

IL TE FAUT :
- Du compost
- Du fumier
- 6 plants de tomates en godets
- 6 tuteurs
- De la ficelle

Tomates-party

Rouges, rondes, pulpeuses, fruitées : elles sont les reines des pique-niques. Organise une dégustation pour tes copines !

En mars Prépare ton futur « coin tomates » en répandant compost et fumier sur un espace d'environ 2,5 m de long et 50 cm de large. Bêche la terre.

En mai

1 Creuse avec ta pioche, le long de ta ligne, 6 trous de 15 cm de profondeur, distants de 50 cm les uns des autres.

2 Enfonce un tuteur dans chacun d'eux.

3 Dépote avec précaution tes plants de tomates et place-les au pied de chaque tuteur.

4 Recouvre-les de terre et attache-les à leur tuteur avec de la ficelle.

5 Arrose à la base du pied, sans noyer ton plant, avec la pomme de ton arrosoir.

En juin Les premières fleurs pointeront le bout de leur nez et se transformeront en fruits verts.

En juillet Les fruits rougissent, les pieds de tomates vont pousser en hauteur et seront vite alourdis par le poids des grappes : fixe-les au tuteur tous les 20 cm.

Entretien Les tomates sont délicates : n'oublie pas de leur donner à boire, tous les 2 jours et tous les jours en cas de grosse chaleur. Le mieux est de creuser un petit bassin autour du pied pour que l'humidité demeure longtemps après ton arrosage !

LE SAIS-TU ? En cas de piqûre d'insecte, les feuilles de tomate constituent un très bon remède. Frotte l'endroit où tu t'es fait piquer avec des feuilles de tomate fraîches.

Si tu n'as pas de jardin, tu peux planter un pied dans un gros pot. Et si tu manques de place, choisis des tomates-cerises à picorer !

PATATES EN POT

Et si tu faisais pousser des pommes de terre sur ton balcon ?

IL TE FAUT :
- Du gravier
- Du terreau
- 1 vieille pomme de terre germée
- 1 jardinière en terre un peu haute

❶ Tapisse le fond de ta jardinière d'une couche de gravier puis d'une couche de terreau.

❷ Enfonce ta pomme de terre germée dans le terreau, les germes tournés vers le haut. Recouvre de terreau.

❸ Un mois plus tard, des pousses apparaissent. Recouvre-les de terreau et arrose.

❹ Chaque fois qu'une nouvelle pousse apparaît, remets du terreau et arrose.

❺ Ensuite, tu verras apparaître des fleurs. Arrose-les bien. Et si tu aperçois une pomme de terre, recouvre-la de terreau.

❻ Quatre mois plus tard, la plante mourra. Il ne te restera plus qu'à renverser ta jardinière pour récolter tes patates !

CRUDITÉS EN CARRÉ

Et pourquoi ne pas se lancer dans la culture des crudités ? Fais pousser salades, radis et carottes : un panier de vitamines à récolter et à croquer sans modération !

IL TE FAUT :

- Du fumier
- Du compost
- 1 bêche
- 1 pioche
- 1 sachet de graines de radis
- 1 sachet de graines de carottes
- 1 sachet de graines de salade (laitue pommée ou batavia selon tes goûts)

En mars Délimite un carré de 1 m de côté sur lequel tu répands fumier et compost, puis bêche la terre.

En avril

1 Trace avec ta pioche 3 sillons de 5 cm de profondeur, à la même distance les uns des autres.

2 Verse le contenu de chaque sachet dans chacun des sillons en mettant les radis au milieu (carottes et salades pourront grandir une fois ta récolte de radis terminée).

3 Recouvre tes graines de terre, tasse et arrose délicatement.

4 Renouvelle l'arrosage tous les 2 jours : le contenu de ton arrosoir suffit pour l'ensemble de ton carré.

5 Au bout d'une semaine, les feuilles vertes des radis sortiront de terre, suivies des salades puis des carottes.

Quand tu arroses, utilise la pomme de l'arrosoir pour ne pas noyer les germes !

6 Quand les plants de carottes et de radis atteignent 5 cm de hauteur, enlève quelques plants pour ne laisser qu'une pousse tous les 3 cm environ. Et tous les 10 cm pour les salades.

7 Après avoir planté tes graines, tu pourras croquer tes premiers légumes :

radis : 3 semaines après
salades : 1 mois après
carottes : 1 mois et demi après

Si tu n'as pas de jardin, tu peux aussi faire pousser des légumes dans des jardinières sur ton balcon : ils seront tout aussi croquants !

Lune, es-tu là ?

La lune a-t-elle une influence sur les récoltes, comme elle en a sur les marées ? Les scientifiques sont divisés. Mais la plupart des jardiniers en sont formellement convaincus ! D'après eux, pour un meilleur résultat, il est préférable de semer à la lune montante (lorsqu'elle va être pleine). Et c'est à la lune descendante (après la pleine lune) qu'il faut tailler les plantations ou répandre de l'engrais. À toi de jouer !

Qu'est-ce qu'une graine ?

Rien d'autre qu'un œuf ! Elle contient déjà la plante miniature avec des embryons de tige, de racines et de feuilles. Et surtout, une réserve d'eau qui la maintient en vie… jusqu'à ce qu'elle germe si elle se sent bien. Elle a besoin d'une bonne terre, d'un climat idéal, d'un arrosage suffisant.

Un jardin qui ne manque

En hiver, le jardin est triste et rien ne pousse… Si tu te fabriquais un minijardin pour décorer ta chambre ou poser sur le rebord d'une fenêtre ?

JARDIN D'HIVER

IL TE FAUT :

- 1 jardinière large et peu profonde
- 4 petits pots de plantes grasses de couleurs et de formes variées (chez tous les marchands de fleurs et pépiniéristes)
- 1 sac de terreau et un peu de gravier

Mets ton jardin près d'une fenêtre mais loin du radiateur : ces plantes aiment la lumière mais pas la chaleur !

1. Dépose une mince couche de gravier dans le fond de la jardinière, puis recouvre de terreau.

2. Sors les plantes, délicatement de leur pot et dispose-les, les unes à côté des autres. Finis de recouvrir avec le terreau.

3. Répands un peu de gravier et arrose. Ensuite, n'arrose que quand la terre est sèche.

pas de piquant !

Minidésert

Avec beaucoup de lumière et très peu d'eau, les plantes grasses de ton salon seront comme dans une oasis du Sahara...

IL TE FAUT :

- 1 petite pelle
- 1 bac d'environ 40 x 40 cm et de 15 cm de hauteur
- Du gravier
- Du terreau pour plantes grasses
- 5 ou 6 plantes grasses ou cactées sans épines, à acheter en godets (par exemple des crassules, des orpins, des zygocactus ou cactus de Noël, des kalanchoes…)
- 1 cuillère
- Un peu de sable

1 Avec ta pelle, recouvre le fond de ton bac d'une fine couche de gravier.

2 Dispose du terreau par-dessus jusqu'à mi-hauteur.

3 Dépote doucement tes plantes et place-les sur la terre.

4 Recouvre leur pied de terreau, puis remplis-en le bac. Sers-toi de la cuillère pour rajouter un peu de sable.

5 Arrose légèrement pour permettre à la terre de se tasser.

6 Place les plantes de ton minidésert près d'une fenêtre et sors-les à l'extérieur pendant l'été.

Entretien

Donne-leur très peu à boire l'hiver : un verre d'eau par mois leur suffira, car leurs tiges et leurs feuilles sont capables de stocker très longtemps l'humidité... Sois un peu plus généreuse l'été (2 verres par mois). En tout cas, fie-toi bien aux indications inscrites sur les étiquettes lorsque tu achèteras tes plantes.

Astuce

Tu as ramassé de beaux coquillages ou des galets tout ronds lors de tes dernières vacances au bord de la mer ? Utilise-les pour décorer ton minidésert...

ÉCOUTE LE LANGAGE DES

Les fleurs ont toutes une petite histoire. Elles savent faire passer un message sans avoir besoin de parler… On pense que ce langage vient d'Orient. Enfermées dans des palais, les femmes des harems avaient trouvé ce moyen pour communiquer avec l'extérieur…

LES IRIS, POUR ANNONCER UNE BONNE NOUVELLE

Iris est le nom d'une déesse de la mythologie qui personnifie l'arc-en-ciel. Sa venue correspondait toujours à l'arrivée d'une bonne nouvelle.

Les myosotis, pour dire « ne m'oublie pas »

Ces adorables petites fleurs permettent de se rappeler au bon souvenir d'un amoureux étourdi. D'ailleurs, en anglais, myosotis se dit *forget me not*, ce qui signifie : « ne m'oublie pas ».

Les roses, pour dire « je t'aime »

Fleurs de l'amour, les roses rouges valent une déclaration ardente et passionnée.

Le mimosa, pour dire « je me souviens »

Les petites boules jaunes signifient à l'amoureux que l'on pense toujours à lui et qu'on aimerait bien le revoir…

Les marguerites, pour choisir son amoureux

Depuis toujours, on attend de cette jolie fleur blanche qu'elle nous révèle les sentiments de notre amoureux. En effeuillant ses pétales, on découvre s'il nous aime un peu, beaucoup, passionnément, à la folie ou… pas du tout !

FLEURS...

POURQUOI LES FLEURS SENTENT-ELLES SI BON ?

Pour attirer les abeilles et les bourdons ! En butinant les fleurs, ces insectes mettent du pollen sur leurs pattes et le transportent jusqu'à la voisine. C'est ainsi que les fleurs se reproduisent sans bouger leur tige, les petites malignes...

Des fleurs magiques !

L'hiver, on a bien envie de voir de la couleur dans la maison, puisqu'il n'y en a pas beaucoup dans le ciel. Fais cette petite expérience pour donner bonne mine à des fleurs blanches.

IL TE FAUT :

- 1 petit vase
- Des fleurs blanches ou jaune pâle
- 1 cartouche d'encre bleue, rouge ou verte

1. Mélange l'encre et l'eau dans le vase.
2. Laisse les fleurs tremper toute la nuit. Le matin, elles auront changé de couleur !

C'est le bouquet !

Créer un bouquet, c'est tout un art ! Au Japon, l'« ikebana », littéralement « fleurs vivantes », est une tradition millénaire qui obéit à des règles très strictes. Mousses, branchages, feuilles et fleurs sont assemblés harmonieusement et symbolisent le Ciel, la Terre et l'Homme. Autrefois, dans les maisons japonaises, les invités devaient réaliser une sculpture en fleurs autour de laquelle chacun venait ensuite se recueillir en paix.

Sa majesté la rose

Précieuse, fragile, mystérieuse : la rose est le diamant des jardins. Prends soin de ton rosier pour avoir le bonheur de le voir fleurir tout l'été…

Amies de la lumière

IL TE FAUT :
- 1 pioche
- 1 rosier
- 1 grand pot en terre pour ceux et celles qui n'ont pas de jardin
- 1 sac de terre pour rosiers
- 1 sécateur

1 Dès le mois de mai, tu trouveras chez ton fleuriste des rosiers en pots. Choisis ta variété de roses préférée.

2 Pour planter ton rosier en terre, attends que les roses soient fanées. Coupe-les avec ton sécateur.

3 Creuse avec ta pioche un trou suffisamment large et profond pour que les racines soient totalement enfouies dans la terre. Choisis de préférence un endroit ensoleillé : les roses aiment la lumière !

4 Dépote ton rosier et plante-le dans ton jardin ou, si tu n'as pas de jardin, dans un grand pot en terre. Recouvre les racines avec de la terre.

5 Le rosier pousse assez vite. Tu vas pouvoir observer l'apparition de jeunes pousses rapidement. Tout au long de l'été, ton rosier donnera de nouvelles roses.

Un rosier nécessite de l'entretien : n'hésite pas à couper les fleurs fanées et arrose régulièrement, sans toutefois noyer ta plante.

Joli mois de mai

Mai est le mois de la rose et la rose est la reine des fleurs. Elle symbolise l'amour, la séduction et elle a toujours inspiré les poètes et les écrivains.
Tu te rappelles le Petit Prince qui se fait du souci pour sa rose ? Ses pétales portent bonheur aux mariées. En huile ou en crème, elle guérit : le sirop de rose adoucit la voix, l'essence de rose aide à calmer les plaies. Et on peut même la manger : une petite tartine de gelée de rose pour le goûter ?

Attention !

Pour manipuler tes rosiers, utilise toujours des gants pour ne pas te faire piquer !

Fais très attention lorsque tu utilises un sécateur, tu pourrais te blesser...

Parfum d'intérieur

Pour parfumer ta maison, fabrique un pot-pourri de roses :

– fais sécher un bouquet de roses la tête en bas.
– une fois les pétales secs, récupère-les et place-les dans une jolie corbeille.
– tu peux ajouter des zestes d'agrumes séchés, de la vanille ou des bâtons de cannelle.
– verse enfin sur ta composition quelques gouttes d'huile essentielle de rose...

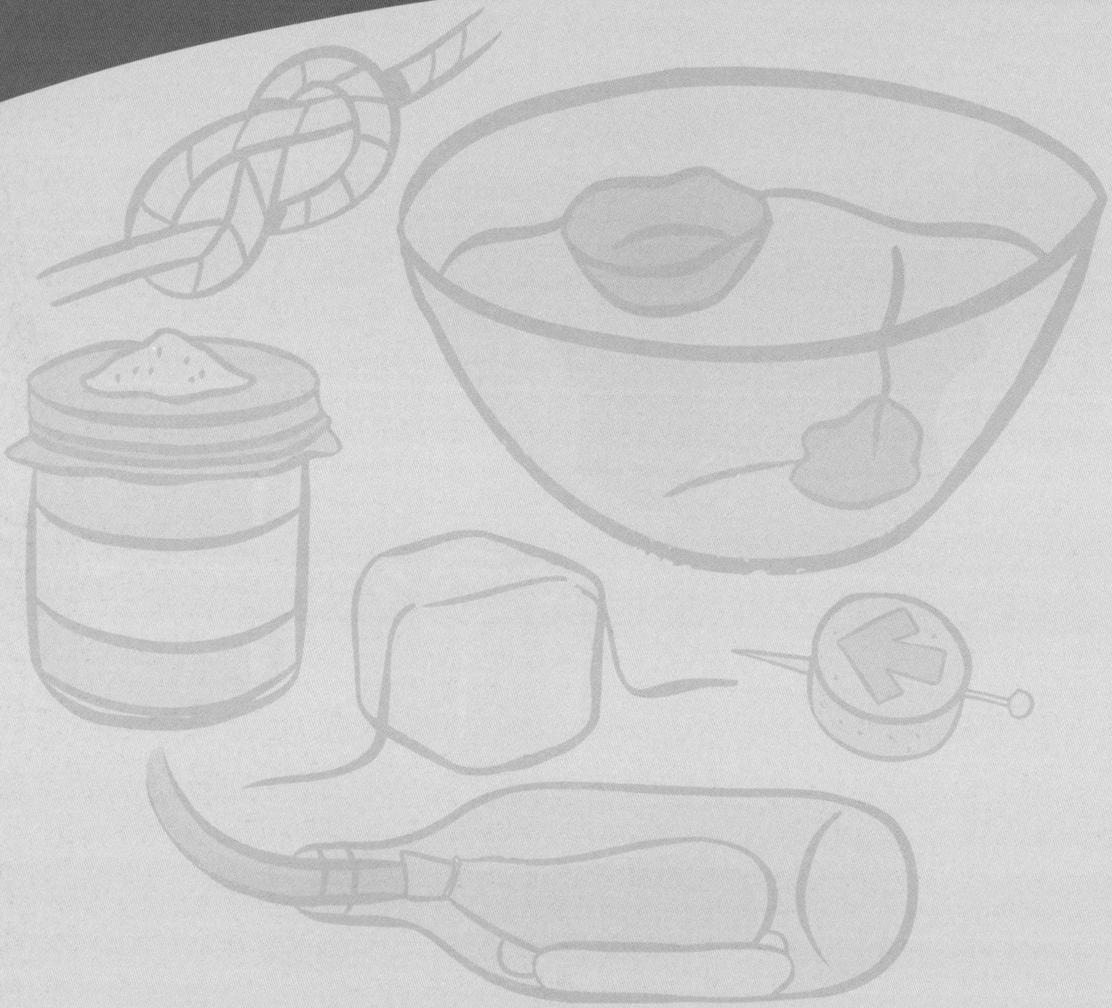

Expériences, jeux

Sommaire

Autour de l'air 234-235

Autour de la lumière 236-237

Autour du son 238-239

Autour de l'eau 240-241

Autour de la glace 242-243

Autour de la mer 244-245

Marins en herbe 246-247

Plus légère que l'eau 248-249

Autour de l'air

20 fois par minute et 28 000 par jour : c'est la cadence à laquelle tu respires. L'air t'est indispensable pour vivre. Voici quelques activités qui nécessitent de l'air...

QUIZ

À ton avis, on respire :

A/ De l'oxygène pur.

B/ Un mélange d'oxygène et d'autres gaz.

Réponse : B. L'oxygène ne représente qu'un cinquième de l'air que nous respirons. Les quatre cinquièmes restants, ce sont des gaz... pas toujours très recommandables. Comme par exemple l'oxyde de carbone qui est rejeté par les moteurs des voitures : il est très toxique. Mais tant qu'il y a assez d'oxygène dans l'air pour nourrir notre corps, tout va bien !

L'oxygène :

A/ Est fabriqué par les arbres et les plantes.

B/ S'évapore des mers et des océans.

Réponse : A. Décidément, la nature est bien faite ! En expirant, nous rejetons du gaz carbonique. Les plantes, les herbes et les arbres le « respirent » à leur tour et rejettent... de l'oxygène. Un échange de bons procédés !

IL TE FAUT :

- **1 sac en plastique**
- **1 élastique**
- **1 bassine ou un seau rempli(e) d'eau**

BOUTEILLES À LA MER !

Pourquoi les bouteilles utilisées par les plongeurs contiennent-elles de l'air comprimé ? Tu vas vite comprendre.

1. Mets une main dans le sac en plastique. Enroule l'élastique autour de ton poignet pour fixer le sac.

2. Plonge la main dans l'eau. Que se passe-t-il ?

3. Le sac en plastique se plaque contre tes doigts : l'air qu'il contenait s'est échappé sous la pression de l'eau.

De la même façon, quand tu plonges, l'eau exerce une pression sur ton corps. Elle comprime tes poumons et l'air qu'ils contiennent. Passés 10 m de profondeur, impossible de respirer de l'air « normal » ! Pour que tes poumons puissent fonctionner, il leur faut de l'air comprimé à la même pression que celle de l'eau qui t'entoure. Logique !

FABRIQUE TON CERF-VOLANT

Du vent est annoncé pour cet après-midi... L'occasion rêvée de faire du cerf-volant ! Suis les conseils de Zazie...

IL TE FAUT :

- **2 fines baguettes de bambou : une de 90 cm de long, l'autre de 52 cm.**
- **De la ficelle**
- **Du papier kraft**
- **1 tube de colle**
- **1 anneau de rideau métallique**

❶ Croise les deux baguettes à angle droit et fixe-les avec de la ficelle que tu auras d'abord enduite de colle.

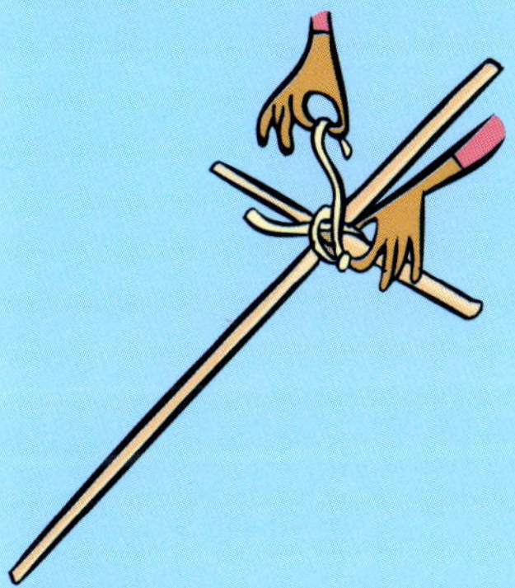

❷ Avec un couteau, creuse une encoche au bout de chaque baguette. Fais-y passer la ficelle, et noue-la en bas. Tu obtiens un losange.

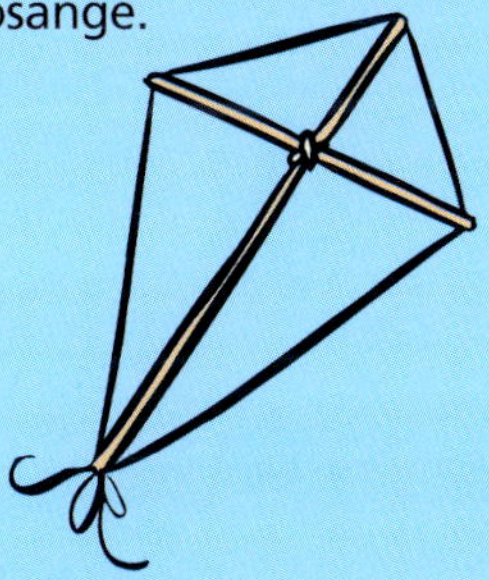

❸ Découpe une forme identique dans le papier en laissant sur chaque bord 3 cm de plus. Pose le tout à plat, plie le papier par-dessus la ficelle et colle-le.

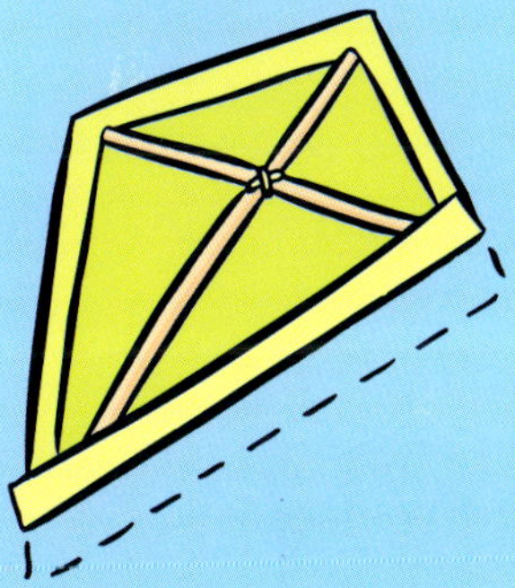

❹ Noue 3 ficelles de 45 cm de long sur les baguettes et fais-les se rejoindre sur l'anneau. Attache aussi à cet anneau une ficelle d'environ 20 m qui te permettra de tenir ton cerf-volant. Il ne te reste plus qu'à guetter le vent...

Autour de la lumière

Et maintenant voici quelques expériences à réaliser autour de ce phénomène complexe qu'est la lumière. Ouvre bien les yeux !

On appelle cette encre invisible l'encre sympathique parce qu'elle a besoin d'être proche, c'est-à-dire en sympathie, avec une source de chaleur pour révéler sa couleur.

Message sympathique

Trempe un cure-dent dans un jus de citron et écris ton message. Pour le lire, ta copine devra le mettre au-dessus d'une source de chaleur : un radiateur ou une ampoule électrique allumée, par exemple. Tu peux aussi utiliser du vinaigre.

MESSAGE À L'ENVERS

Imite le peintre Léonard de Vinci, le grand artiste italien de la Renaissance, qui écrivait ses textes de droite à gauche. Pour les lire, il fallait les mettre devant un miroir ! Que lis-tu ?

avec mes copines

Message alphabet

Écris un message en décalant l'ordre des lettres de l'alphabet d'un rang : tu écris B pour A, C pour B. Et pour Z ? A, bien sûr. À toi de déchiffrer...

UPQ TFDSFU

Tu peux aussi faire une phrase en rangeant les mots selon l'ordre alphabétique. À toi de remettre les mots dans l'ordre !

A CODE LULU SECRET UN

SANS ÉCHELLE...

Tu aimerais calculer la hauteur d'un arbre ? Pas de problème. Je te donne ma petite technique...

Choisis un arbre isolé et un moment de la journée où l'ombre du sommet de l'arbre est projetée sur le sol, c'est-à-dire le matin ou la fin d'après-midi.

1. Plante à côté du tronc un bâton bien droit.

2. Mesure la longueur de l'ombre du bâton et celle de l'arbre.

3. Multiplie la longueur de l'ombre de l'arbre par la longueur du bâton, puis divise le résultat obtenu par la longueur de l'ombre du bâton. Cette division te donne la taille de l'arbre !

UN ARC-EN-CIEL DANS UN VERRE D'EAU

Pas besoin d'attendre la pluie pour faire apparaître un arc-en-ciel...

IL TE FAUT :
- 1 verre d'eau
- 1 feuille de papier bristol blanche

1. Choisis un jour où le soleil passe par la fenêtre et place un tabouret juste devant.
2. Pose un verre d'eau sur le tabouret, de façon à ce que les rayons du soleil passent à travers.
3. Place la feuille de papier sur le sol, derrière le tabouret. Un arc-en-ciel apparaît !

QUE S'EST-IL PASSÉ ?

Le même phénomène que dans le ciel ! Tu as décomposé la lumière à travers un écran d'eau, comme le fait le soleil après la pluie.

Autour du son

Près de la moitié des jeunes de 16 ans ont des troubles de l'audition… Voici quelques trucs pour comprendre comment fonctionnent l'émission et la réception des sons.

BROUHAHA ET DÉCIBELS

Chaîne stéréo puissance maxi, marteaux-piqueurs, cantine… Sans s'en rendre forcément compte, on vit dans un environnement très bruyant. L'intensité du bruit se calcule en décibels :

- un murmure correspond à 30 décibels ;
- l'ambiance de la cantine, à 80 décibels ;
- UN MARTEAU-PIQUEUR, À 120 DÉCIBELS.

Au-delà de 140 décibels, on a mal aux oreilles. Mais un bruit constant de 80 décibels endommage petit à petit le tympan. Non seulement c'est un danger pour nos oreilles, mais c'est aussi un stress pour notre corps, car le bruit entraîne des vibrations qui accélèrent le rythme cardiaque et la respiration, et donc causent de la fatigue.

PAS DE SOURDE OREILLE !

Les cellules nerveuses au fond de ton oreille ne se renouvellent pas. Si le bruit les abîme, c'est malheureusement irréparable ! Comment les protéger ?

Ne branche pas ton baladeur en permanence : deux heures par jour, c'est la durée maximum.

Baisse le son de ton baladeur : si la personne à côté de toi l'entend, c'est qu'il est trop fort. Quand tu as trouvé le bon volume, ne le change plus.

Offre des plages de repos à tes oreilles. Après une boum ou un concert de musique, pas de baladeur. Étends-toi sur le lit et écoute… le silence.

Faux tympan

Tu ne vois de ton oreille que la partie extérieure, dans laquelle les sons s'engouffrent. À l'intérieur, les bruits font vibrer le tympan, un minuscule tambour. Un phénomène que tu peux comprendre en fabriquant un faux tympan.

IL TE FAUT :

- **1 sac en plastique**
- **1 boîte de conserve vide et propre**
- **1 élastique**
- **1 poignée de sable**
- **1 cuillère et un objet métallique, par exemple une canette**

1. Découpe dans le plastique un carré de 20 cm x 20 cm.
2. Plaque-le sur la boîte et attache-le en enroulant l'élastique autour.
3. Verse le sable sur le plastique.
4. Tape avec la cuillère sur l'objet métallique, très près de la boîte.

Que remarques-tu ?
Le sable saute en même temps que tu tapes : ce sont les vibrations de ton faux tympan... plus vrai que nature !

Du boucan dans l'océan !

Comment les baleines peuvent-elles communiquer à des kilomètres de distance ? Pour le savoir, dresse l'oreille !

IL TE FAUT :

- **2 ballons gonflables**
- **De l'eau**

1. Gonfle le premier ballon et ferme-le.

2. Enfile le second ballon sur le tuyau du robinet et remplis-le d'eau, de sorte qu'il fasse environ la même taille que le premier. Ferme-le aussi.

3. Pose les deux ballons sur une table. Frappe doucement la table avec la main et écoute le bruit que cela fait en approchant ton oreille du premier ballon. Refais la même chose avec le second ballon.

Que constates-tu ?
Tu perçois mieux le bruit à travers le ballon d'eau.

Pourquoi ? Pour que nous entendions des sons, il faut qu'ils fassent vibrer les molécules qui nous entourent. Or les molécules d'air sont assez éloignées les unes des autres, tandis que les molécules d'eau sont plus proches les unes des autres : les vibrations s'y transmettent plus facilement. Le bruit se propage donc plus loin et mieux dans l'eau que dans l'air.

Autour de l'eau

Eau douce, eau de mer, eau de pluie... Que d'eau ! À partir de cet élément vital, réalise quelques expériences, dont celle qui a valu son fameux «Eurêka» à Archimède.

IL TE FAUT :

- 2 bouchons de liège exactement identiques
- 1 baguette de 30 cm de long
- De la ficelle
- 1 bocal rempli d'eau à ras bord

UNE POUSSÉE IRRÉSISTIBLE

Pour mieux comprendre la découverte d'Archimède, réalise cette expérience.

1 Avec la ficelle, fixe un bouchon de liège à chaque extrémité de la baguette. Noue un morceau de ficelle au milieu de la baguette, de manière à ce que tu puisses la soulever et obtenir une balance bien équilibrée.

2 Approche doucement ta balance du bocal d'eau et trempes-y un des bouchons. Que remarques-tu ?

Alors qu'elle était parfaitement horizontale dans l'air, ta balance s'est déséquilibrée. Le bouchon posé sur l'eau semble plus léger que l'autre, bien qu'il fasse le même poids.

Explication : C'est l'eau qui le repousse vers le haut. Un phénomène qu'Archimède résuma ainsi : « Tout corps plongé dans un liquide subit une poussée verticale, de bas en haut, égale au poids du fluide déplacé. » Eurêka !

POURQUOI AVONS-NOUS FROID QUAND NOUS SORTONS DE L'EAU ?

Pour le comprendre, fais cette petite expérience.

Trempe tes deux mains dans une bassine d'eau froide. Retire-les, puis agite seulement la main droite. Que constates-tu ?

La main que tu agites a plus froid que la main immobile. Pourquoi ? Parce qu'en bougeant, on provoque une plus grande évaporation d'eau, ce qui génère une sensation de froid. Donc, en sortant de l'eau, évite de courir si tu ne veux pas avoir trop froid !

Fabrique un pluviomètre

Combien d'eau est-il tombé ce mois-ci ? Pour le savoir, fabrique un pluviomètre.

IL TE FAUT :
- 1 feutre indélébile
- 1 bouteille d'eau minérale

1 Découpe le haut de ta bouteille (entonnoir) et retourne cette partie à l'intérieur de la bouteille. Mesure 10 ml d'eau dans un verre gradué et verse-la dans la bouteille.

2 Avec ton feutre, écris 10 ml sur la bouteille.

3 Gradue la bouteille tous les 10 ml, jusqu'à 200 ml.

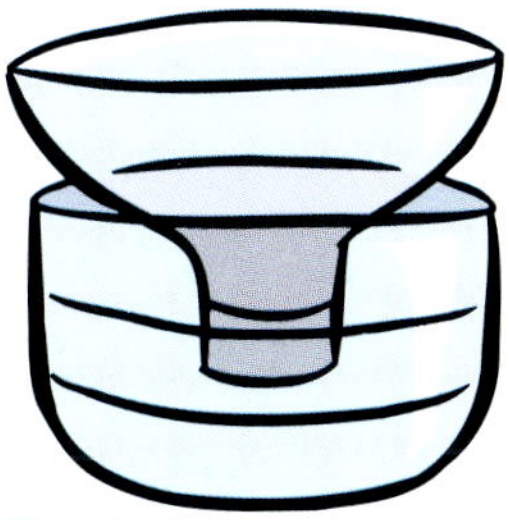

4 Place ton pluviomètre sur une surface bien plate, loin des arbres et des rebords de toit.

5 Note chaque jour le niveau, puis jette l'eau. Il n'a pas plu ? Indique-le quand même. À la fin du mois, calcule le total des pluies.

IL TE FAUT :
- De l'eau de mer
- 1 saladier
- 1 verre
- 1 film plastique alimentaire
- Du papier adhésif
- 2 petits galets

De l'eau salée en eau douce

1 Mets un galet dans le verre et dépose-le dans le saladier.

2 Verse de l'eau de mer dans le saladier sans en mettre dans le verre.

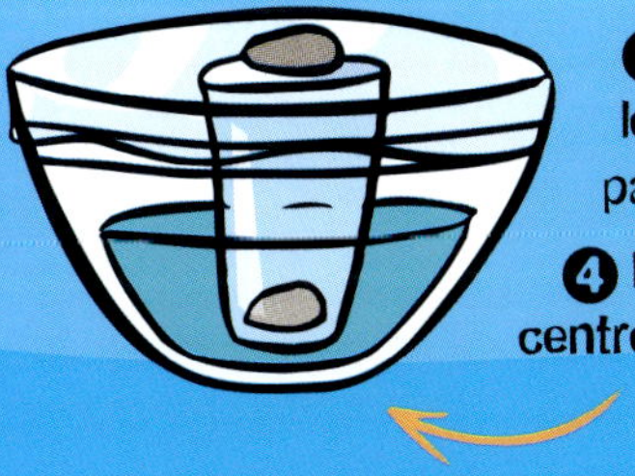

3 Pose ton film plastique sur le saladier et fixe-le avec ton papier adhésif.

4 Dépose un petit galet au centre du film, au-dessus du verre.

5 Place ton saladier au soleil pendant 2 heures.

Que se passe-t-il ? Sous la chaleur, l'eau s'évapore, remonte en gouttelettes pour se fixer sur le film plastique. Le poids du galet fait tomber l'eau dans le verre. Cette eau n'est plus salée du tout car le sel est resté au fond du saladier !

Autour de la glace

As-tu déjà observé un flocon à la loupe ? ou emprisonné un fil dans un glaçon ? Voici des expériences complètement givrées !

Flocons à la loupe

IL TE FAUT :

- **1 loupe ou un microscope**
- **1 feuille de papier noir**
- **1 boule de neige**

Mets ta feuille de papier au réfrigérateur pendant une dizaine de minutes. Puis pose un petit peu de neige sur ta feuille froide et place le tout sous la loupe. Que vois-tu ? Des milliers de petites étoiles des neiges, aux formes variées. Elles te paraissent toutes différentes, mais approche-toi mieux… Si tu les observes bien, tu verras qu'elles ont un point commun : elles possèdent toutes 6 branches. Eh oui ! les cristaux de glace se tiennent les coudes et s'assemblent 6 par 6 en une ronde qui forme un hexagone.

QUAND LA GLACE FOND…

Si tous les icebergs fondaient en même temps, le niveau des océans monterait-il ? Non. Pour comprendre pourquoi, réalise cette expérience très simple.

1 Place un glaçon dans un verre que tu remplis ensuite d'eau chaude à ras bord.

2 Laisse fondre le glaçon.

QU'OBSERVES-TU ?
Le verre n'a pas débordé, et pourtant, il contient plus d'eau qu'au début. La raison est simple : quand elle gèle, l'eau se dilate : son volume augmente d'environ 10 %. Quand elle fond, il diminue d'autant ! La fonte de la banquise et des icebergs, qui flottent déjà dans l'eau, ne modifierait donc pas le niveau des mers. Ce qui est à craindre, c'est la fonte de la calotte glaciaire, qui ne flotte pas, puisqu'elle est un véritable continent de glace !

« Geler à pierre fendre »

Sais-tu d'où vient cette expression ? Quand l'eau se transforme en glace, elle augmente de volume. Aussi, quand l'eau se glisse dans les pierres en montagne et qu'ensuite elle gèle, elle fait éclater la roche en des milliers de petits cailloux, les éboulis. Pour comprendre le phénomène, fais cette petite expérience.

IL TE FAUT :

- **De la terre glaise**
- **Du film plastique**

1. Forme une boule de terre glaise, mouille-la et enferme-la dans le film plastique.
2. Place ta boule au congélateur pendant une journée.
3. Le lendemain, sors ta boule, défais le film, mouille-la à nouveau et dépose-la au congélateur. Recommence deux à trois jours de suite.

Que constates-tu ?
Ta boule se lézarde un peu partout, comme la roche en montagne sous l'effet de la pluie et du gel...

Le fil magique

Voici une petite expérience que tu peux transformer en tour de magie. Installe-toi dehors ou dans une pièce où il fait frais.

1 Pose un petit bout de fil sur un glaçon et saupoudre de sel. Le sel fait fondre la glace et le fil s'enfonce dans le glaçon.

2 Après quelques minutes, la glace se reforme et le fil se retrouve prisonnier. Tu peux soulever ton glaçon sous l'œil admiratif de tes spectateurs !

Que s'est-il passé ?

C'est tout simple. Le sel fait fondre la glace parce qu'il a la propriété de faire baisser la température de congélation. Ainsi, l'eau salée gèle à moins 20 °C tandis que l'eau non salée gèle à 0 °C. C'est pour cette raison que l'on répand du sel sur les routes quand il a gelé.
Dans l'expérience du fil, la glace se met à fondre et l'eau dilue de plus en plus le sel. Quand la concentration de sel devient très faible, la glace se reforme et emprisonne le fil.

Autour de la mer

Au bord de la mer, on peut ramasser des coquillages, des crustacés... On peut aussi se livrer à quantité d'observations étonnantes.

Illusion d'optique

Si tu regardes les vagues, tu as l'impression qu'elles avancent. Pourtant l'eau reste toujours à la même place ! En fait, le vent produit une onde qui se déplace à la surface de la mer.

Pour mieux comprendre ce qui se passe, prends une corde, fais-la onduler sur le sol. Que constates-tu ? Elle se tord comme un serpent, mais elle n'avance pas. Même chose pour les vagues !

COMMENT ÇA MARCHE LA MER ?

Pour comprendre comment circulent les courants marins, fais cette petite expérience.

IL TE FAUT :

- 1 bassine
- 1 bouteille d'eau
- 1 feuille de papier aluminium

1. Remplis la bassine d'eau chaude et la bouteille d'eau froide.
2. Découpe la feuille d'aluminium en petits morceaux d'environ 2 cm x 2 cm.
3. Plonge ces morceaux au fond de la bassine.
4. Verse l'eau froide de la bouteille dans la bassine, tout près du bord. Qu'observes-tu ?

Les petits morceaux d'aluminium, qui avaient coulé au fond de la bassine, remontent à la surface de l'autre côté de l'arrivée d'eau.

Explication : L'eau froide est plus lourde que l'eau chaude. Quand elle arrive dans la bassine, elle coule au fond en repoussant devant elle l'eau chaude. Dans sa fuite, celle-ci rencontre les bords de la bassine et n'a d'autre issue que de remonter vers la surface... en emportant avec elle les morceaux d'aluminium. Dans les océans, il se passe la même chose que dans ta bassine. La différence ? Cela met beaucoup plus de temps...

Un si long chemin...

Imagine un fleuve sous-marin qui traverse l'Atlantique : au pôle Nord, brrr ! Ses eaux se refroidissent, et donc s'enfoncent en profondeur. Mais elles ne s'arrêtent pas là et continuent à voyager ! Parvenues dans l'océan Pacifique au niveau de l'équateur, elles se réchauffent, remontent... et refont le même trajet en sens inverse, mais cette fois en surface. Un petit périple qui dure la bagatelle de 2 000 ans ! Mais comme le mouvement ne s'arrête jamais, nous en ressentons les effets tout le temps...

Un piège à bigorneaux

IL TE FAUT :
- 1 planche en bois d'environ 1 m de long sur 30 cm de large
- 2 gros galets d'environ 10 cm d'épaisseur
- Quelques galets bien lourds

1 À marée basse, installe ta planche en équilibre sur les 2 galets de façon à ce qu'elle tienne à une dizaine de cm du sol.

2 Puis pose les autres galets dessus pour la lester afin que la mer ne l'emporte pas.

3 Le lendemain, tu n'auras qu'à récolter les bigorneaux qui se seront collés en dessous.

3 min de cuisson dans de l'eau bouillante salée et poivrée, additionnée de quelques herbes aromatiques... Facile, non ?

LA MER, ÇA USE, ÇA USE...

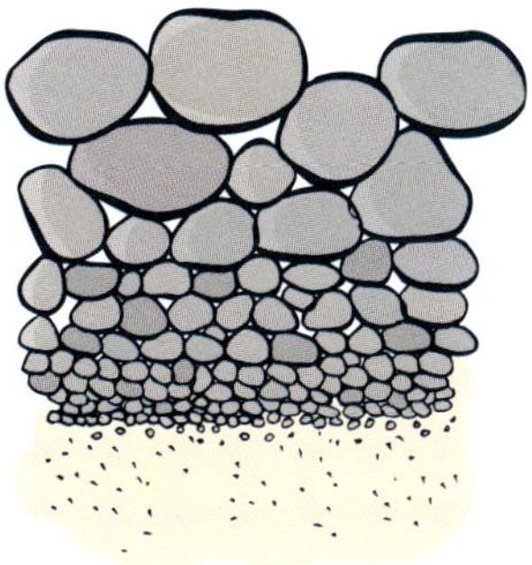

À force d'envoyer ses vagues à l'assaut du rivage, la mer grignote peu à peu ce qu'elle trouve sur son passage. Mais elle ne trouve pas la même chose partout ! Certaines roches, très dures, résistent longtemps à l'usure. D'autres s'effritent plus ou moins rapidement. Les falaises, rongées à la base, finissent par s'effondrer en formant plusieurs gros blocs de pierre. Puis ceux-ci se cassent en petits morceaux : les galets, qui eux-mêmes deviendront de petits cailloux, puis des graviers... Et enfin, des grains de sable. Une plage est née !

ÉROSION EN DIRECT...

IL TE FAUT :
- 1 bassine
- 1 planche à découper
- 2 gros galets de même taille
- 1 grand seau de sable humide

Pour mieux comprendre comment la mer agit sur les falaises, réalise cette expérience.

1 Avec le sable, forme un gros pâté compact sur la planche de bois.

2 Pose une extrémité de la planche sur les deux galets, au fond de la bassine, de façon à ce qu'elle soit inclinée. Puis remplis d'eau la bassine jusqu'à la base du pâté.

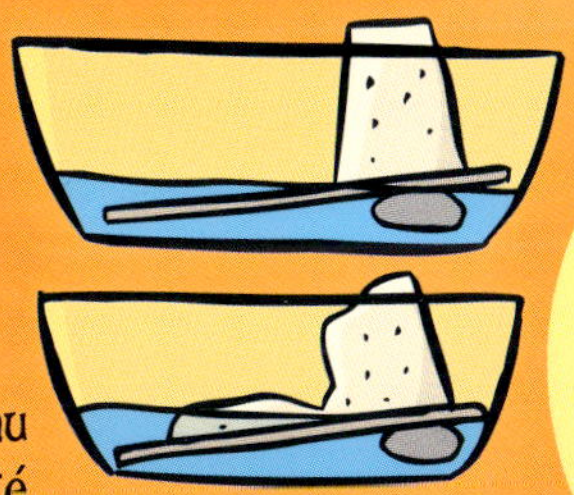

3 Agite l'eau doucement de gauche à droite pour que des vagues viennent frapper ta construction pendant deux ou trois minutes. Qu'observes-tu ?

Sous l'effet des vagues, le pâté se creuse à la base. Au bout d'un moment, le haut de la construction bascule vers l'avant et forme des reliefs plus petits.

MARINS EN HERBE

Larguez les amarres ! Certes, mais pas sans boussole ni sans avoir appris à faire des nœuds marins.

Fabrique ta boussole

IL TE FAUT :
- 1 grosse aiguille
- 1 aimant
- 1 bouchon en liège
- 1 couteau
- 1 assiette creuse

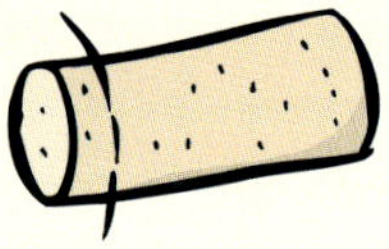

1 Découpe dans le bouchon une rondelle d'environ 1 cm d'épaisseur.

2 Frotte l'extrémité de l'aiguille sur un aimant pendant 30 secondes, puis enfonce-la dans la rondelle de liège. L'aiguille doit la traverser de part en part.

3 Sur le liège, dessine une flèche vers la pointe de l'aiguille.

4 Verse un fond d'eau dans l'assiette et pose la rondelle dessus. La pointe de l'aiguille et la flèche dessinée indiquent le nord.

Oiseaux à la trace

Pour mieux connaître les oiseaux de mer, relève leurs empreintes !

IL TE FAUT :
- 1 petite passoire à thé
- 1 vaporisateur
- Du plâtre à prise rapide

1 Promène-toi sur la plage, de préférence le matin, quand les vacanciers n'ont pas encore trop piétiné le sable. Lorsque tu as repéré des empreintes d'oiseaux, saupoudre un peu de plâtre dessus en te servant de la passoire.

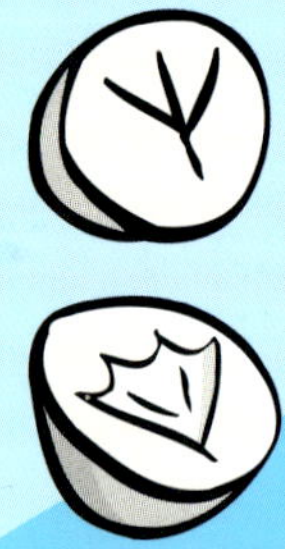

2 Puis vaporise de l'eau et laisse sécher, jusqu'à ce que le plâtre ait durci.

3 Pour emporter tes empreintes, enveloppe-les délicatement dans un bout de tissu pour éviter qu'elles ne se brisent.

FABRIQUE UN SOUS-MARIN

IL TE FAUT :
- **1 bouteille en plastique vide**
- **6 bâtons de pâte à modeler**
- **Du fil à coudre**
- **1 ballon gonflable**
- **1 m de tuyau en silicone de 3 mm de diamètre (en vente dans les animaleries)**

1 Gonfle et dégonfle le ballon plusieurs fois pour l'assouplir. Puis place le tuyau de silicone dans l'embout du ballon. Attache-le en enroulant du fil tout autour et en terminant par un nœud.

2 Avec la pâte à modeler, forme deux longs boudins que tu placeras ensuite au fond de la bouteille pour figurer les machines du sous-marin.

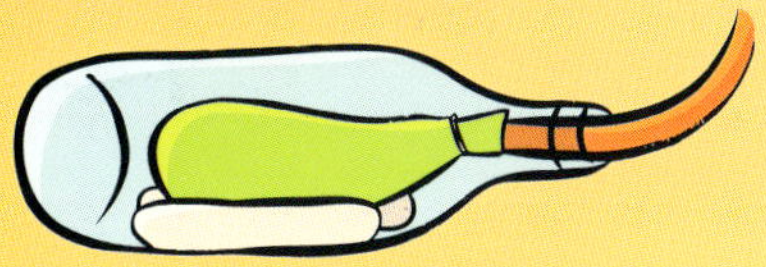

3 Introduis-y le ballon, puis place la bouteille dans une baignoire pleine d'eau. En l'inclinant, fais-la couler au fond.

4 Souffle dans le tuyau.

Qu'observes-tu ?

L'air chasse l'eau de la bouteille, qui s'allège et remonte. Le ballon joue ici le rôle des réservoirs d'eau du sous-marin, aussi appelés « ballasts » : quand ils se remplissent, le sous-marin s'enfonce sous l'eau. Quand ils se vident, le sous-marin remonte.

Apprends à faire des nœuds

Pour jouer les flibustières accomplies, deviens maîtresse dans l'art de faire les nœuds. Il en existe une multitude. Voici les plus simples et les plus utiles sur un bateau.

LE NŒUD DE CABESTAN

C'est le nœud dont on se sert le plus souvent pour amarrer le bateau sur une bitte.

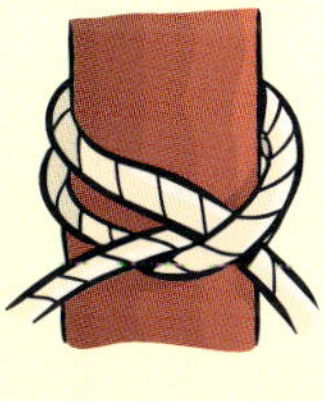

LE NŒUD EN HUIT

Il se fait en bout d'écoute ou de drisse pour éviter qu'elles ne sortent de leur poulie.

LE NŒUD DE CHAISE

Avec sa boucle coulissante, il est multi-usages et sert très souvent. Pour te souvenir de la manœuvre, retiens cette phrase : « Le serpent sort du puits, fait le tour de l'arbre et rentre dans le puits. »

PLUS LÉGÈRE QUE L'EAU

Oui, tu flottes dans l'eau. Mais comment se fait-il que les navires si lourds flottent aussi ? Et pourquoi les bateaux ont-ils des quilles ?

COQUE EN PÂTE

Pour flotter, il faut être plus léger que l'eau qui nous repousse. Certaines matières, comme le bois, ont cette propriété. Pas le métal, et pourtant, les bateaux métalliques ne coulent pas ! Bizarre ? Non. Tu vas vite comprendre pourquoi.

IL TE FAUT :

- **1 bassine remplie d'eau**
- **6 bâtons de pâte à modeler**

❶ Forme une boule avec trois bâtons de pâte à modeler. Avec les trois autres, forme une galette puis relèves-en les bords pour lui donner l'allure d'une coque de bateau.

❷ Plonge-les dans l'eau.

QU'OBSERVES-TU ?

La boule de pâte coule, tandis que la coque flotte. Pourtant, elles pèsent le même poids ! Mais la coque est creuse, ce qui lui permet d'être remplie d'air. Cela la rend plus légère que la quantité d'eau qu'elle déplace... C'est la raison pour laquelle un navire en métal de 100 000 tonnes peut traverser les océans sans couler !

Jeu de quille

IL TE FAUT :

- **1 grande bouteille de plastique vide fermée par un bouchon**
- **1 bassine remplie d'eau**
- **1 poignée de sable fin**
- **1 paire de grands ciseaux**
- **2 cuillères à café**

Cette expérience va te montrer à quoi sert la quille qui prolonge la coque de certains bateaux.

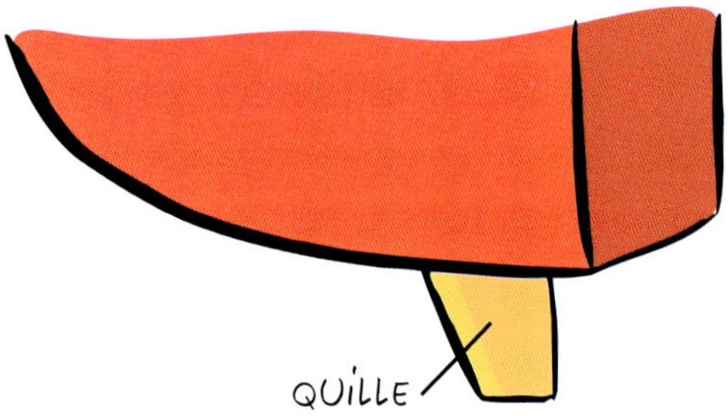

1 Découpe ta bouteille en deux. Mélange le sable à un peu d'eau et remplis-en la partie qui comprend le goulot.

2 Pose les deux morceaux de bouteille dans la bassine et place dans chacun une petite cuillère.

Que constates-tu ?

La partie qui comprend le goulot chavire moins facilement que l'autre. Le goulot joue le rôle d'une quille : en abaissant le centre de gravité, il permet à l'embarcation de mieux garder son équilibre.

Au secours, je coule !

Les coquillages savent-ils nager ? Ou bien coulent-ils comme des cailloux, quand on les jette à l'eau ? En fait, deux espèces seulement pratiquent la natation : les coquilles Saint-Jacques et leurs cousins, les pétoncles. Par quel miracle ? Pas question d'onduler comme des poissons, avec leur coquille rigide. Déplient-ils soudain des nageoires rétractables, alors ? Non plus. Ils ouvrent et ferment rapidement leurs deux valves, rejetant l'eau par des sortes de pots d'échappement de chaque côté. Comme des avions à réaction.

DU SEL POUR FLOTTER...

As-tu remarqué que tu flottes mieux dans la mer que dans une piscine ? Pour comprendre pourquoi, fais cette petite expérience.

Plonge un œuf cru dans un verre d'eau douce : il coule.

Refais l'expérience en mélangeant 4 cuillerées à soupe de gros sel à l'eau. L'œuf remonte à la surface et flotte !

Pourquoi ?

En ajoutant du sel, tu introduis dans l'eau des éléments supplémentaires, qui s'entassent dans le même volume. Ça se bouscule dans le verre ! Tous ces éléments forment une sorte de matelas qui repousse l'œuf vers le haut. On dit que l'eau salée est plus dense que l'eau douce.

Index

A
Agrumes (bouquet d'–), 188
Air, 234-235
Algues, 135
Ananas, 150
Arc-en-ciel, 237
Archimède, 240
Arrosoir, 216
Avocats, 129

B
Bagues, 114-115
Bâiller, 13
Bain, 17
Bain de pieds, 18
Bain-marie, 141
Ballerines, 92
Bananes vanillées, 143
Bandana, 38, 79
Bandeau, 45, 55, 204
Barrettes, 32-33, 34-35, 36
Basilic, 220
Baskets, 93, 171
Bêche, 216, 224
Beurre, 133
Bien se nourrir, 126
Bière, 28
Bigorneaux (piège à –), 245
Binette, 217
Bloc, 182
Blush, 25
Boîtes, 176-177
Boîte à bijoux, 122-123
Boîte de coiffure, 46-47
Boîte motif vache, 171
Bol motif vache, 171
Bonnet, 80-81, 82
Bottes de pluie, 94
Boucles d'oreilles, 104, 112-113
Boules de Noël, 201
Boussole, 246
Bouteilles de plongée, 234
Bracelets, 116-117
Bracelet coccinelle, 108
Bracelet en or, 120
Bracelet marin, 109
Bracelets d'ananas au miel, 150
Brillant à lèvres, 25
Broches, 118-119
Broche araignée, 198
Brochettes de fromage, 133
Brochettes de minilégumes, 162
Brochettes vitaminées, 151
Bronzage, 22
Brosses, 29
Buffet de Halloween, 196-197
Bureau (organisation du –), 179

C
Cadres, 172-175
Cahiers, 178
Cake à l'orange et aux carottes, 163
Carnaval, 204-205
Carnet de promenade, 183
Carottes, 162-163, 224-225
Ceinture, 88
Cerf-volant, 235
Chapeau de pluie, 95
Chapeau de sorcière, 198
Charlotte aux fraises, 146
Chaussettes, 44
Chausson aux myrtilles, 148
Chemises, 58-59
Cheveux, 28-29, 30-31
Chignon, 43
Chocolat, 152-157
Chocolat chaud, 156
Chouchous, 38-39
Chou-fleur, 162
Ciboulette, 220-221
Cils, 25
Citron, 28, 151
Citronnade, 143
Clafoutis au jambon, 130
Classeurs, 178
Coffre, 167
Colliers, 110-111
Commode, 167, 168
Compost, 218-219, 220, 222, 224
Compote pommes-cannelle, 145
Concombres, 162
Confiture de myrtilles, 149
Cookies, 158
Coquillages, 110-111
Corde à photos, 174
Couette coquelicots, 184
Coupe de cheveux, 30
Courants marins, 244
Courgettes, 128, 131
Coussin canard, 186-187
Coussin cœur, 187
Crème solaire, 22-23
Crème, 133
Crumble aux pommes, 144
Cuticules, 18

D
Débardeurs, 66-67
Décibels, 238
Déguisement, 198-199, 204-205, 206-207
Douche, 16

E
Eau, 240-241
Eau de toilette, 20-21
Écharpe, 83
Échauffement, 14
Érosion, 245
Estragon, 221
Étagère bateau, 169
Étagère (habillage d'–), 185
Étui à brosse à dents, 193
Étui à lunettes, 99

F
Fard à paupières, 25
Faux tympan (fabrique un –), 239
Fermoirs, 105
Ficelle, 217
Fichus, 76-77
Flocons, 242
Fond de teint, 25
Fondue de fruits au chocolat, 154
Fonte des glaces, 242
Foulards, 78-79
Four, 141, 158
Fraises, 24, 146-147
Fromage, 133
Fumier, 217, 224

G
Gants, 84-85
Gants crochus, 199
Glaçage, 159, 161

Glaçons aux herbes, 128
Gobelets décorés, 210
Gommage, 18, 24
Gourde, 98
Gratin de pommes de terre, 138
Guirlande tête de mort, 197

H

Halloween, 31, 196-197, 198-199
Huile corporelle, 20
Huile d'olive, 29
Huile hydratante, 17

I

Ikebana, 229
Invitation polochon, 212
Iris, 228

J

Jamaïque, 42
Japon, 43
Jean, 54-55, 56-57, 59, 63, 88-89, 112
Jeu : ballons de couleurs, 211
Jeu : la Fée clochette, 211
Jeu : la reine des crabes, 210
Jeu : le loto des odeurs, 211
Joues, 25
Jupe de carnaval, 204-205
Jupe destroy, 199
Jupes, 56-57

L

Laurier, 221
Lavande, 21, 189
Lèvres, 25
Look (choisir son –), 52-53
Loups de carnaval, 205
Lumière, 236-237
Lunettes de soleil, 23

M

Main porte-bagues, 114
Maquillage, 25
Maquillage de sorcière, 199
Marguerites, 228
Marque-places, 202
Mascara, 25
Masque, 24
Mauvaises herbes, 217
Médailles, 210
Mélanine, 22
Menthe, 143
Menus maison, 203
Messages codés, 236-237
Meubles à tiroirs, 166-167, 168-169
Miel, 150
Milk-shake à la fraise, 146
Mimosa, 228
Mode, 50
Moules à pâtisserie, 140
Moules marinières, 135
Mousse au chocolat, 153
Muscles, 14, 19
Myosotis, 228
Myrtilles, 148-149

N

Nappe chauve-souris, 197
Nappe étoilée, 203
Noël, 200-201, 202-203
Nœuds marins, 247
Noix, 157

O

Œufs, 132, 140-141
Œufs de Pâques, 208-209
Ombre, 237
Ongles, 18, 19
Oranges, 142, 163
Oranges (salades d' –), 142
Oreilles, 238-239
Orteils, 19
Oxygène, 234-235

P

Pailles, 106
Pains, 127
Panneau vache, 170
Pantalon motif vache, 171
Pâques, 208-209
Paréos, 72-73
Parfum, 20-21
Parfums d'ambiance, 188-189, 231
Paupières, 25
Peigne, 29
Pelle, 227
Pendentif, 121
Perles, 36-37, 67, 70, 76, 77, 84, 85, 87, 104, 106-107, 108, 109, 112-113, 117, 121
Perruque en bolduc, 31
Persil, 221
Pieds (soin des –), 18-19
Pioche, 216, 224, 230
Pirate (déguisement de –), 206-207
Pizzas, 130
Plantes grasses, 226-227
Plantoir, 216
Pluviomètre (fabrique un –), 241
Pochettes, 90-91
Poisson, 136-137
Polaire, 80-83
Pollen, 229
Polochons (bataille de –), 213
Pommes, 144-145
Pommes de terre, 138-139, 223
Pommes séchées, 145
Pompons, 60-61
Pop-corn, 213
Porte-bonheur, 87
Porte-lettres phare, 180
Pot (changement de –), 219
Pot à crayons, 180-181
Pot-pourri, 188-189, 231
Pulls, 60-61
Pyjama (soirée), 212-213

Q

Queue-de-cheval, 33
Quille, 248

R

Radis, 162, 224-225
Raphia, 217
Réveil, 13

Romarin, 24
Ronds de serviettes en cotillons, 202
Rose, 21, 228, 230-231

S

Sablés aux amandes, 160
Sablés enneigés, 159
Sablés variés, 161
Sacs, 86-87, 89, 96, 100-101
Salades, 224-225
Sapin, 200-201
Saucisson en chocolat, 155
Saumon (pochons de –), 134
Saumon au gros sel, 134
Savons, 192
Sécateur, 230-231
Sèche-cheveux, 29
Semoule, 24
Serre-tête, 37
Serviette de plage, 97
Sets de table, 200
Shampoing, 28
Sirop de fraises, 147
Socquettes, 92-93
Soleil, 22-23
Sons, 238-239
Sorcière (déguisement de –), 198
Soupe d'orties, 129
Soupe de fruits rouges, 147
Soupe de tomates, 129
Sous-main, 179
Sous-marin (fabrique un –), 247
Strass, 115, 120
Stress, 12
Surf, 45

T

Tampon à encrer (pour papier), 181
Tampon à encrer (pour tissus), 78
Tapis de bain, 192
Tarte au citron, 151
Tarte au thon et à la tomate, 131
Tarte aux abricots, 151
Tarte saumon-courgettes, 131
Tarte Tatin, 144
Tartiflette, 139
Tee-shirt, 45, 57, 62-63, 64-65, 68-69, 70-71
Teinture, 64-65, 78
Terreau, 217, 219, 220-221, 222-223, 226-227
Thym, 24, 220
Tomates, 129,162, 222-223
Tongs, 97
Traces d'oiseaux, 246
Transplantoir, 217
Tresses, 40-41
Truffes aux noix, 157
Truffes en chocolat, 157
Truite, 137
Tuniques, 58
Tuteur, 222-223

V

Vagues (mouvement des –), 244
Vases, 190-191
Verre à dents, 193
Verre dépoli, 111
Verres décorés, 203
Victime de la mode ? (test), 51
Vinaigre, 28
Violettes, 21
Vitamines, 142, 151

Les erreurs ou omissions involontaires qui auraient pu subsister dans cet ouvrage malgré les soins et les contrôles de l'équipe de rédaction ne sauraient engager la responsabilité du concepteur, ni celle de l'éditeur.

Imprimé à Singapour par Tien Wah Press.
N° d'éditeur : 10143108